비인간적인 세계에서 산다는 것

낭만의
소멸,

Disappearance of Romance

박민영 지음

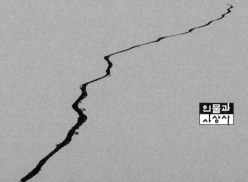

인물과
사상사

이 책은 지난 5년간 여러 지면에 쓴 글들을 대폭 개고改稿한 것이다. 전체적으로는 '사회가 어쩌다 이렇게 비인간적으로 변했는가'에 대한 탐색으로 보면 되겠다. 동물들은 '더욱 동물적'이 되도록 노력하지 않는다. 이를테면 사자는 더욱 사자답게 되려고 노력하지 않는다. 오직 인간만이 '더욱 인간적'이 되려고 하고, 환경을 '더욱 인간적'인 것으로 만들고자 한다. 스스로 '자기화'되려고 한다는 것, 그것이 인간의 특징이다. 문제는 비인간적인 것조차도 흔히 '인간적인 것'으로 포장된다는 점이다. 우리는 '진짜 인간화'와 '인간화로 포장된 비인간화'를 구별하지 않으면 안 된다.

이 책의 제목은 '낭만의 소멸'이다. 우리 시대 이전의 삶도 그리 녹록지는 않았다. 그래도 예전에는 낭만적인 부분이 존재했다. 그러나 지금은 상황이 다르다. 낭만이 전혀 없지는 않지만, 텔레비전·영화·소설에서나 발견될 정도로 희소해졌다. 그것은 억지로 만들어진 낭만, 조작된 낭만, 가짜 낭만이다. 사회 전체적으로는 낭만이 거의 남아 있지 않다고 해도 과언이 아니다. 낭만이 없으면 인생은 비참한 것이 되고 만다. 심지어 물질적으로 풍요로워도 그렇다. 낭만을 느끼지 못하는 사람이 늘어간다는 것은 위험한 사회적 징후다.

낭만은 기본적으로 '합일'의 감정이다. 타인이나 미, 자연에 대한. 사랑하는 사람들이 함께 있는 것은 낭만적이다. 아름다운 예술품을 창조해내거나 그것을 보는 것도 낭만적이다. 산이나 바다에 가는 것 혹은 동물을 접하는 것도 낭만적이다. 그러나 현대인은 이러한 것들에 대한 접근이 쉽지 않다. 현대사회에서 낭만에 대한 접근은 주로 소비를 통해서 이루어진다. 자본주의는 위대하다. 낭만적 감성조차도 삼켜버렸다.

이를 테면 남녀의 데이트는 낭만적이다. 그러나 그 낭만은 일련의 소비를 통해 얻어진다. 애인에게 선물을 사주고, 함께 영화 보고, 술 마시고, 노래방에서 노래 부르는 식으로 데이트가 이루어진다. 그러던 남자가 문득 여자 친구를 위해 오늘 얼마 썼는지를 머릿속으로 계산한다. 그럴 때 낭만은 훼손될 수밖에 없다. 문제는 이런 경향이 갈수록 심해지고 있다는 점이다. 지금은 낭만도 산업화된 시대다. 일시적으로라도 낭만을 느끼기 위해서는 무언가를 구매해야 한다. 이런 시대에는 그 어떤 것도 온전한 낭만이 될 수 없다.

여행은 현대인이 추구하는 최고의 낭만이다. 누구나 여행을 가고 싶어 한다. 가장 이상적인 노년의 모습도 은퇴 후 '부부가 손잡고 여행이나 다니며 사는 것'이 된 지 오래다. 오늘날 여행은 하나의 종교다. 카카오톡이나 블로그에는 여행 다녀온 사진들이 훈장처럼 걸려 있다. 오늘날 여행이 최고의 낭만 중 하나로 꼽힌다는 사실은 우리의 일상이 그리 낭만적이지 못하다는 반증이다. 일상에서 벗어나 미지의 공간을 여행해야만 낭만을 느낄 수 있다면, 우리는 불행할 수밖에 없다. 우리가 행복해지는 방법, 그것은 평범한 일상을 낭만적으로 만드는 일일 것이다.

사람과 사람은 갈수록 멀어지고 있다. '만인에 의한 만인의 소외', '자신에 의한 자기소외'가 거의 일상이 되고 있다. 사람들은 각자의 골방에서 텔레비전이나 스마트폰의 파리한 불빛에 의지해 외로움과 쓸쓸함을 견딜 뿐이다. 나는 이 책에서 현대인에게 외로움과 쓸쓸함을 유발시키는 세계와 그 정치적 함의를 이해시키기 위해 노력했다.

어떤 사회현상을 볼 때 가장 중요한 것은 정치적 맥락을 이해하는 것이다. 아무쪼록 이 책이 사회문화 현상들에 대한 독자들의 이해를 높이는 데 도움이 되었으면 좋겠다.

영국 비평가 새뮤얼 버틀러는 이렇게 말했다. "글을 쓰면서 회의가 들 때, 100년 후 그것이 무엇을 의미할까를 자문해보는 것이 도움이 될 때가 있다." 나 역시 오래 남을 글을 쓰려고 노력한다. 그러나 글이 상품으로 취급되는 시대, 급변하는 트렌드를 따라 글들이 대량으로 생산·소멸되는 요즘에는 쉽지 않은 일이다. 청탁 원고는 더욱 그렇다. 매체들은 주로 '지금 이 순간' 사람들이 관심을 갖는 것, 알고 싶어 하는 것을 써달라고 요구한다. 그럴 때 글의 유통기한이 단 며칠에 불과한 경우도 많다.

결국 글에서 중요한 것은 세월이 흘러도 쉽게 빛이 바래지 않는 '정신'일 것이다. 유협의 『문심조룡文心雕龍』에는 이런 글이 나온다. "바람은 겉으로 드러나는 모양이 없고, 볼 수도 없으며, 만질 수도 없다. 그러나 사람은 그것을 느껴 알 수 있다. 사나운 바람은 나무를 뽑고, 잔잔한 바람은 풀을 움직인다. 봄바람의 따사로움과 가을바람의 쓸쓸함은 사람들의 갖가지 감정을 불러일으킬 수 있다." '정신'이 이렇다.

정신은 바람처럼 모양도 형태도 없지만, 글의 실체를 이루고 사람들에게 영향을 미친다. 작가는 근본적으로 정신주의자일 수밖에 없다.

올해로 전업 작가 생활 10년째다. 나는 전업 작가 생활을 시작하면서 "글쓰기가 자신을 벼리는 숫돌이자, 세상에 맞서는 칼이라고 믿는다"고 쓴 적이 있다. 이 믿음은 지금도 변함이 없다. 앞으로도 그런 믿음으로 성실하게 글을 써나가겠다. 이 책을 내준 인물과사상사는 원고를 오래 기다려주었을 뿐 아니라, 출판 과정에서 저자의 자율성과 독립성을 최대한 존중해주었다. 진심으로 감사하다는 말을 전한다.

2014년 2월
박민영

3장   문화 산업 · **의식 통제의 핵심 수단**

4장   정치경제 · **정치권력 위의 자본권력**

5장　　일상의 문화 · **잘 보이지 않는 것들**

둘이면서
하나인
풍경

어느 486세대의 고해성사

몇 년 전의 일이다. 한 지방에서 사회과학 동아리 대학생들이 강의를 요청해왔다. 놀랍고 반가웠다. 요즘 대학생은 영어 공부하고 스펙 쌓느라 정신없는 줄로만 알았는데 아직도 사회과학 동아리들이 남아 있었다니! 가보니, 아니나 다를까 많지 않은 인원이었다. 나도 대학 시절 동아리에서 사회과학 공부를 열심히 했던 사람이다. 그런 까닭에 동질감을 느끼며 나의 대학 시절 이야기도 적잖이 했다. 동아리에서 사회과학 공부했던 이야기며, 데모했던 이야기며……

강의가 끝날 즈음 한 학생이 물었다. "선생님 이야기 잘 들었습니다. 그런데, 선배들이 그렇게 열심히 싸웠는데, 사회가 왜 이 모양이 되었습니까?" 갑자기 말문이 막혔다. 학생들에게 느꼈던 동료 의식도 일순 사라졌다. 대학 시절 내가 4·19세대나 5·18세대를 바라보던 눈빛으로 학생들이 나를 보고 있는 것 같았다. 새삼 부끄러웠다. 나도 마흔이 넘었다. 기성세대에 편입된 사람으로서 청년들에게 좋은 사회를 물려주지 못했다는 자책감이 밀려왔다.

나는 머뭇거리다 이렇게 답한 것으로 기억한다. "당시에는 정치권력만 민주 권력으로 바꿔놓으면 될 줄 알았습니다. 지금처럼 자본권력이 정치권력 위에 있게 될 줄은 미처 몰랐습니다." 그러나 이 말도 다시 생각해보면, 변명에 지나지 않는다. 자본권력이 정치권력보다 우위를 점해가는 과정은 한순간에 이루어지지 않았다. 그 역시 점진적으로 이루어졌다. 486세대는 그러는 동안 무엇을 하고 있었단 말인가? 대학만 졸업하면 시민의 정치사회적 책무가 면제되기라도 한단 말인가?

486세대들은 민주화 이후 왕성하게 사회 활동을 했다. 그 결과, 지금의 신자유주의적 사회구조가 형성되었다. 달리 말하면, 486세대가 신자유주의의 안착에 참여하고 기여했다는 말이다. 우리 세대가 민주화를 위해 열심히 싸운 것은 맞다. 그러나 '이 정도면 나도 사회 민주화를 위해 할 만큼 했다'는 느낌 때문이었는지, 대부분의 486세대는 대학 졸업 후 정치사회적 관심을 슬그머니 내려놓았다. 그리고 소시민적 안락에 빠져들었다.

486세대는 민주화 세대이기도 하지만, 신자유주의적 가치관을 받아들인 첫 세대이기도 했다. 냉전 체제가 소멸한 후, 세계는 신자유주의적 질서로 재편되었다. 사회생활에 적응하려 노력한다는 것은 신자유주의적 가치관을 내면화하는 것을 의미했다. 부당한 정치권력에 온몸을 던져 맞서던 사람들은 이상하게도 신자유주의에는 별 문제의식을 보이지 않았다. 대부분은 경제활동 적응의 과정으로 받아들였을 뿐이다. 대학에서 짱돌을 던지던 그들의 손에는 어느새 재테크 책과 자기계발 책이 들려 있었다.

사회에서 일정한 지위를 확보한 486세대는 신자유주의의 이데올로그로 변신했다. 학생운동권 특유의 열정은 '너 나이 때 나는 이렇게 무기력하지 않았다'며 후배들과 비정규직의 노동 열정을 다그치는 데 쓰였고, 사회과학 공부와 토론으로 단련된 사고 능력은 이익과 경쟁의 이데올로기를 합리화하는 데 쓰였다. 학생운동권 출신 중 재테크 책이나 자기계발 책으로 성공한 작가나 그런 책을 기획·출판해 성공한 출판업자들이 많은 것은 우연이 아니었다. 강남의 사교육 시장을 석권하며 학생들에게 무한경쟁의 논리를 전파한 것도 486세대였다.

그 결과는 지금 우리가 목도하고 있다. 사회에는 '모든 사회적 도태는 개인의 노력 부족' 때문이라는 '기업가적 자아'를 내면화한 젊은이들, 그런 기업가의 시선으로 자신을 검열하고 남을 차별하고 냉소하는 젊은이들이 넘쳐난다. 주지하다시피 486세대는 '사회 조건'을 직시함으로써 저항의 에너지를 얻곤 했다. 그런 세대가 사회적 인식에 있어서 지적 불구의 괴물들을 양산하는 데 이바지한 것이다. 그 극단적인 형태가 바로 '일베'다.

486세대에게는 '사회가 이만큼이라도 민주화된 것이 우리 때문'이라는 자부심이 있다. 그들은 〈레미제라블〉이나 〈변호인〉 같은 영화를 보며 추억하고 분노할 것이다. 그러나 적은 우리 내부에 있다. 486세대들은 신자유주의에 적응하고 그것을 받아들임으로써 민주적 성과를 스스로 허물었다. 20대들을 참혹한 경제적 노예로 만드는 데 일조한 것도 486세대다. 486세대는 자기 내부의 모순을 깊이 들여다보고 성찰하지 않으면 안 된다. 486세대의 한 사람으로서 20대에게 고해성사한다. "미안하다. 그대들을 괴물로 만든 것은 우리 486세대다."

'잃어버린 세대'와 '88만원 세대'

'잃어버린 세대'라는 말이 있다. 이 말의 사전적 정의는 "제1차 세계대전 후에 환멸을 느낀 미국의 지식계급 및 예술파 청년들"이다. 그러나 이 말은 당시에만 유효한 것이 아니었다. 이 말은 경제 위기 때마다 부활하고는 했다. 미국과 유럽에서는 1930년대 대공황기에, 일본에서는 버블 경제가 붕괴한 1990년대 소위 '잃어버린 10년' 동안 다시 회자되었다. 그러다 잠시 잊히는 듯하더니 2008년 미국 서브프라임 모기지 사태 이후 세계적으로 청년 실업률이 급등하면서 '신 잃어버린 세대'라는 이름으로 다시 언론 매체에 오르내리고 있다.

기성세대가 요즘 젊은이들을 볼 때 잘 이해되지 않는 것은 '꿈도 없고 하고 싶은 것도 없다', '무엇을 어떻게 해야 할지도 모르겠다'는 식의 무기력한 태도가 아닐까 싶다. 청년기는 본래 가장 왕성한 에너지를 바탕으로 이상성과 낭만성 그리고 진취적인 열정을 갖는 시기다. 그런데도 요즘 젊은이들에게서는 이러한 모습이 좀처럼 발견되지 않는다. 바람 빠진 풍선처럼 맥없이 사는 것이 지금 청년들의 모습이다.

학생운동 경험이 있는 486세대도 청년 세대가 답답하기는 마찬가지다. '거리에 나가 정부를 향해 청년 실업 문제를 해결하라고 시위라도 하지, 왜 저렇게 가만히 있나' 하는 생각이 든다. 『88만원 세대』의 저자 우석훈도 486세대다. 그는 2013년에 "책을 읽고도 싸우지 않는 청년들에게 실망했다"며 이 책의 절판을 선언하기도 했다. '88만원 세대'라는 말은 '잃어버린 세대'의 한국 버전이나 다름없다. 그런 말을 만들어낸 사람조차 답답함을 토로하고 있는 것이다.

미국의 저널리스트 막신 데이비스가 쓴 『잃어버린 세대The lost generation』라는 책이 있다. 대공황기인 1936년에 발간된 이 책의 부제는 '오늘날 미국 청년의 초상a portraits of American youth today'이다. 그녀는 4개월 동안 미국 전역을 돌아다니며 청년들을 관찰하고 취재해 이 책을 썼다. 이 책이 주목할 만한 것은, 거기에 묘사된 당시 청년들의 모습이 지금 우리 청년들과 놀라울 정도로 닮아 있기 때문이다. 데이비스에 따르면, 당시 청년들에게는 이상理想의 추구도 반항도 발견하기 어려웠다. 그들은 경제적 안정을 희구하며 주어진 운명을 말 없이 받아들일 뿐이었다.

우리는 청년 하면 반항적인 이미지를 떠올린다. 청년은 반항의 아이콘이다. 그것은 근본적으로 근대적인 교육 체제와 관련이 있다. 오늘날 10대와 20대들은 대개 학교에 갇혀 지낸다. 그런 구조가 청년들을 경제구조에서 배제시킴으로써 그들의 사회적 주변성을 증가시킨다. 청년들은 의미 있는 직업 활동을 통해 그들의 성적 충동(에너지)을 배출할 수 없다. 청년들의 반항성은 근본적으로 이에 대한 불만으로부터 발생한다고 볼 수 있다.

경제 호황기나, 호황기가 아니라도 경제적으로 견딜만 할 때에는 청년들의 반항성이 일상적으로 표출된다. 그것은 새로운 복장·음악·춤·행동양식·도덕·기술을 통해 건방지거나 방탕한 모습으로 표현되기도 하고, 시위를 통해 표출되기도 한다. 그러나 지금처럼 심각한 경제 위기에 처하게 되면? 언뜻 생각하기에는 청년들의 저항성이 더 거세질 것 같지만, 그렇지 않다. 심각한 경제공황에 직면하면 청년의 반항성은 오히려 사라진다. 청년들은 활력을 잃고, 이제 볼 장 다 보았다는 식의 헐벗은 마음과 영혼으로 살게 된다.

데이비스는 이렇게 썼다. "이렇게 반항이 없는 것은 과도한 급진주의보다 불길하다. 잠재적인 나치는 저항자들이 아니었다. 가만히 앉아서 참고 침묵하는 사람들이었다. 그들은 자신들의 행동을 유발할 지도자를 기다리고 있다는 사실을 의식하지 못하고 있었을 뿐이다." 히틀러가 집권한 직후 쓰인 이 책은 미래의 재앙을 정확히 예견했다. 그로부터 3년 후 제2차 세계대전이 일어났고, 많은 청년이 전쟁에 뛰어들었다. 우리는 '잃어버린 세대'의 침묵과 순종을 불길한 징조로 읽어야 한다.

1장

·

휴대전화
소통 혹은 단절의 오브제

휴대전화와 유동하는 약속

휴대전화가 없던 시절의 약속

옛 추억 하나. 벌써 15년 정도 지난 일이다. 대학생이었던 나는 학교 후배와 연애를 하고 있었다. 그녀는 서울에 살았고 나는 수원에 살았다. 우리는 주말에 서울에서 만나 데이트를 하기로 했다. 무슨 일 때문이었는지 기억이 나지 않지만, 내가 출발이 늦었다. 허둥지둥 서울로 가는 버스에 올라탔는데, 아뿔싸 잘못 타고 말았다. 강남 쪽으로 가는 버스를 타야 하는데, 파주 쪽으로 가는 버스를 탔다. 당시만 해도 나는 서울 지리에 익숙하지 않았다. 버스가 가는 방향이 좀 이상하다고 느꼈을 때에는 이미 자유로를 건넌 후였다.

　휴대전화가 없던 시절이었다. 그녀에게 연락할 도리가 없었다. 약속 장소와 너무 동떨어진 곳으로 가버린 나는 버스를 갈아타긴 했지만, 언제 약속 장소에 도착할지 가늠도 되지 않았다. 더구나 연애를 시작한 지 그리 오래 되지 않은 터였다. 나는 그녀가 혹시 바람맞은 것으로 오해하지 않을까 노심초사하지 않을 수 없었다. 당황한 데다 날도 찌는 듯 더워서 땀이 비오듯 흘렀다. 길은 왜 그렇게 멀고, 차는 왜 그렇게 막히던지. 벌써 시계는 약속 시간에서 두 시간을 훌쩍 넘기고 있었다. 과연 그녀가 기다리고 있을까? 마음 상해서 가버리진 않았을까? 마음은 이미 단념하는 쪽으로 기울고 있었다.

나는 결국 세 시간을 넘기고서야 약속 장소에 도착했다. 그런데 세상에! 그녀가 기다리고 있었다. 약속 장소도 그냥 길거리의 버스 정거장이었다. 뜨거운 여름날 벤치도 없는 곳에서 그녀는 세 시간 넘게 서서 나를 기다린 것이다. 나는 그녀가 너무 반갑고 예뻐서 공공장소만 아니면 와락 안아주고 싶었다. 자초지종을 설명하고는, 그냥 들어가지 그랬냐고 했더니, 무슨 일이 생겼지 싶어서 오히려 걱정이 되어 그럴 수 없었단다. 그녀와는 한참을 사귀다 나중에 헤어졌지만, 지금도 그녀를 생각하면 이 장면이 떠오르면서 애틋해진다.

유동적으로 변한 약속 문화

만나기로 한 사람을 몇 시간 동안 기다리는 것은 당시로서는 흔한 일이었다. 서로 연락할 도리가 없으니, 무턱대고 기다리는 수밖에는 없었다. 왜 오지 않는지도 알 수 없었다. 단지 조금 늦는 것인지, 퇴짜를 맞히려고 그런 것인지, 불가피한 일이 생겨 그런 것인지 알 수 없었다. 그만 기다리려고 해도, 가버린 후에 그가 금방 나타날 것만 같다. 그래서 쉽게 갈 수도 없다. 약속 시간이 지나도 나타나지 않는 그가 야속하기도 하지만, 한편으로는 기다림이 상대방을 더욱 보고 싶게 만들기도 한다. 아마 그녀의 마음도 그랬을 것이다.

지금도 사람들은 서로 만나기로 약속을 한다. 그러나 약속의 양상은 혁명적이라 할 정도로 많이 달라졌다. 요즘에는 약속할 때, 장소와 시간을 미리 정하지 않는다. 사람들은 약속을 하는 것이 아니라 '약속하기로 약속' 한다. 대충 언제쯤 보기로 하고, 그때 가서 다시 연락하기로 약속하는 것이다. 약속 당일에도 시간과 장소를 확정하기보다는 '어디쯤 오면서' 연락하기로 한다. 예를 들어 이렇게 통화한다. "아니, 거기서 만나는 것보다는 네가 이쪽으로 오는 것이 더 빠를거 같아. 친구가 한 명 더 오기로 했는데, 걔는 지금 어디쯤이라고 하니, 그렇게 하자구."

예전의 만남이 약속을 정하고 군말 없이 모이는 것이었다면, 이제는 약속 시간이 다가올수록 통화와 문자 전송의 빈도가 증가하면서 모인다. 사람들은 고정된 시간과 장소를 향하는 것이 아니라 물속의 물고기처럼 어디론가 흘러가면서 만난다. 약속에 늦는 것이나 약속 장소를 급하게 변경하는 것은 더 이상 큰 잘못이 아니다. 진짜 잘못은 약속 시간에 늦는 것이 아니라 휴대전화를 갖고 나오지 않거나, 충전하는 것을 잊는 것이다. 약속 시간은 유동적이 되고, 상황에 따라 조절할 수 있는 것으로 변했다.

휴대전화가 없던 시절, 사람들은 아무 때나 연락하기 힘들었다. 한번 정해진 약속은 지켜져야 했다. 약속에는 무게가 있었다. 영화를 보다보면 우리는 간혹 이런 장면을 접한다. 불가피하게 헤어져야 하는 친구나 연인이 몇 년 혹은 몇십 년 후 어디에서 보자고 약속하고, 그것을 이행하는 장면. 이런 장면은 휴대전화가 없던 시절의 약속에 대한 감수성을 기반으로 한 것이다. 수단과 방법을 가리지 않고 기필코 지켜야 하는 약속, 그 천근만근의 무게. 휴대전화로 아무 때나 연락할 수 있고, 아무 때나 약속을 조절할 수 있는 현대인에게는 애초부터 이런 감수성이 생겨나기 어렵다.

가벼워진 약속의 무게

예전에는 한번 약속을 정하면 군말 없이 만났다. 약속을 바꾸기 힘들었으므로, 약속이 어긋나지 않도록, 지체되지 않도록 많은 노력을 기울였다. 할 일이 있으면 약속을 지키는 데 방해가 되지 않게 미리미리 처리해놓고, 심지어 몸도 아프지 않게 챙겼다. '약속 이행'을 염두해둔 채 계획적으로 생활을 조직하고 움직였다(지금도 중장년층은 이런 패턴에 익숙하다. 그것은 휴대전화가 없던 시절에 형성된 것이다). 그리고 약속을 지켰다. 그러나 지금은 실제로 만나기까지 여러 번 연락을 거친다. 연락을 거치는 동안 약속은 언제 어떻게 지연·변경·취소될지 모른다.

　이것은 개인적 태도의 문제가 아니다. 휴대전화가 만들어낸 변화다. 잦은 연락을 통해 약속이 이행된다는 것은, 얼마든지 일시적인 이유로 약속에 대한 지연·변경·취소를 통보하거나 그에 대해 양해를 구할 수 있게 되었음을 의미한다. 좋게 생각하면, 휴대전화 덕분에 약속은 덜 구속적인 것이 되었다. 그러나 나쁘게 말하면, 약속 이행에 대한 책임감이 약해졌다. 오늘날 누군가와 약속을 해서 만난다는 것은 그 자체로 번잡스러운 하나의 '일'이 되었다. 누군가를 만나려면 여러 번 연락을 취해야 하고, 잦은 지연·변경·취소의 가능성을 염두해두어야 한다. 약속이 반드시 이행될 것만을 믿고, 계획적으로 움직이면, 자신의 시간표가 갑자기 증발하기 십상이다.

파시 매엔파는 『도시생활의 방법으로서의 모바일 커뮤니케이션』에서 이렇게 말했다. "이동통신 문화에 살아가는 사람들은 한쪽 발을 영원히 미래에 디딘 채로 살고 있다. 그들은 이동통신장비를 사용해 미래의 만남과 사건들을 운영하고 관리한다." 휴대전화는 시간에 대한 인식에 변화를 낳았다. 이전에 생산되고 조직된 것이 실현되는 장場으로서의 '미래'라는 개념은 유동하는 시간의식으로 대체되었다. 시간은 끊임없이 미래를 향해 기울어져 있다. 미래는 더 이상 확정된 순간들로 구성되어 있지 않다. 상황에 따라 협상 가능한 대략적인 시간 내 장소로 여겨진다.

빌렘 플루서는 『디지털시대의 글쓰기』에서 이렇게 썼다. "기다림은 분명 어떤 종교적인 카테고리다. 즉, 그것은 희망하기를 의미한다." 약속을 정하고 상대방이 나타날 때까지 무턱대고 기다릴 수밖에 없었던 시대가 있었다. 어찌 보면 그랬기 때문에 사랑에 더 무게가 있었는지도 모른다. 기다림은 간절함을 낳고, 간절함은 사랑의 감정에 무게를 실어주었다. 현대인은 휴대전화와 함께 기다린다. 젊은 연인들은 기다리는 동안에도 쉴 없이 연락을 주고받는다. 그에 따라 기다림에 내포되어 있던 종교적 엄숙함은 가벼움과 발랄함으로 대체되고 말았다.

재난과 휴대전화
휴대전화를 쥔 채 죽어가는 사람들

위기 상황과 휴대전화

박흥식 감독의 영화 〈나도 아내가 있었으면 좋겠다〉의 도입부에는 이런 장면이 나온다. 지하철 출근길이다. 그런데 웬일인지 지하철이 갑자기 멈춰서더니 전기마저 끊긴다. 깜깜해진 전철 안. 잠시 정적이 흐르고, 승객들이 술렁이기 시작한다. 그러더니 여기저기서 불빛이 켜진다. 사람들이 저마다 휴대전화을 꺼내 애인이나 아내에게 전화를 하는 것이다. 지하철 안은 금세 통화 소리로 가득 찬다. 그러나 노총각 김봉수(설경구 분)에겐 통화할 만한 사람이 없다. 이때 그가 조용히 읊조리는 말. "나도 아내가 있었으면 좋겠다."

　이 장면은 김봉수의 외로움을 부각하기 위한 것이다. 승객들이 너도나도 통화하는 것은 표면적으로는 여러 가지 이유가 있을 것이다. 약속이 있었던 사람은 지하철 연착으로 지각할 수밖에 없음을 상대방에게 알릴 것이고, 영업하는 사람은 자투리 시간을 이용해 전화로 고객 상담을 할 수도 있다. 또한 친구나 애인과 잡담을 즐길 수도 있다. 그러나 휴대전화로 연락을 주고받는 행위에는 단순한 커뮤니케이션 이상의 의미가 함축되어 있다. 불안을 야기하는 상황에서 휴대전화로 절친한 사람의 목소리를 듣는 것은 위안이 될 수 있다. 그럴 때 불 꺼진 전철처럼 두렵고 낯선 공간은 친근한 사적 공간으로 변하는 느낌을 주기 때문이다.

영화 속 장면은 휴대전화에 대한 현대인의 감성적 의존을 보여주기도 한다. 전철을 타고 가다 진짜로 정전이 되어, 주변이 칠흑 같은 어둠으로 변한다면 승객들은 당혹스러워 할 것이다. '이거 이러다 사고라도 나는 것 아냐?' 하는 불안이 엄습할 것이다. 주목할 만한 것은 승객의 대응 방식이다. 영화 속 승객들은 불안한 상황에서 바로 옆에 있는 사람들보다는, 눈에 보이지 않는, 멀리 떨어져 있는 사람들과 휴대전화로 연락하고자 했다. 영화 속 상황은 단순 정전에 불과했다. 그러나 좀 더 심각한 상황이었다 해도 승객의 반응은 비슷했을 것이다. 승객들은 옆 사람과 대화하고 합심해 위기를 극복하려 하기보다는 휴대전화에 의지해 불안감을 불식시키거나, 외부에 위기 상황을 알리거나 구조를 요청하는 데 주력했을 것이다.

공동의 위기는 공동으로 극복하는 것이 맞다. 그러나 휴대전화는 사람을 외부에 연결된 개인으로 존재하게 만든다. 그런 까닭에 사람들은 공동의 위기 상황에서도 공동으로 대응하기보다는 휴대전화에 연결된 외부의 힘에 의존하려 한다. 휴대전화는 개인적인 문화를 만든다. 개인적 커뮤니케이션 도구인 휴대전화는 일상적인 집단적 커뮤니케이션 문화를 파괴한다. 그런 까닭에 '이 위기 상황을 공동으로 해결해야겠다'는 생각이 잘 떠오르지 않고, 설사 그런 생각이 떠올랐다 하더라도 다른 사람에게 쉽게 말을 걸거나 협조를 요청하지 않는다. 사람들은 위기가 닥쳐와도, 여차하면 어디에 연락을 할 요량으로 휴대전화만 만지작거리고 있을 뿐이다.

죽음의 순간, 휴대전화로 전해진 말들

영화의 도입부는 미래에 대한 불길한 예언이었다. 영화는 2001년 개봉되었는데, 그로부터 2년 후, 대구지하철 화재 참사가 있었기 때문이다. 350여 명의 사상자를 낸 이 끔찍한 사건은 언론에 대서특필됐다. 그중에는 휴대전화와 관련된 것도 많았다. 당시 신문에 보도되었던 기사들을 살펴보면, 많은 사람이 일촉즉발의 위기 상황에서도 휴대전화로 가족이나 친구에게 전화를 하거나 메시지를 보냈다. 감동적인 내용도 많아 언론의 좋은 기삿거리가 되었다. 그중 몇 개만 소개하면 이렇다.

박정순 씨(34)는 화염이 치솟는 아비규환의 현장에서 시어머니 황점자 씨(63)에게 휴대전화로 전화를 걸어 마지막 대화를 나눴다. "어무이! 지하철에 불이 나 난리라예." "뭐하노 빨리 나온나." "못 나갈 것 같아예. 저 죽지 싶어예. 어무이 애들 잘 좀 키워주이소." 박 씨는 3남매를 잘 부탁한다는 말을 남기고 숨지고 말았다. 한국기독학생회 간사 허현 씨(29)도 동료 간사 강지현 씨(20)에게 전화를 걸어 "지현아 나 죽어가고 있어. 나를 위해 기도해줘"라는 말을 남기고 연락이 끊겼다.

학습지 교사인 주부 김인옥(30) 씨는 여섯 살과 네 살짜리 두 아들을 유치원에 데려다주고 지하철로 출근하면서 남편 이홍원 씨(35)에게 전화를 걸었다. "지금 지하철인데 거의 사무실에 도착했어. 저녁밥 맛있게 준비해놓을 테니까 오늘 빨리 퇴근해." 그때만 해도 남편 이 씨는 행복한 저녁을 꿈꾸고 있었다. 그러나 잠시 후, 다시 부인 김 씨로부터 피맺힌 절규의 전화가 걸려왔다. "여보! 불이 났는데 문이 안 열려요. 숨을 못 쉬겠어요. 살려줘요." 그리고 잠시 침묵이 흐른 뒤 그녀가 울먹이며 남긴 마지막 말은 "여보 사랑해요. 애들 보고 싶어"였다.

2008년에 있었던 중국 쓰촨성 대지진에서도 휴대전화 관련 보도가 있었다. 그중 압권은 전 중국인을 울린 한 문장의 문자였다. 당시 의료 요원들은 폐허 더미 아래에서 무릎을 꿇고 엎드린 채로 사망한 20대 여성을 발견했다. 그 밑에는 놀랍게도 포대기에 싸인 아기가 있었다. 그녀가 쏟아지는 잿더미를 온몸으로 막아낸 덕에 아기는 무사했다. 그리고 포대기에서 발견된 휴대전화에는 이런 문자가 남겨져 있었다. "사랑하는 아기야, 만약 네가 살 수 있다면, 엄마가 널 사랑했다는 걸 꼭 기억해야 해." 그녀는 목숨이 붙어 있는 동안 휴대전화 문자로 아기에게 엄마의 사랑을 전했던 것이다.

이러한 이야기들은 감동적이다. 그러나 그것은 슬픈 감동이다. 숨을 들이쉴 때마다 유독가스가 코로 흡입되는 상황에서도 사람들은 휴대전화로 전화를 걸었고, 유언 같은 말을 남겼다. 그들은 죽기 직전에 사랑하는 가족을 떠올렸다. 그것은 당연한 일이다. 그러나 절체절

명의 위기 상황에서도 휴대전화에 의존했다는 것은 왠지 슬퍼 보인다. 피해자들은 살려고 몸부림치는 대신 휴대전화를 손에 쥐고 무기력하게 죽어갔다.

생명의 불빛이 된 휴대전화

조난 사고를 당한 사람들에게 휴대전화는 중요하다. 사고로 밀폐된 공간에 갇힌 사람들에게 휴대전화는 외부와 자신을 연결시켜주는 유일한 끈이 될 수 있기 때문이다. 사람들은 휴대전화로 자신의 위치를 바깥에 알리면서 구조를 기다릴 수 있다. 조난 사고를 당한 사람은 휴대전화로 연락이 되는 한, 자신이 완전히 고립되지 않았다는 느낌과 구조될 수 있다는 희망을 가질 수 있다. 절망적인 상황에서도 휴대전화에 저장된 가족이나 애인의 사진을 볼 수 있다면, 생존의 의지를 북돋을 수 있을 것이다.

조난 사고 현장에서 휴대전화는 그 자체로 희망의 상징이 된다. 꺼지지 않은 휴대전화 불빛은 실종자에게는 구원의 불빛으로, 그 가족들에게도 생명의 불빛으로 여겨진다. 실종자 가족들도 휴대전화 연락이 끊어지지 않으면 희망을 갖겠지만, 휴대전화가 꺼지면 시신이라도 확인한 것처럼 오열한다. 인간은 희망이 없으면 살 수 없는 존재다. 이것은 관념적인 차원의 말이 아니다. '생각하는 동물'인 인간에게 희망은 생명의 구조와 정신 역학의 본질적 요소다. 예기치 않은 재앙을 당한 경우, 절망에 빠진 사람은 그렇지 않은 사람보다 실제로 빨리 죽는다. 반면 희망의 끈을 놓지 않은 사람은 생존할 확률이 높아진다.

조난 사고가 발생했을 때, 휴대전화는 그저 차가운 기계가 아니라 위기로부터 사람을 구원해줄 물신物神이 된다. 재난 현장에서 휴대전화의 인간적인 의미는 극대화된다. 실종자들은 단지 휴대전화를 '갖고 있는 것'이 아니다. 휴대전화는 피해자 그 자체다. 그것은 인지과학자 앤디 클라크가 『태생적 사이보그들Natural Born Cyborgs』에서 말한 것처럼 "전선을 연결하는 피상적인 의미에서가 아니라, 인간과 기술이 공생한다는 가장 심오한 의미에서" 그렇다. 휴대전화를 손에 들고 재난 속에 죽어가는 인간. 우리는 대규모 재난 현장에서 사이보그적 미래 감각, 사이보그로서의 미래 인간, 그리고 궁극적으로는 인간의 미래 운명을 엿보고 있는지도 모른다.

휴대전화를 통한 연애 vs 휴대전화와의 연애

휴대전화를 놓지 못하는 연인들

현대인의 연애 감정은 원거리 통신기술에 대한 감수성과 관련 있다. 한 시인은 일찍이 그것을 통찰했다. 이를 테면 휴대전화가 없던 시절, 고정희는 「고백」이라는 시에서 이렇게 썼다. "너에게로 가는/ 그리움의 전깃줄에/ 나는/ 감/ 전/ 되/ 었/ 다."

전화나 휴대전화 같은 통신 매체에 대한 감수성이 예민해지는 것은 연애 중인 사람에게만 그런 것이 아니다. 외로운 솔로들도 그렇다. 최승자는 「외로운 여자들은」이라는 시에서 이렇게 썼다. "외로운 여자들은/ 결코 울리지 않는 전화통이 울리길 기다린다/ 그보다 더 외로운 여자들은/ 결코 울리지 않던 전화통이/ 갑자기 울릴 때 자지러질듯 놀란다/ 그보다 더 외로운 여자들은/ 결코 울리지 않던 전화통이 갑자기 울릴까봐/ 그리고 그 순간에 자기 심장이 멈출까봐 두려워한다/ 그보다 더 외로운 여자들은/ 지상의 모든 애인들이 한꺼번에 전화할 때/ 잠든 체하고 있거나 잠들어 있다."

휴대전화를 좋아하지 않았던 사람이라도 누군가를 사랑하게 되면 휴대전화에 의존하지 않을 수 없다. 연인들의 하루는 "잘 잤어?" 하는 문자로 시작해 "잘 자, 내 사랑" 하는 문자로 끝난다. 문자를 보내고, 답문을 받을 때까지 기다리는 시간, 그 시간은 설레임·간절함·초조함으로 가득 찬다. 그러다 '딩동' 하고 메시지 수신음이 들리는 순간 가슴에도 반짝 불이 켜진다. 연인들은 서로 연락하지 않는 시간에도 휴대전화를 놓지 못한다. 틈틈이 휴대전화에 저장되어 있는 상대방의 사진을 보거나 서로 주고받은 메시지들을 꺼내 다시 읽으며 애틋한 감상에 빠진다.

기쁨과 절망을 증폭시키는 휴대전화

오늘날 연애를 한다는 것은 휴대전화와 사랑에 빠진다는 것을 의미한다. 임정일은 「문자 메시지 연애학」에서 이렇게 표현했다. "얼굴 없는 인사/ 신호음이 들린다/ 잘 잤느냐는 안부인사에/ 마음이 찌릿해왔다// 나는 지금 기계와 감정을 주고받는 것이다/ 누군가 저장해놓은 메시지를 읽으며/ 나는 다시 기계 속에 내 감정을 저장한다// 사랑이 떠나고 난 자리/ 문자메시지를 읽으며/ 지금 기계와 연애 중이다." 오늘날 연애는 휴대전화로 시작해 휴대전화로 끝난다. 그것은 휴대전화에 대한 의존과 집착이 심화된다는 의미다.

휴대전화가 있으므로 연인들은 떨어져 있어도 늘 붙어 있는 느낌을 가질 수 있다. 그러나 거기에는 장점만 있는 것이 아니다. 예를 들어, 어느 날 두 연인이 다투었다 하자. 둘은 화가 난 상태로 헤어졌다. 집으로 돌아온 남자가 화해하고 싶은 마음에 휴대전화로 전화를 걸었다. 그러나 여자가 전화를 받지 않는다. 문자를 보냈다. 답문이 없다. 다시 전화해본다. 휴대전화가 꺼져 있다는 음성 메시지가 돌아온다. 이럴 때 휴대전화는 '소통의 도구'에서 '단절의 도구'로 돌변한다. 휴대전화는 시시때때로 설렘과 기쁨을 제공했던 것만큼, 불안감과 절망감을 증폭시킨다.

전경린은 소설 『언젠가 내가 돌아오면』에서 이렇게 썼다. "전원이 꺼진 공허한 휴대전화를 만지작거리는 시간이 점점 길어졌다. 충전을 시키고 전원을 켜두면, 가없이 멀어진 세상의 광활함이 다시 하나의 중심으로 모여들 것이었다.······형주가 신호음을 보내는 느낌이 들 때마다 혜규는 휴대전화를 손에 쥐었고, 휴대전화를 쥔 뒤에는 그대로 묶인 듯 꼼짝도 할 수 없었다." 이처럼 냉각기에 있거나 헤어진 연인들 역시 휴대전화를 떠날 수 없다. 사랑의 지원자로서 나를 지배했던 휴대전화는, 회한이 남아 있는 한 다시 나의 신경을 지배하는 군주가 된다.

휴대전화는 단지 메시지를 전달하는 수단이 아니다. 그것은 남녀 간의 관계에 적극적으로 개입해 영향을 미친다. 요즈음 젊은이는 휴대전화 문자로 프러포즈하고 이별을 통고한다. 속전속결이다. 그것은 인간관계에서 '참을 수 없는 존재의 가벼움'을 느끼게 한다. 그러면서도 한편으로는 그로 인한 헛헛함과 외로움을 또 다른 일회성 만남으로 위무해나간다. 현대인은 인간관계에서도 깊이 뿌리내릴 만한 곳을 좀처럼 찾지 못한다.

어떤 현상이 사회의 주된 현상이 되면, 그것을 합리화시키는 논리와 정서가 산출된다. 오늘날 남녀가 쉽게 만나고 헤어지는 것은 '쿨'하고 '시크'한 것으로, 반대로 상대방에게 매달리거나 이별을 유보하는 것은 구질구질한 것으로 여겨지는 것이 그렇다. 단기간 연애와 일회성 만남이 반복되는 것은 결코 좋은 것이 아니다. 그럴수록 불안과 외로움만 커질 뿐이다. 인간관계는 지속적이어야 깊이 뿌리내릴 수 있고, 인간의 정서도 그런 관계 속에서 안정을 찾을 수 있다.

오늘날 쿨하고 시크한 태도가 미덕으로 여겨지는 것은 결코 그것이 올바르거나 좋기 때문이 아니다. 그렇게 생각하지 않으면 살 수가 없기 때문이다. 경박한 인간관계가 주된 현상이 된 사회, 그로 인해 언제든지 입을 수 있는 심리적 충격으로부터 자신을 방어하기 위한 논리인 것이다. 애초부터 지속적이고 뿌리 깊은 인간관계를 기대하지도 않는 것, 알던 사람과 갑자기 멀어지거나 소식이 끊겨도 '난 괜찮다'며 쿨하게 웃어 넘기는 것이 당당하고 슬기로운 일이 되었다. 차가운 대인관계가 지혜가 된 것이다.

사람들은 현대인의 정서가 스스로 변했다고 생각한다. 그러나 정서의 변화는 독자적으로 이루어진 것이 아니다. 정서의 변화, 그리고 그 변화를 합리화시키는 논리의 발명 역시 휴대전화와 같은 미디어의 영향을 그 배후로 삼고 있음을 알아야 한다.

최악의 프러포즈, 문자 고백

가장 좋은 프러포즈는 직접 만나서 고백하는 것이다. 상대방의 눈을 들여다보고, 미묘한 표정의 변화를 느끼면서, 떨리는 목소리로 '당신을 사랑한다' 고 말할 때, 마음은 온전히 전해질 수 있다. 그다음이 전화로 고백하는 것이다. 전화로는 서로 얼굴을 볼 수 없지만, 떨리는 호흡과 목소리를 통해 진심을 어느 정도 전달할 수는 있을 것이다. 그렇다면 최악의 고백은? 문자 고백이다. 그것은 답이 안 나온다.

예를 들어 문자 고백을 받은 여자의 마음은 어떨까? 좋기만 할까? 그렇지 않을 것이다. 문자로 프러포즈받은 여자는 '남자가 얼마나 자신감이 없으면 문자로 프러포즈할까?' 하고 생각하거나 '문자로 간이나 보려는 것 아냐?' 혹은 '나를 쉬운 여자로(문자만으로도 쉽게 넘어오는) 보는 거 아냐?' 하고 생각할 것이다. 여자들이 이런 반응을 보이는 이유는 문자가 갖는 편이성 때문이다. 문자의 편이성은 흔히 장점으로 여겨진다. 그러나 프러포즈에서는 바로 그 편이성 때문에 단점이 된다.

여자는 누구나 영화나 드라마에 등장하는 거창한 프러포즈까지는 아니더라도 어느 정도 정성이 담긴 프러포즈를 기대하기 마련이다. 그런데 문자는 별 노력도 성의도 요구하지 않는다. 그저 자신이 있는 자리에서 버튼을 눌러 보내면 된다. 게다가 표정이나 음성이 담겨 있는 것도 아니니, 거기에 얼마나 진심이 들어 있는지 알기도 어렵다. 고백에 대한 진정성을 의심하게 되는 것은 당연한 일이다. 진정 상대방의 마음을 얻고 싶다면, 문자로 고백하지 말라. 문자보다는 전화가 낫고, 전화보다는 직접 만나서 고백하는 것이 성공 확률이 높다.

오늘날 휴대전화가 연애에 미치는 영향은 크다. 요즘 연인들은 데이트할 때에도 상대방의 얼굴을 바라보며 말하고 웃는 대신 각자 휴대전화를 들여다본다. 심지어 대화도 상대방과 자신에 대한 이야기가 아니라 게임이나 휴대전화 앱에 관한 이야기를 더 많이 한다. 휴대전화를 들여다보고 있는 이유가 없지는 않다. 무슨 영화를 볼까, 어떤 식당을 갈까, 막차는 몇 시에 끊기나 하는 것을 알아보기 위해 들여다본다. 혹은 친구에게 메시지가 와서 그에 답하느라 들여다본다. 그러나 아무리 명분이 있다 하더라도 이런 과정이 반복되면, 서로에 대한 열정과 마음이 식는다.

데이트는 친밀함을 높이고, 추억을 만들어나가는 것이다. 친밀함과 추억은 매개 없이, 둘만의 직접적인 소통을 통해 생겨난다. 연애는 사람과 하는 것이지, 휴대전화와 하는 것이 아니다. 연애다운 연애를 하려면 둘 사이에 무엇이 끼어드는 것을 가급적 배제해야 한다. 직접 만나서 말을 걸고, 상대방의 말에 귀를 기울이고, 손을 맞잡고 서로의 체온을 느끼는 데 시간을 쓰는 것이 좋다. 그것이 제대로 데이트하는 유일한 방법이다.

응답할 수 있다 vs 응답해야 한다

어린애처럼 떼쓰는 휴대전화

1990년대 중반, "때와 장소를 가리지 않습니다"라는 말이 휴대전화 광고 카피로 쓰인 적이 있었다. 이 카피처럼 휴대전화는 언제 어디서나 '연락할 수 있는' 매체다. 그러나 엄밀하게 말하자면, 휴대전화는 '반드시 연락이 된다'는 것이 아니라 '그럴 가능성이 있다'는 것에 가깝다. 왜냐하면 수신자가 다양한 상황에 처해 있을 수 있기 때문이다.

수신자가 화장실에 있거나, 샤워를 하거나, 낮잠을 자거나, 영화나 연극을 관람하거나, 술집이나 노래방·헬스클럽처럼 시끌벅적한 곳에 있거나, 운전 중이거나, 중요한 사람과 이야기를 나누고 있을 수도 있다. 그럴 때에는 휴대전화를 받기 힘들 것이다. 휴대전화를 받을 수 없는 상황은 아니더라도, 누구에게도 방해받지 않고 혼자 있고 싶을 때도 있을 것이다. 그러나 휴대전화는 이 모든 상황을 무시하고, 아무 때나 울린다. 수신자를 전혀 배려하지 않는다. 휴대전화는 상황에 관계없이 자기 욕구를 채우려 떼쓰는 철부지 어린아이와 같다.

발신자는 언제나 멀리 있는 사람을 가깝게 부르고자 하는 욕망을 실현할 수 있으리라 기대한다. 그러나 이 욕망은 완전히 실현되기 힘들다. 상대방은 "응, 나 지금 ~하는 중인데. 내 다시 연락할게" 하고 끊기 일쑤다. 휴대전화가 제공하는 합일감은 불충분하고, 인간의 정서는 안정성을 잃는다. 휴대전화는 유선전화에서는 존재하지 않았던 '심리적 충격'을 발생시킨다. 유선전화로 전화했을 때 우리는 "그가 지금 집에 없습니다"는 답변이 돌아온다고 해서 서운해하지 않는다. 그가 집에 있다는 보장을 할 수 없다는 것을 발신자도 잘 알고 있기 때문이다. 그러나 휴대전화로는 상대가 전화를 받지 않거나, 늦게 받거나, 문자를 보냈는데 답변이 없으면 상처를 입기 쉽다. 수신자가 늘 전화선 끝에 있음을 전제하기 때문이다.

이 전제는 대인관계에 대한 감수성을 예민하게 만든다. 더구나 요즘에는 휴대전화로 연락하면 내 번호가 상대방의 휴대전화에 뜬다. 그러므로 상대방은 내가 연락했음을 안다. 그러므로 일정한 시간이 지나도록 답변이 없으면 서운해 하고 실망하게 된다. 나아가 며칠이 지나도 연락이 없으면? 상대방이 '나를 무시하나' 혹은 '나를 싫어하나' 하고 생각하게 된다. 그것은 상대방의 무관심, 무정함 혹은 변심으로 읽힌다. 휴대전화는 이처럼 대인관계에 대해 예민한 감성을 낳는다.

사람들은 휴대전화로 끊임없이 이리저리 연락한다. 특정한 용무

1장 • 휴대전화 • 소통 혹은 단절의 오브제

가 있어서기도 하지만, 단지 정서적 욕구 때문에 지인들에게 연락하기도 한다. 그러나 휴대전화는 이러한 욕구를 채워주기에는 불충분하다. 외로운 사람은 마음을 달래기 위해 휴대전화로 여러 사람에게 연락하지만, 오히려 그럴수록 정서적 결핍과 갈증이 더욱 커지는 것을 경험할 때가 많다. 휴대전화 연락으로 얻을 수 있는 위안은 보잘 것 없는 것이어서, 이럴 바에는 차라리 연락하지 않고 지내는 편이 낫겠다는 생각도 든다. 그것은 목마른 사람이 바닷물을 마셨을 때 더욱 갈증을 느끼는 것과 비슷하다.

대화의 시작, "지금 어디세요?"

톰 스탠디지는 『사슬 풀린 인터넷The Victorian Internet』에서 이렇게 말했다. "전화는 전신과 마찬가지로 전선을 사용했기 때문에, 원래 말하는 전신쯤으로 여겨졌다. 그러나 그것은 전혀 새로운 것이었다." 이 논리는 휴대전화와 유선전화에도 적용될 수 있다. 언뜻 보기에 휴대전화는 '들고 다니는 유선전화' 쯤으로 여겨질 수 있으나 근본적으로 다르다. 유선전화는 '특정 장소'로 전화를 거는 것이지만, 휴대전화는 '특정인'에게 연락하는 것이다. 유선전화는 특정한 장소에 붙박혀 있지만, 휴대전화는 사용자가 어디에 있든 따라다닌다.

우리는 흔히 휴대전화로 전화를 걸어 "지금 전화 받기 괜찮아?", "지금 어디야?"라는 말로 첫마디를 뗀다. 생각해보면 이상한 말이다. 지금 내가 어디에 있는 것이 왜 그리 중요한가? 그 생경함에 대해 김찬호는 『휴대폰이 말하다』에서 이렇게 말한 적이 있다. "휴대전화와 관련해 당황스러운 일을 경험한 적이 있다. 그날은 학생들이 리포트를 제출하는 날이었다. 학교에서 돌아오는데 휴대전화로 전화가 걸려왔다. 리포트를 뒤늦게 내려는데 어떻게 해야 하는지 묻는 수강생의 전화였다. 그런데 첫마디가 '교수님, 어디 계세요?' 였다. 그리고 몇 분후 같은 용건으로 다른 학생이 전화를 걸어왔는데, 놀랍게도 첫마디가 같았다. 먼저 자신을 소개하고 차근차근 용건을 말하는 것이 지극히 정상적인 전화 매너인데, 명색이 대학생이 어떻게 그런 기본도 모르는지 이해할 수가 없었다. 처음에는 예절이 없어 그런 것이라고 생각했다. 그러나 이런 일을 반복적으로 겪으면서 점차 시각을 달리하게 되었다."

이렇게 대화를 시작하게 되는 데에는 이유가 있다. 휴대전화 호출 방식이 유선전화와 전혀 다르기 때문이다. 집이나 회사처럼 특정 장소에 붙박혀 있는 유선전화는 수신자가 전화를 받는 장소에 있을 때에만 연결을 허락한다. 전화를 받는 장소에 있는 수신자가 처할 수 있는 상황은 제한적이고, 어느 정도 예상 가능하다. 그러나 휴대전화는 무제한적이고, 예상 불가능하다. 발신자는 수신자가 어디서 무엇을 하고 있는지 전혀 알 수 없다. 그러므로 발신자는 용건을 말하기 전에 수신자의 상황을 먼저 확인할 필요가 생기게 된다.

그래서 전화를 걸어 다짜고짜 "지금 어디세요?" 하고 묻게 된다. 이런 행동은 특히 윗사람이 듣기에 예의가 없는 것으로 느껴질 수 있다. 왜냐하면 '내가 왜 너에게 그런 것까지 보고를 해야 하느냐?' 하고 불편한 심경이 될 수 있기 때문이다. 그러나 예의가 없어서가 아니다. 그것은 수신자가 처한 상황에 대한 아무런 배려 없이, 아무 때나 갑자기 난입할 수밖에 없는 휴대전화의 근본적인 속성에서 비롯된다. 그런 말을 한 사람이 윗사람이냐 아랫사람이냐의 문제가 아니라, 휴대전화 자체의 문제인 것이다.

그렇다면 발신자의 이런 질문은 예의가 없는 것이 아니라, 오히려 그 반대다. 이 말을 곰곰이 곱씹어보면 '양해'의 의미가 들어 있음을 알 수 있다. '제가 휴대전화로 전화를 건 것이, 당신께 실례를 범하는 것은 아닌지 모르겠습니다. 그러나 저의 의도는 그렇지 않으니 이해해주십시오'라는 메시지인 것이다. 발신자는 휴대전화로 전화할 수밖에 없는 자신의 불가피함에 대해, 그것이 발생시킬 수 있는 실례에 대해 양해를 구하고 있는 것이다. 이러한 통화 형식은 휴대전화가 가진 근본적인 폭력성 때문에 생긴다.

가능성이 희망으로, 희망이 의무로

욕망은 문명의 이기利器를 낳는다. 그러나 반대로 문명의 이기는 이전에 없었던 욕망을 촉발시키기도 한다. 휴대전화도 마찬가지다. '언제든 연락할 수 있다'는 것은 '가능성'이다. 그런데 휴대전화는 그 '가능성'에 머물지 않고, '휴대전화로 연락하고 싶다'는 욕망을 만들어낸다. 그것은 '희망'이다. 나아가 휴대전화는 '휴대전화로 당장 연락해야 한다'는 강박을 만든다. 그것은 '의무'다. 가능성이 희망으로, 희망이 의무로 변하는 것이다. 이 변화는 별것 아닌 것처럼 보이지만, 그것이 만들어내는 결과의 차이는 크다.

예를 들어 연애 중인 남녀가 심하게 다투었다고 하자. 홍분한 상태에서 둘은 각자 집으로 돌아갔다. 남자는 집에 돌아온 후에도 분이 풀리지 않는다. 그의 손에는 휴대전화가 들려 있다. 그는 휴대전화가 있으므로 당장 '이별 통고를 할 수 있다(가능성).' 당장이라도 전화해서 헤어지자고 말하면 속이 시원할 것 같다. 남자는 자신이 굳이 이렇게 마음고생을 할 필요가 없다고 생각한다. 다시 휴대전화를 들여다본다. 휴대전화는 '이별 통고를 하고 싶다(희망)'는 마음을 부추긴다. 잠시 후 '이별 통고를 해야 한다(의무)'는 마음으로 바뀐다. 남자는 급기야 여자에게 전화한다. 그리고 "헤어지자"고 말해버린다. 그렇게 이별은 현실이 된다.

만약 휴대전화가 없었다면 어땠을까? 쉽게 헤어지지 않았을 것이다. 이를 테면 이런 식이다. 남녀가 서로 싸우고 집으로 돌아간다. 남자는 여전히 화가 풀리지 않는다. 당장이라도 헤어지자고 말할 요량으로 그녀의 집으로 전화를 건다. 전화를 걸면 그녀의 부모가 받는다. 예전에는 엄한 부모가 많았다. 바꿔달라는 말도 못하고 그냥 끊는다. 어쩔 도리가 없다. 오늘은 그냥 자기로 한다. 자고 나니 기분이 좀 나아졌다. 여전히 분한 마음이 남아 있으나 한편으로는 화해할 마음도 조금 생겼다. 저녁에 그녀의 집 앞에서 기다려 얘기를 해보기로 한다. 그녀의 집 앞에서 그녀가 돌아오기를 기다린다.

한 시간을 넘어 두 시간을 기다려도 그녀가 오지 않는다. 이상한 일이다. 올 시간이 넘었는데. 한 시간 정도를 더 기다리다가 집으로 돌아간다. 슬그머니 무슨 일이 생긴 건 아닌지 걱정되기 시작한다. 오랫동안 기다려서 그런지, 그녀에 대한 애틋함이 되살아나는 것 같다. 전날의 싸움도 별것 아닌 걸로 그랬던 것 같다. 다음 날 그녀의 집 앞

1장 · 휴대전화 · 소통 혹은 단절의 오브제

에서 또 기다린다. 몇 시간을 기다린 끝에 그녀를 겨우 만났다. 얼굴을 보니, 반갑다. 미워했던 마음은 이미 온데간데없다. 전날에는 아파서 아예 밖을 나오지 않았단다. 남자는 자기 때문에 아픈 것 같아 애잔해진다. 남자가 '미안하다'고 하자, 여자도 사과한다.

휴대전화가 없는 것은 흔히 불편한 것으로 여겨진다. 그러나 거기에도 장점이 있다. 휴대전화가 없던 시절에는 다시 만나 이야기하기까지 시간이 걸릴 수밖에 없었다. 각자의 시간을 가질 수 있음을 의미한다. 시간이 지나면 참을 수 없을 것 같았던 화도 대개 누그러지게 마련이다. 그렇게 싸우고 화해하고 싸우고 화해하는 것을 반복하면서 정도 들고 서로에 대한 이해도 깊어진다. 사랑은 한순간에 이루어지지 않는다. 서로 조화하고 신뢰하기 위해서는 시간이 필요하다.

물론 헤어지는 쪽으로 결론이 날 수도 있다. 그렇더라도 그 결론은 오늘날처럼 즉흥적이지는 않았다. 그 역시 시간을 갖고 내린 결론인 경우가 많았다. 본래 연애하는 남녀 사이란 좋을 때도 있고, 나쁠 때도 있다. 예나 지금이나 다를 바 없다. 그러나 지금은 휴대전화가 있다. 그것이 더 가볍게, 더 쉽게 남녀를 헤어지게 하는 데 영향을 미친다. 오늘날 젊은이들의 연애 기간이 갈수록 짧아지는 데에는 휴대전화의 영향을 생각하지 않을 수 없다.

휴대전화를 사용하지 않을 권리?

휴대전화에 대해 불만이 많다면, '휴대전화를 사용하지 않으면 그만 아닌가?' 하고 생각할 수 있다. 그러나 휴대전화 사용 여부는 개인이 쉽게 선택할 수 있는 문제가 아니다. 소위 '망외부성network externalities' 때문이다. 휴대전화나 인터넷은 사용자가 많아지면 그 개별기기의 효용이 점점 커지게 된다. 접속 대상이 그만큼 늘어나기 때문이다. 달리 말하면 휴대전화를 사용하는 사람들이 많아지면, 나에게도 휴대전화를 사용해야 할 필요성이 생긴다. 상품의 소비는 흔히 생각하듯 개인적인 선택으로 이루어지지 않는다. 다른 사람과의 상호작용에 의해 이루어지거나 기술적인 호환성compatibility 때문에 이루어진다.

웬만한 결단과 신념이 아니고선 휴대전화를 거부하기 힘든 이유가 여기에 있다. 휴대전화를 거부하는 것은 전혀 다른 삶의 방식과 경제적 조건을 요구한다. 테크놀로지의 발전과 사회적 행동 사이에는 깊은 연관성이 있다. 통신기술의 발달은 커뮤니케이션의 본질, 사회적 관계, 사회적 상호작용, 비즈니스 방식, 개인의 정체성을 변화시킨다. 그 변화는, 모든 사람이 휴대전화를 사용하지 않으면 안 되는, 거대한 압력을 만들어낸다. 독재자만 인간의 자유를 억압하는 것이 아니다. 기술도 인간의 자유를 억압한다.

휴대전화는 그냥 존재하기만 하는 것이 아니다. 휴대전화는 '그것을 통해서 응답해야 하는' 의무를 부과한다. 그것은 테크놀로지가 개인에게 부과하는 의무이고 정언명령이다. 테크놀로지 발달은 정치권력과 자본권력의 합작품이다. 그러나 테크놀로지가 인간과 사회에 미치는 영향은 정치권력과 자본권력의 의도를 넘어선다. 휴대전화도 마찬가지다. 정치권력과 자본권력이 '언제 어디서나 응답해야 할 의무'를 부과한 것은 아니다. 그러나 휴대전화가 가진 기술적 특성이 그것을 강요한다.

휴대전화 예절 스트레스

휴대전화 예절의 탄생

언제 어디서나 연락이 이루어지는 휴대전화가 좋기만 한 것은 아니다. '예기치 않은 상황'에서 울리는 휴대전화는 사람들을 당혹스럽게 하고 놀라게 한다. 그것은 마른하늘에 떨어지는 벽력과 같다. 휴대전화에 '예기할 수 있는 상황'이란 존재하지 않는다. 이에 사람들은 휴대전화가 울릴 것을 늘 예상하고 그에 대비해야 한다. 이로부터 휴대전화 예절의 문제가 대두된다.

휴대전화 예절이 중요해지는 것은 특히 공공장소에 있을 때다. 무선 이동통신기기인 휴대전화는 늘 사용자를 따라다닌다. 그러므로 공공장소에서 울리는 경우가 많다. 공공장소에서 울려 퍼지는 휴대전화 벨소리는 사이렌처럼 주변 모든 사람의 주의를 집중시킨다. 그리고 사회적 활동과 사회적 관계를 순간적으로 차단시키거나 정지시킨다. 사람들은 진동으로 설정해놓거나 통화 대신 문자메시지를 이용함으로써 그 효과를 감소시키려 하지만, 역부족이다. 근본적인 문제는 여전히 남아 있는데, 그것은 휴대전화가 가진 본질적인 성격에서 비롯된다.

휴대전화는 개인과 개인을 연결시켜주는 개인적 커뮤니케이션 도구다. 그러므로 공공장소에서 휴대전화를 사용하면, 사적 메시지를 공적 공간으로 가져오는 꼴이 된다. 그것은 다른 사람에게 폐를 끼치는 일이며, 공중질서를 어지럽히는 일이다. 휴대전화가 하는 역할은 텔레비전이나 라디오 같은 공적 매체와 반대다.

텔레비전이나 라디오는 공적 메시지가 사적 영역에 침투하는 꼴이 된다. 이것은 사회적으로 문제가 되지 않는다. 왜냐하면 공적인 메시지가 전달되는 것은 개인들에게도 필요한 일이라고 생각되고 있기 때문이다. 무엇보다 신문방송은 그 자체로 거대한 영향력을 가진 권력이다. 그러나 휴대전화는 철저하게 개인이 사용하는 미디어다. 사생활이 공공영역을 침범하는 것은 문제가 된다. 이로부터 휴대전화 사용에 대한 섬세한 대응 전략이 요구된다.

대화 중 전화받기

대화 중 휴대전화를 받는 사람은 무대 위에서 동시에 두 개의 퍼포먼스를 하는 것과 같다. 휴대전화 사용자는 동시에 두 개의 공간에 놓이는 것이다. 자신이 물리적으로 점유하는 공간과 대화가 이뤄지는 가

상공간. 그럴 때 휴대전화 통화는 '지금, 여기서' 진행되는 담화 속에 통합될 수 없는 이질적 요소다. 휴대전화의 사용은 장소에 대한 소속 감을 해체시킨다. 휴대전화 사용자의 마음은 이미 대화 상대와 함께 있지 않다. 휴대전화 사용자는 전화 상대편에 더 주의를 기울이게 된 다. 그럴 때 대화 상대는 휴대전화 발신자가 갑자기 난입해 자신과 대화하던 사람을 납치해가는 듯한 느낌을 받는다.

휴대전화는 '부재하는 현존'을 확인하게 한다. 현존이 은연중에 비워지는 것이다. 공간 속에서 현존하면서 부재한 모호한 상태, 그것 은 대화 상대에게 소외감과 무력감을 불러일으킨다. 휴대전화는 상이 한 장소에 동시에 속할 수 있는 감각을 요구한다. 그것은 장소에 대한 소속감을 재구조화한다. 본래 인간의 정서는 공간과의 관계 속에서 생성되고, 변화하고, 소멸한다. 그런데 휴대전화를 비롯한 이동통신 기기들은 인간의 정서가 공간과 직접적으로 관계 맺는 것 자체를 방해한다.

대화 중 휴대전화를 받을 것인가 말 것인가를 결정하는 데 영향 을 미치는 요소는 다양하다. 내가 지금 있는 장소의 성격, 내 앞에 있 는 대화 상대의 지위, 발신자의 지위, 대화 내용의 중요성, 업무의 위 급성 등이 영향을 미친다. 사람들은 이를 두루 고려해 어떻게 응대할 것인지를 결정해야 한다. 이로부터 사회적 역할 간의 갈등과 자기 과 시를 비롯한 다양한 전략이 드러난다.

대화 중 휴대전화로 걸려온 전화에 대응하는 방식은 대개 이렇 다. 첫째는 대화에 방해되지 않도록 휴대전화를 끄거나 전화를 받지 않는 경우다. 이때는 대화 상대가 매우 중요한 사람이거나 윗사람인 경우가 많다. 둘째는 대화 상대에게 정중히 양해를 구한 뒤 전화를 받는 경우다. 이때는 대화 상대나 발신자 모두 무시할 수 없을 만큼 중요한 경우가 많다. 셋째는 그냥 편하게 전화를 받는 경우다. 대화 상대가 아랫사람이거나 특별히 예의를 차리지 않아도 될 만큼 절친한 경우다. 그럴 때에는 그냥 "잠깐만" 하고 전화를 받게 된다.

세 가지 중 무엇을 택하더라도 일단 휴대전화가 울리면, 공적인 분위기를 깨거나 토론을 증발시키는 것은 불가피하다. 전화를 받고 돌아온 사람이 흔히 "죄송합니다. 우리가 어디까지 얘기하다 말았죠?" 하고 말하는 것은 대화의 흐름이 깨졌다는 반증이다. 대화를 다시 이어갈 수는 있지만, 그 흐름이 완전히 복원되는 것은 아니다. 휴대전화 사용자는 전화를 받을 수도 있고 그렇지 않을 수도 있다. 그러나 그와 상관없이, 휴대전화가 일단 울리면 공적 영역이 붕괴되는 것은 불가피하다.

누구를 기다리게 할 것인가

대화 중 '전화를 받을 것인가 말 것인가', '받는다면 어떻게 받을 것인가'는 권력관계에 따른다. 대화 상대와 나, 나와 발신자, 발신자와 대화 상대의 권력관계를 순간적으로 가늠해 결정하게 된다. 예를 들어 내가 어떤 사람과 대화하고 있는데, 상대방이 걸려온 전화를 받지 않거나 휴대전화를 끄면 '저 사람은 예의가 바르군' 혹은 '저 사람은 나를 존중하는군' 하는 느낌을 받을 수 있다.

문제는 전화를 받는 경우다. 그 경우 자칫 대화 상대에게 '내가 전화기 너머의 사람보다 덜 중요하단 말인가?' 하는 불쾌감을 불러일으킬 수 있다. 정중히 양해를 구하고 통화하더라도 통화가 길면 안 된다. 그것은 이중의 실례, 즉 대화를 갑자기 일방적으로 끊은 것과 그를 오래 기다리게 하는 실례를 범한 것이기 때문이다. 예의는 발신자에게도 차려야 한다. 통화가 길어질 것 같으면, 그쪽에도 양해를 구해야 한다. '제가 지금 이러이러한 상황이어서 길게 통화하기 어렵다, 죄송하다, 제가 다시 전화드리겠다'는 식으로 말해야 한다. 전화를 드리겠다 했으면, 발신자 역시 오래 기다리게 해서는 안 된다. 그렇지 않으면 그 역시 실례가 된다. 그 때문에 다시 전화를 걸 때까지 빚진 사람처럼 조급한 마음이 된다.

일반적으로 기다림은 위계와 관련이 있다. 일반적으로 지위가 높은 사람은 자신을 만나려는 사람들에게 여러 절차를 거치게, 혹은 오랜 시간 기다리게 만드는 경향이 있다. 기다림 자체가 '나는 쉽게 만날 수 있는 사람'이 아니라는 것, '나는 중요한 사람'이라는 메시지를 전달하게 된다. 휴대전화 사용에서도 마찬가지다. 아랫사람에게는 내 전화를 오래 기다리게 해도 되지만, 윗사람에게는 그래선 안 된다. 윗사람은 아랫사람이 여러 번 전화하게 한 후 전화를 받아도 되지만 아랫사람은 그래선 안 된다.

아랫사람이 불가피하게 윗사람을 오래 기다리게 하거나 여러 번 전화하게 했을 경우에는 그 불가피했던 이유를 설명해야 한다. 권력 관계는 심지어 전화받는 타이밍에도 적용된다. 윗사람은 벨소리가 여러 번 울린 다음 천천히 받아도 되지만, 아랫사람은 벨소리가 한두 번 울리면 재빨리 받아야 한다. 문자를 주고받는 것도 마찬가지다. 윗사람이 자신에게 문자를 보내왔다면, 아랫사람은 최대한 빠른 시간 내에 답문을 해야 한다. 그러나 아랫사람의 문자에 대해 윗사람은 천천히 답을 해도 된다.

휴대전화 예절은 윗사람에게 문자를 보낼 때, 더욱 까다로워진다. 예를 들어 부하 직원이 외부에 나가 있는 사장에게 "사장님, 거래처에서 전화가 와서 그러는데요. ○○건 빨리 결재해주셔야겠습니다"라는 문자를 보냈다 하자. 사장은 십중팔구 불쾌해할 것이다. 그 내용 때문이 아니라, '문자메시지'라는 전달 형식 때문이다. 문자로 연락을 받은 사장은 부하 직원에게 명령을 받은 것처럼 느낄 것이다. 그것은 문자메시지가 갖는 일방적 성격 때문이다. 윗사람에게는 우선 전화를 해야 한다(중장년층이 문자를 주고받는 것에 익숙하지 않다는 점은 문자보다 전화를 해야 하는 또 다른 이유다). 전화해서 받지 않으면, 문자를 보내는 것을 고려할 수 있다. 문자를 보낼 때에는 문자로 연락드릴 수밖에 없는 상황에 대해 양해를 구하며 정중한 태도로 보내야 한다.

문자 예절은 윗사람에게만 지켜야 하는 것이 아니다. 예를 들어 수십 년간 회사를 다닌 사람이 어느 날 해고 통지를 문자로 받았다면 혹은 오랫동안 사귄 연인으로부터 결별 통고를 문자로 받은 경우도 마찬가지로 문자를 받은 사람은 분노할 것이다. 해고 통지나 결별 통고도 기분 나쁜 일이지만, 그것을 문자로 받았다는 것에 더 분노하게 된다. 그것은 '인간에 대한 예의'가 없는 것이다. 그것은 문자 특유의 간편함이 오랜 세월 동안 쌓아온 인간적인 가치를 한순간에 무無로 전화시키는 것으로 효과를 발휘하기 때문이다. 예의는 과정과 절차의 문제다. 문자는 그런 절차를 극단적으로 생략한다. 문자는 호출과 동시에 내용을 전달해버린다. 그래서 더욱 일방적이고 무례하게 느껴지기 쉽다.

휴대전화와 인간관계

오늘날 휴대전화가 만들어내는 돌발 상황에 대처하는 능력은 중요한 사회적 스킬이 되었다. 일단 휴대전화가 울리면 현대인은 신속하게 주의력을 재조정하면서도 섬세하게 응대할 수 있어야 한다. 휴대전화는 그러한 능력을 요구한다. '섬세한 응대'에 대한 경우의 수는 인간이 처할 수 있는 무수한 상황만큼 다양하다. 그 무수한 응대 중 무엇을 택할 것인가 하는 것은 현대인의 스트레스를 증가시킨다.

　휴대전화는 흔히 인간관계에 도움을 주는 물건으로 여겨진다. 그러나 현대인이 느끼는 것은 그 반대다. 인간관계가 갈수록 어려워지고 있다는 느낌이 강하다. 이유가 무엇일까? 여기에는 휴대전화 응대의 까다로움도 한몫한다. 현대인은 주로 휴대전화를 통해 인간관계를 유지시켜나간다. 그런데 휴대전화 예절이 까다롭다. 달리 말하면, 휴대전화로 인해 서로 오해하거나 상처받기 쉽다는 말이다.

　까다로운 휴대전화 응대는 신경과민과 스트레스를 유발한다. 그 때문에 휴대전화를 통해 이루어지는 인간관계 역시 피곤하게 느껴지는 때가 많다. 휴대전화가 불러일으키는 피곤함은 그를 통해 유지되는 인간관계에 대한 피곤함으로 전이되기 쉽다. 휴대전화가 인간관계에 도움을 준다는 것은 허상에 불과하다. 오히려 휴대전화 때문에 현대인의 인간관계는 더 불안정해졌다고 보는 것이 옳다.

06

모바일 오피스
노동 착취의 수단

기업의 모바일 오피스 구축

PC가 대중화되기 시작한 1990년대 후반, 언론들은 경쟁하듯 노동의 미래에 대해 장밋빛 전망을 쏟아냈다. 그 전망들은 이랬다. 컴퓨터가 업무의 효율성을 높일 것이므로 근무시간이 줄어든다는 것, 언제 어디서나 업무 처리가 가능한 유비쿼터스 환경이 조성됨에 따라 개인적 시간이 늘어난다는 것, 심지어 재택 근무만 해도 충분히 먹고살 수 있는 세상이 도래한다는 것 등이었다. 이러한 장밋빛 전망은 IT 혁명에 대한 대중의 긍정적 인식을 유도했다.

세월이 많이 지났다. 사람들은 지금의 현실이 당시 언론이 그린 장밋빛 전망과는 거리가 있음을 잘 안다. 그러나 노동 부문에서 IT 기기의 긍정적 기능은 사회적으로 여전히 강조되고 있다. 이를 테면 '모바일 오피스'가 그렇다. 모바일 오피스는 사내 통신망을 스마트폰까지 확장해, 사무실 밖에서 이동하면서도 회사 일을 처리할 수 있게 한 것을 말한다. 말 그대로 임직원이 어디에 있든 상관없이 그곳이 사무실이 되는 것이다. 직원들은 회사의 인트라넷과 연동된 스마트폰을 통해 언제 어디서든 결재를 받고, 이메일을 확인하고, 영상회의에 참여하고, 공지사항을 전달받고, 자료를 송수신한다.

요즘에는 '모바일 오피스' 구축을 위해 아예 회사에서 스마트폰을 지급해주기도 한다. 이를 테면 두산그룹은 그룹지주 부문 임직원 150여 명에게 아이폰을 지급했으며, 코오롱그룹도 스마트폰 8,000여 대를 전 임직원에게 지급했다. SK텔레콤과 KT도 각각 200만 대, 180만 대의 스마트폰을 직원들에게 공급했다.(「모바일 오피스 혁명, 축복인가 재앙인가?」,『디지넷』, 2010년 11월 12일) 회사가 휴대전화를 일괄적으로 사서 지급해주는 것은 무엇을 의미하는가? 휴대전화가 더 이상 사적 커뮤니케이션 수단이 아니라는 말이다. 그것은 '스피드 경영'의 수단이자, 공적 업무의 수단이다.

테크노스트레스증후군

미디어 이론가 더글러스 러시코프는 『통제하거나 통제되거나』에서 '소셜 시대를 살아가는 10가지 생존법칙'을 제시했다. 그중 세 가지가 "24시간 접속 상태를 거부할 것", "네트워크가 아니라 현실 세계의 진짜 경험에 몰두할 것", "디지털의 삶을 선택하지 않을 수도 있음을 아는 것"이다. 그래야 디지털에 지배당하지 않을 수 있다는 것이다. 그러나 회사가 업무와 경영상의 이유로 휴대전화를 지급해주는데, 직장인이 쓰지 않을 도리가 있는가? 회사를 그만두지 않는 한 그럴 수 없다.

실제로 직장인들이 IT 신기술에 적응하지 못해 스트레스를 느끼는 '테크노스트레스증후군'은 광범위하게 퍼져 있다. 취업 포털 잡코리아가 857명을 대상으로 '테크노스트레스증후군 체감 유무'에 관해 조사한 결과에 따르면 직장인 65.8퍼센트(564명)가 현재 테크노 스트레스로 인한 증후군을 겪고 있다고 답했다. 이것은 비단 우리나라만의 현상이 아니다. 영국의 한 휴대전화 관련 시장조사업체의 조사에 따르면 영국인의 약 43퍼센트가 '스마트폰 때문에 스트레스가 심해졌다'는 설문조사가 나왔다.(「업무용 스마트폰, 중장년엔 '짜증폰'」, 『위클리경향』 866호, 2010년 3월 16일)

그나마 비교적 젊은 세대인 과장급까지는 적응할 만하다. 그러나 50대 이상의 중견 간부들에게 IT 신기술은 공포 그 자체다. 그도 그럴 것이 알아야 할 기능과 콘텐츠가 너무 많다. 예를 들어 애플 아이폰의 사용 설명서는 무려 200쪽이나 된다. 읽어보아도 도통 무슨 말인지 알기 어렵다. 중장년층은 따로 시간을 내서 스마트폰 사용법 강좌를 들어야 한다. 그걸로 끝이 아니다. 어렵게 배워 손에 익숙해질 만하면 업그레이드된 버전과 제품으로 바뀐다. 그러면 처음부터 다시 손에 익혀야 한다. 고난의 연속이다.

직장인들은 일상적이고 정상적인 상태로 접속해 있어야 한다. 그것은 휴대전화 의존과 중독을 낳기 쉽다. 실제로 직장인 가운데는 회사 밖에 있을 때는 물론 회사 내에 있을 때에도 모바일 오피스를 이용하는 사람들이 많다. 퇴근 후에도 스마트폰을 놓지 못하고 회사 업무

를 처리하거나 SNS를 한다. 명분은 편리하다는 것이지만, 필요와 의
존 사이의 경계는 불분명하다.

모바일 오피스와 노동 착취

요즘에는 '주 5일 노동'을 하는 직장이 많아졌다. 그런 까닭에 노동 시
간이나 노동 강도가 줄었다고 생각하기 쉽다. 그러나 이것은 일과 시
간을 기준으로 한 생각일 뿐이다. 노트북이나 스마트폰으로 언제 어
디서나 일할 수 있게 되면서 사실상 퇴근 개념이 사라진지는 오래되
었다. 모바일 오피스로 인해 직장 상사는 언제 어디서나 '원격 지시'
를 할 수 있게 되었다. 퇴근 후에도 '급한 일이 생겼으니, 잠깐 회사에
다시 들어오라'고 종용하거나, '고객사에서 메일 보냈다고 하는데 집
에 들어가서 한번 확인해보라'고 요구할 수 있다. IT 혁명 이전에는
생각할 수도 없었던 일들이 지금은 자연스럽게 행해진다. 이렇게 일
과시간이 끝난 후, 사무실 밖에서 일하는 시간들은 통계에 잡히지도
않는다. 잔업 수당이 지급되지도 않는다.

　　모바일 오피스는 과노동을 유도한다. SK텔레콤이 2010년 7월
12일부터 8월 15일까지 임직원들의 모바일 오피스 시스템 접속 현황
을 집계한 바에 따르면, 토요일에 접속하는 사람은 하루 평균 3,365명,
일요일은 2,832명에 이르는 것으로 나타났다. 이 수치는 평일의 절반
에 해당하는 수준이다. 평일 퇴근 시간 이후 모바일 오피스 시스템 접
속 건수도 높다. 임직원들이 평일 열람한 자료 110만 533건 가운데
7.3퍼센트에 해당하는 8만 540건이 밤 10시부터 자정 사이에 이뤄졌

다. 오히려 일과 시간에 해당하는 오전 9시부터 오후 6시에 열람된 것은 48만 1,088건으로, 43.7퍼센트에 지나지 않았다.(「스마트폰 도입 뒤 주말이 사라졌어요」, 『한겨레』, 2010년 8월 26일)

모바일 오피스가 직장인들의 근무시간을 심야와 주말까지 연장시키고 있음을 보여주는 것이다. 모바일 오피스는 일과 시간에 업무를 편리하게 처리할 수 있음을 의미하는 것만이 아니다. 그것은 퇴근 후에도, 심지어 휴일에도 일해야 하는 압력을 만들어낸다. 스마트폰을 들고 퇴근한다는 것은 말 그대로 '사무실을 손에 들고' 퇴근한다는 의미다. 사실상 퇴근이 아니다. 더구나 지금처럼 자기 영역에서 성과를 내지 않으면 경쟁에서 도태되거나 실직할 수 있다는 위기감이 팽배한 시대에는 휴식 없는 노동이 더욱 일상화된다.

요즈음은 워커홀릭이 많다. 이에 대해 성취욕과 높은 보수에 대한 욕구가 점점 더 일에 탐닉하게 한다고 분석하는 사람도 있다. 그러나 워커홀릭이 많아지는 데에는 IT가 만들어낸 노동 환경과 그것이 인간에게 미치는 영향을 고려하지 않으면 안 된다. IT 혁명 초기의 '언제 어디서든 자유롭게 일할 수 있다'는 어젠다는 '언제 어디서든 일하라'는 압력으로 변했다. 휴식 없는 노동, 그것을 가능케 한 것이 IT 신기술이다. 어디에 있든, 회사 일로부터 자유로울 수 없게 하는 모바일 오피스는 인간의 정신을 노에 상태로 만든다. 스마트폰을 갖고 있는 한, 직장인들의 머릿속에는 직장 업무나 과제가 떠나지 않는다.

모바일 오피스는 직장과 가정의 경계를 소멸시킨다. 흔히 '집에서 휴대전화만 들여다보고 있는 사람' 하면, 청소년을 많이 떠올린다. 그러나 요즘에는 직장 다니는 부모들도 만만치 않다. 오히려 스마트폰 중독에 빠지는 청소년들이 많아지는 데에는 부모들의 영향이 갈수록 커지고 있다. 요즘 아이들은 어릴 때부터 휴대전화만 들여다보고 있는 부모를 보면서 자란다. 그것은 아이들에게 학습효과를 낳는다. 그 결과 자칫 온가족이 서로에게는 무관심한 채, 각자 자신의 휴대전화만 들여다보면서 생활하게 된다. 가족 간의 유대감과 정서적 안정감이 휴대전화로 인해 침해당하고 있는 것이다.

모바일 오피스는 노동과 여가의 경계를 소멸시킨다. 노동과 여가의 경계 소멸에는 좋은 것과 나쁜 것이 있다. 좋은 소멸은 일과 놀이가 구별되지 않을 때 발생한다. 독립적인 장인이나 예술가의 노동에서 발생하는 소멸이 그렇다. 장인이나 예술가에게 일은 곧 놀이다. 그러나 IT 환경이 발생시키는 여가 영역과 노동 영역의 구분은 나쁜 소멸이다. 그것은 여가에 대한 노동의 일방적인 침범과 무보수 노동 착취를 의미한다. 회사가 스마트폰을 사서 직원들에게 지급하는 것은 공짜가 아니다.

07

통신 매체
콘택트냐, 인터셉트냐

스탠리 밀그램의 실험

1967년 미국 하버드대학 교수 스탠리 밀그램은 사람과 사람 사이의
'거리'를 알아보기 위한 실험을 했다. 그는 위치타, 네브래스카, 오마
하, 캔사스 등 미국 변두리 지역에 사는 평범한 주민들을 무작위로 골
랐다. 그리고 그들에게 그로부터 멀리 떨어진 섀런에 사는 주부와 보
스턴에 사는 주식중개인에게 도달해야 하는 편지를 보냈다. 편지 속
에는 수신자에 대한 간단한 정보와 "당신이 개인적으로 아는 사람 중
에서 수신자를 알 것 같은 사람에게 편지를 보내달라"는 말이 적혀
있었다.

밀그램은 이 실험을 통해 사람들이 몇 명을 거치면 서로 연결되
는가를 알아보고자 했다. 실험 결과는 놀라웠다. 총 106통의 편지 중

42통이 목표인물에게 도착했는데, 편지가 거쳐 간 사람의 평균 숫자는 6명에 불과했다. 이것을 '여섯 단계의 분리Six degrees of separation 이론'이라 한다. '모든 사람은 6단계 만큼 떨어져 있다'는, 즉 '6단계만 거치면 모두 연결된다'는 이론이다. 만약 40년이 지난 오늘날 이런 실험을 다시 한다면? 그 단계가 훨씬 줄어들 것이다. 왜냐하면 현대인은 '소셜 네트워크Social Network' 덕분에 훨씬 긴밀히 연결되어 있기 때문이다.

페이스북facebook 창업자 마크 주커버그는 소셜 네트워크의 선구적 인물이다. 그는 웹을 이용해 내 친구의 친구를 친구로 만들고 그 친구의 친구를 다시 내 친구로 만들 수 있다면 지구상의 누구와도 친구가 될 수 있다고 생각했다. 2003년 당시 하버드대 대학생이었던 그는 이런 아이디어에서 교내 학생들을 서로 연결해주는 사이트를 만들었다. 그것이 페이스북의 시초였다. 페이스북은 자신과 친구의 글만 볼 수 있는 기존 커뮤니티 사이트와 달리 내 친구가 그의 친구들과 나눈 이야기를 볼 수 있고, 자신도 거기에 끼어들 수도 있었다. 그렇게 친구의 친구를 내 친구로 만들어갈 수 있었다. 이러한 차별성 때문에 페이스북은 폭발적으로 성장했고, 마크 주커버그는 스물 다섯의 나이에 세계 최고의 청년 부호가 되었다.

소셜 네트워크는 '웹상에서 형성되는 사회적 관계망'이다. 그리고 이를 가능케 해주는 페이스북, 트위터, 싸이월드 같은 것을 '소셜 네트워킹 서비스Social Networking Service, SNS'라 한다. 이 서비스들은 평소 알고 지내던 이들과의 관계를 친밀하게 해줄 뿐 아니라 새로운 디지털 인맥을 만들어주는 것으로 선전된다. SNS는 사람과 사람을 이어준다. 그래서 맘만 먹으면 수백 명 혹은 그 이상의 사람들과도 알고 지내는 것이 가능하다. 그러나 어떤 사람이 SNS를 통해 알게 된 사람들을 두고 "나에게는 절친이 수백 명 혹은 수천 명이 있어요"라고 말한다면 어떨까? 사실은 그렇지 않을 것이다.

SNS로는 유대감을 느낄 수 없다

SNS는 직접적인 접촉이 아니라 간접적인 접촉이다. 인간은 본래 직접적인 접촉을 통해 서로 친밀감과 유대감을 증진시켜나간다. 외롭거나 슬픈 일이 있을 때 누군가 손을 잡아준다거나 포옹을 해주는 행위는 심리적 안정감을 주는 경우가 많다. 그러나 SNS를 통해서는 그럴 수 없다. 대면 접촉에서는 상대방의 표정, 눈빛, 손짓, 미묘한 어투의 차이, 기분을 반영하는 옷차림새나 머리 모양, 심지어 침묵도 소통의 재료가 된다. 그러나 SNS는 이 풍부한 정보들을 모두 소거시킨다. 그 결과 앙상하고, 차갑고, 오해를 불러일으키기 쉬운 형태로 메시지가 전달된다.

SNS를 통해 만난 사람과 데이트를 할 수도 있을 것이다. 그러나 그런 경우에도 과거에 볼 수 없던 부박함을 드러낸다. 만나서 하룻밤을 보낼 수 있을지 몰라도, 그 관계가 오래 지속되거나 행복한 관계로 발전하기는 어렵다. 진정한 사랑은 서로에게 남다른 관심을 쏟고 애정을 쌓을 때 이뤄진다. 그러나 SNS를 통한 접촉은 시간과 정성을 필요로 하지 않는다. 쉽게 연결되는 만큼 쉽게 끊어진다. 예를 들어 어떤 사람이 SNS를 통해 자신의 고민을 전해왔다 치자. 그렇더라도 고민을 함께하는 것이 부담스러우면 컴퓨터를 끄면 그만이다. SNS를 통해 사람들이 서로 긴밀히 연결되어 있다는 것이 친밀성의 증대를 의미하는 것은 아니다. 오히려 그 반대다.

　미국 듀크대 연구팀의 발표에 따르면 1985년부터 2004년 사이 미국인들이 마음을 터놓고 지낼 수 있는 친구는 3분의 1가량 줄었다. 25퍼센트는 아예 고민을 의논할 상대가 한 명도 없다고 답했다. 원인은 이메일과 트위터, 페이스북 등 SNS의 영향이었다. 미시간대 연구팀은 재학생을 상대로 한 조사에서 요즘 학생들이 다른 사람의 감정에 동조하는 경향이 과거에 비해 뚜렷하게 떨어진다는 점을 확인했다. 심리학자들은 이 같은 현상이 대면 접촉이 아닌 디지털을 통해 의사소통을 하고 관계를 맺는 일이 잦아진 탓으로 분석했다. 조지메이슨대학 케빈 록먼 교수와 일리노이대학 그레고리 노스크래프트 교수의 공동연구에서도 이메일과 SNS가 상대방에 대한 주의력을 낮춰 결국 신뢰성 부족으로 이어진다는 연구 결과가 발표되었다. 노스크래프트 교수는 "새로운 기술적 시도들은 서로 눈을 마주치면서 생기는 공감대를 약하게 했다"고 설명했다. 또 "첨단기술은 능률적이지만 감동적이지는 않다"고 덧붙였다.(「트위터·이메일은 절친의 적」, 『서울신문』, 2010년 6월 24일)

　SNS는 가족, 친구, 이웃 간의 관계 단절을 심화시키기도 한다. 학술 전문지 『미국 사회 리뷰』에 실린 미 듀크대와 애리조나대 공동조사연구팀의 논문에 따르면, 미국인은 과거에 비해 대인 접촉이 줄어드는 생활 패턴을 보이고 있다. 연구팀은 미국인의 일상생활을 조사한 결과, 클럽이나 단체 활동에 참여하거나 이웃과 접촉하는 횟수가 줄어드는 반면 집에서 혼자 또는 가족과 함께 보내는 시간은 늘어나는 것으로 나타났다. 연구팀은 직장에서 근무하는 시간이 늘어나고, 인터넷 발달 등으로 대면 접촉 기회가 줄고 있기 때문이라고 분석했다.(「미국인들 "단짝친구"가 줄어든다…가족의존 경향」, 『세계일보』, 2006년 6월 26일)

통신 매체의 역설

SNS를 통해 오가는 이야기의 대부분은 실제 삶에서는 보기 힘든 내용과 형식이다. 한 번 상상해보라. 현실 세계에서 내 팔로어(구독자) 수만큼의 사람들에게 트위터에 쓰는 것처럼 "내가 읽고 있는 책에 뭐라 뭐라 하는 구절이 있다. 감동!"이라고 소리치거나, 만원버스에서 "옆에 선 아저씨 마늘 냄새 풀풀"이라 말하는 게 가능한가. 식당에서 식사를 기다리면서 "오늘 점심은 ○○반점에서 짜장면"이라고 알려주거나 "대학 동창들과 술자리, 오늘의 대화 주제는 ○○"라고 말하는 것도 이상한 일이다. 이러한 시시껄렁한 메시지가 SNS에서는 넘쳐난다. 실제로 2009년 미국 럿거스대 연구진은 트위터 이용자 80퍼센트가 트위터에 개인적 활동과 생각이나 느낌을 적었다는 연구 결과를 발표했다. 정보성 콘텐츠를 전달한 이용자는 20퍼센트뿐이었다.(「트위터 브리핑」 잡담과 침묵」, 『한겨레』, 2010년 9월 10일) 이런 짧고 공허한 잡담만으로 인간관계가 풍요로워질 수 있다는 믿음은 어리석다.

첨단 통신매체는 언제든 서로 연락될 수 있음을 전제한다. 언제든 연락될 수 있으므로 사람들은 직접적인 만남에 소홀해진다. 사람과 사람을 연결하는 첨단 통신매체는 그렇게 대면 접촉의 기회를 줄인다. 친밀도 높은 소수의 인간관계는 친밀도 낮은 다수의 인간관계로 바뀐다. 친한 사람은 없고, 아는 사람만 늘어난다. 나아가 얼굴 한 번 대면한 적도 없으면서 상대방을 '안다'고 생각한다. 그것은 착각에 불과하다. 현대인이 사람과 사람 사이를 이어주는 통신 장비들로 무장해 있음에도 불구하고 외로움과 소외감을 호소하게 되는 이유다.

첨단 통신 매체들은 흔히 생각하듯 사람과 사람을 이어주기만 하는 것이 아니다. 그것은 사람과 사람 사이에 끼어든다. 끼어드는 통신 매체가 많아질수록 사람과 사람 사이는 가까워지는 것이 아니라 오히려 멀어진다. 통신 매체들은 콘택트contact의 수단이기만 한 것이 아니라, 그 자체로 인터셉트intercept의 수단이기도 한 것이다. SNS를 통해 연락하면서 사람들은 '나는 혼자가 아니'라고 자위하지만, 밀려오는 외로움과 고독감을 피할 수 없다. 우리는 소통의 도구라고 생각되는 통신 매체들이 고립을 증가시키고, 인간적인 소통을 방해하는 역설을 잘 들여다보지 않으면 안 된다.

08

정보화 시대, 노인으로 산다는 것

정보화 시대, 노인의 고립

어머니는 휴대전화를 쓰지 않으신다. 예전에 '하나 사드릴까요?' 하고 여쭈어본 적이 있지만 신경 쓰이는 것이 싫다고 하셔서, 말았다. 어느 날 나는 어머니와 함께 전철을 탄 적이 있었다. 그때 어머니는 전철에서 사람들을 물끄러미 보시더니 나에게 물었다. "저 사람들은 뭐하느라 저렇게 핸드폰만 들여다보고 있는 거냐?" 나는 사람들이 휴대전화로 게임도 하고, TV도 보고, 인터넷도 하고, 문자도 주고받는 거라고 말씀드렸다. 어머니는 그냥 "그러냐?" 하고 마셨다. 그러나 말투에서 어딘지 마뜩잖아 하시는 것이 느껴졌다.

전철 안을 둘러보았다. 대부분의 사람들이 여느 때처럼 휴대전화나 아이패드 같은 것들을 들여다보고 있었다. 그것은 노인들의 모습과 대조적이었다. 다른 사람들이 음악을 듣거나, TV를 보거나, 영화를 보거나, 인터넷을 하거나, 문자 채팅을 하며 이동시간을 메꾸고 있을 때 노인들은 멍하니 앉아 목적지에 도착하길 기다리고 있었다. 그들은 적적하고 외로워 보였다. 그날은 여동생네에 다녀오는 길이었다. 오랜만에 손자들을 만난 어머니는 좋아하셨다. 그러나 만남의 기쁨도 잠시였다. 어머니는 손자들과 충분한 정을 나눌 수 없었다. 손자들이 인사만 하고, 각자 자기 방에 들어가 인터넷·게임·휴대전화에 몰두했기 때문이다. 전자 기기들은 그렇게 할머니에게서 손자들을 앗아갔다.

정보화된 환경은 노인들을 고립시킨다. 정보화된 사회가 유발하는 노인들의 소외감을 젊은 세대가 이해하기란 쉽지 않다. 인간의 생활에는 '관성'이라는 것이 존재한다. 정보화된 환경에 적응한 사람은 그것을 당연하게 여기게 된다. 나아가 그런 시스템이 합리적이라고 느끼게 된다. 그러므로 특별히 깊은 관심을 쏟지 않는 한 노인들의 소외감과 낭패감, 불합리함을 이해하기 어렵다. 지금의 노인들은 다른 세대와 다른 특성을 갖고 있다. 그들은 사회가 정보화되기 이전에 젊었고, 정보화된 이후에 늙었다. 말하자면 중간에 '걸친 세대'다. 그들의 소외감도 이와 밀접한 관계가 있다.

이해할 수 없게 변해버린 세상

어느 시대나 변화는 있게 마련이다. 그러나 IT 혁명만큼 일상생활을 급속도로 변화시킨 것은 없었다. 그것은 인간관계의 형식과 규범, 시공간에 대한 느낌, 사회적 코드, 행동양식, 에티켓, 신체언어에 이르기까지 광범위한 변화를 불러일으켰다. IT 혁명은 사물들이 갖고 있었던 고유한 물질성을 훼손했다. 휴대전화나 인터넷상의 커뮤니케이션은 신체 접촉이나 움직임을 필요로 하지 않는다. 정보화 이전의 시기를 전성시대로 삼았던 노인들은 이러한 변화를 이해하기 어렵다.

어머니는 내가 인터넷으로 주문한 물건이 배달되어 오는 것을 보면 "세상이 도깨비처럼 변했다", "내가 오래 살긴 살았나보다" 하고 말씀하신다. 이런 말에는 마술을 보는 듯한 경이로움과 이해할 수 없게 변해버린 세상에 대한 실존적 무기력함이 동시에 내포되어 있다. 더구나 지금의 노인 세대 중에는 '못 배운 사람'이 많다. 그 때문에 세계는 더욱 알 수 없는 것이 된다. IT 혁명은 바깥 세계만 변화시킨 것이 아니다. 그것은 인간 내부의 정서와 마음도 변화시켰다. 그에 따라 노인들에게는 급변해버린 사람들의 정서와 마음도 이해할 수 없는 것이 되었다.

내가 어릴 때만 하더라도 버스 같은 공공장소에서 모르는 사람들끼리 사심 없이 말을 주고받는 것은 흔한 일이었다. 예를 들어 한 아주머니가 무거운 짐을 들고 버스에 올라타 자리에 앉는다. 그러면 그 짐을 가만히 바라보던 옆 좌석의 아주머니가 다짜고짜 묻는다. "그게 뭐요?" 짐 주인이 답한다. "게장이요." "먼 게장을 이렇게 많이 해가요?" "잉, 딸네 갖다 줄라고, 이번에 해산을 했는디, 먹고 싶다고 해서." "아이고, 어머니 정성이 보통이 아니구마."

요즘 이런 풍경을 보기란 매우 힘들다. 지하철이나 버스에서 휴대전화나 아이패드를 들여다보고 있는 사람, 게임에 열중하고 있는 사람에게 말을 걸기란 거의 불가능하다. 노인들이 그나마 말을 건넬 수 있는 사람은 자신과 같은 노인들 밖에는 없다. 지금도 노인들은 노약자석에 옹기종기 모여 앉아 서로 말을 걸기는 하지만, 그런 일도 점차 드문 일이 되어가고 있다. 정보화는 노인 세대와 여타 세대만 갈라놓는 것이 아니다. 정보화는 노인과 노인 사이의 거리도 멀어지게 한다. 젊은 사람들과 소통하지 않게 된 노인들은 이제 같은 노인에게 말을 거는 것도 어색해한다.

그 많은 노인은 다 어디 갔을까

현대사회에서 정보 기기들은 살아가는 데 필요한 물질적 기반이다. 오늘날 생존과 부의 축적은 얼마나 빨리 많은 정보에 접근하느냐, 얼마나 고급 정보에 접근하느냐와 관련되어 있다. 그러나 그러한 정보의 접근에 노인들은 철저하게 소외되어 있다. 정보화는 노인들을 정보 난민으로 전락시킬 뿐 아니라 삶의 물질적 기반을 박탈한다. 그것은 노인 세대에게 예상하기 힘든 사태였을 것이다. 생각해보라. 사업 실패나 실직이 노년을 불행하게 만들 수 있다는 것은 예상하기 쉽다. 그러나 정보화로 인해 빈민으로 전락할 수 있다는 것을 상상이나 했겠는가?

우리 사회가 고령화사회로 진입하고 있다는 것, 즉 노인들의 수가 급증하고 있다는 것은 모두 아는 상식이다. 그러나 지하철, 은행, 마트, 카페, 관공서, 영화관 등 공공장소에서 노인들을 보기 힘들다. 그 많은 노인이 모두 어디로 간 것일까? 노인이 되면 경제력과 활동성이 줄어들어 행동 반경이 좁아지기 마련이다. 그러나 그것을 십분 감안해도 우리가 공공장소에서 접하는 노인의 수는 너무 적다. 이 역시 정보화와 관련이 있다. 정보화는 그렇지 않아도 좁은 노인들의 행동 반경을 더욱 좁힌다.

정보화된 환경에서 노인들은 갈 곳이 마땅치 않다. 전자파가 사방팔방으로 노출되는 공간은 노인들에게 불편함과 이질감을 느끼게 하고 심한 경우 신경증을 불러일으킨다. 그로 인해 주로 집에 머물거나 근린공원 같은 곳에 모여 있다. 그 밖에 외출하는 데라야 가까운 교회나 절(종교를 갖고 있는 경우), 재래시장, 병원, 노인대학, 경로당, 노인복지관 정도다. 아파서 어쩔 수 없이 병원을 다니는 것을 제외하고는, 정보화된 환경으로부터 자신을 피신시킬 수 있는 곳으로만 다닌다. 그로 인해 인간관계의 폭과 기회가 줄어든다.

다른 사람들이 컴퓨터나 휴대전화로 기차표를 예약할 때 노인들은 기차역까지 직접 가서 매표 창구 앞에 줄을 서야 한다. 다른 사람들이 인터넷뱅킹으로 손쉽게 일을 처리할 때에도 노인들은 은행에 가 업무 창구 앞에 줄을 선다. 정보화 시스템에 익숙하지 못한 노인들은 늘 줄을 서야 한다. 기다림을 강요당하는 것이다. 그것은 권력관계에서 그들이 패했음을 확인시켜준다. 줄을 선 사람들이 주로 노인들이라는 것을 보게 되면, '세상이 왜 이렇게 노인을 홀대하는가?' 하는 생각이 든다. 옛날 노인들처럼 사회적으로 존경은 못 받을망정, 오히려 차별당하고 있다는 느낌이 들면서 화가 치솟는다. 오늘날 노인들이 화를 잘 내는 데에도 이런 정보화된 환경이 큰 몫을 차지하고 있다.

비인간적인 문명을 향한 노인들의 분노

현재 우리나라 노인들은 경제 개발기와 경제 도약기를 살아온 세대다. 그러므로 노인들은 차별당한다고 느낄 때 이렇게 반응할 수 있다. '너희처럼 젊은 것들이 잘 살게 된 것이 다 누구 때문인데 우리를 무시해?' 이렇게 반응하는 이유는 단순하다. 노인들이 공공장소에서 만나고 상대하는 사람들은 '젊기' 때문이다. 엄밀하게 말하면, 젊은 사람들을 향한 분노는 번지수를 잘못 찾은 것이다. 그렇다고 그것을 노인들의 무지 탓으로 돌리기도 어렵다. '정보화로 인한 분노와 불만을 누구에게 표출해야 한단 말인가?' 이에 쉽게 답할 수 있는 사람은 없다.

전통사회에서 노인들은 '지혜를 갖춘 권위자'였다. 풍부한 삶의 경험 그리고 그로부터 형성된 지식과 지혜는 다음 세대에게 전달되어야 할 가치가 있는 것이었다. 노인에 대한 존경과 대우도 그것을 바탕으로 한 것이었다. 그러나 빠른 기술 변화는 노인의 경험과 지혜를 무가치한 것으로 만들었다. 현대사회에서 노인의 권위는 밑바닥에 떨어졌다. 노인들은 여러 정보통신 기기의 기능, 그것이 만들어내는 현상과 결과를 잘 모른다는 이유로, 사회적으로 무시당하고 홀대당한다. 노인은 가정에서도 서열이 가장 낮은 손자들에게 휴대전화나 컴퓨터 사용법을 배워야 하는 존재로 전락했다.

노인들은 정보화된 환경에 대해 근본적인 저항감을 갖고 있다. 그러나 그도 마지막일 것이다. 정보화 이후의 세대들은 노인이 되어도 이런 저항감을 갖지 않을 것이기 때문이다. 빠르게 발전하는 첨단 기술, 그것을 따라가지 못하는 데서 오는 소외감과 저항감은 미래의 노인에게도 있을 수 있다. 그러나 그 강도는 지금의 노인보다 훨씬 약할 것이다. 첨단 기술 환경에 적응해나가는 것도 지금의 노인만큼 어렵지는 않을 것이다. 지금의 젊은 세대는 고학력 세대이고, 각종 전자 기기를 능수능란하게 다루는 '기술 세대'이기 때문이다.

노인들의 분노에는 가정과 사회에서 아무 쓸모없는 잉여인간으로 전락한 자신들의 신변에 대한 비관이 들어 있다. 그러나 근본적인 관점에서 보면, 노인들의 분노에는 그 이상의 의미가 있다. 비인간적으로 변해가는 세상에 대한 경고의 의미가 포함되어 있는 것이다. 후지와라 도모미는 『폭주노인』에서 노인들이 폭력적으로 변해가는 원인이 시간, 공간, 마음의 급격한 변화에 있다고 보았다. 노인들의 폭력에는 정보화 속에서 형성되어가는 비신체적인 인간관계에 대한 저항의 의미가 담겨 있다. 노인들의 외침과 폭력은 사람들의 내면, 즉 감정과 마음의 본질이 크게 변질되는 것의 위험을 알리는 '경적'인 것이다. 인간적인 세계를 살았던 마지막 세대로서의 노인. 그 노인들의 분노는 인류 역사 '최후의 경적'인지도 모른다.

2장

·

디지털
편리함의 잔혹한 이면

디지로그의 친기업적 논리

아날로그를 흉내 내는 디지털

이어령은 『디지로그』에서 "아날로그의 섬세한 감성에 디지털의 속도
와 정확도가 함께 조화와 융합을 이뤄야 진정한 소통으로서의 문화가
된다"고 썼다. 디지털은 편리하지만 차가운 성격을 갖고 있다. 디지털
과 아날로그의 합성어인 '디지로그'는 일종의 모순어다. '아날로그처
럼 감성적이며 따뜻한 디지털 문화를 추구하는 경향 및 그 제품을 일
컫는 말'이기 때문이다.

　요즈음의 디지털 제품들은 디지로그 개념을 충실히 구현하고 있
는 것처럼 보인다. 예를 들어 삼성전자에서 나왔던 햅틱폰은 사용자
가 볼륨 다이얼을 돌리면 '틱틱틱' 하는 소리와 진동이 전달되었는데,
이것은 마치 아날로그 라디오를 작동하는 느낌을 주었다. 또한 전자

통신연구원ETRI에서 개발한 '유비 펜Ubi-Pen'은 터치스크린에 입력할 때 종이에 연필로 필기하는 듯한 질감을 손에 전달해준다. 엡손에서 만든 'R-D1' 같은 디지털카메라는 사진 찍을 때 필름카메라처럼 '찰칵' 하는 소리를 내며 셔터 복원을 하려면 필름카메라처럼 레버를 젖혀야 한다.

또 하나. 전기자동차는 말 그대로 '전기로 가는 차'이므로 엔진 소리가 거의 나지 않는다. 그러나 전기자동차 기업 레오모터스는 운전자가 가속페달을 밟을수록 엔진 소리와 배기음이 크게 나는 제품을 만들었다. 그 소리가 운전하는 감각과 기분을 살리고, 그래야 안전 운전에도 도움이 된다고 판단했기 때문이다. 이 경우는 디지로그 기술이 차량 안전과 관련되어 있다. 그러나 일반적으로 디지로그 기술들은 디지털 제품이 추구하는 편리성, 신속성, 정확성과 직접적인 관계가 없다. 기능적으로만 보면 오히려 이에 반하는 측면도 있다.

최신 기술인 디지털이 낡은 기술인 아날로그를 군이 흉내 내는 이유는 순전히 인간의 감각을 충족시키기 위해서다. 인간의 감각은 본래 아날로그적이다. 편리함만 생각한다면, 테크놀로지의 극단은 가만히 누워서 손 하나 까딱하지 않고도 머리로 생각하는 대로 모든 일이 이루어지는 것일 것이다. 그러나 만약 그런 세상이 온다면, 인간은 오히려 불행해질 것이다. 인간은 살아 있는 한 무언가를 만지고, 보고, 들어야 한다. 어떤 행위 과정에서 몸으로 느껴지는 물리적 감각, 그 느낌이 풍부할수록 인간은 생기를 느끼고 행복해한다.

인간의 아날로그적 욕망은 디지털 시대라고 해서 쉽게 사라지는 것이 아니다. 비유하면 이렇다. 바다 표면에는 끊임없이 찰랑대는 파도가 있다. 그 밑에는 해류가 흐르고 있어서 비교적 느린 속도로 물길을 따라 흘러간다. 더 밑의 층에는 거의 움직이지 않는 깊은 물이 있다. 우리 눈에는 찰랑대는 파도나 해류 정도가 보이지만, 사실 바닷물의 대부분을 차지하는 것은 몇백 미터, 심지어 몇천 미터나 되는 거대한 심해의 물이다. 인간의 아날로그적 욕구는 이러한 심해의 물과 같다. 이로부터 디지털이 아날로그를 흉내 내야 할 근본적인 필요성이 생긴다.

아날로그의 장점

아날로그 시대, 테크놀로지와 인간의 감성은 어느 정도 조화를 이루었다. 그러나 디지털 시대가 되면서 그 조화는 깨졌다. 그 조화가 어떻게 깨지는가? 디지털인 시디CD 음반과 아날로그인 엘피LP 음반을 비교해 설명해보자. 알다시피, 시디는 엘피보다 선명한 음질을 자랑한다. 시디는 잡음과 인간이 듣지 못하는 주파수 대역의 소리들을 분리해 제거한 것이다. 그것은 인간이 들을 수 있는 주파수 대역인 20~2만 헤르츠 안의 소리만을 녹음한다. 잡음과 불가청 음역대의 소리들을 제거했으므로 저장 용량은 오히려 줄었다.

불가청 음역대의 소리는 말 그대로 인간의 귀에는 들리지 않는 소리다. 합리적으로 생각하면 제거되어도 상관 없는 소리다. 그러나 그것은 과연 불필요한 소리일까? 그렇지 않다. 우리는 시디로 음악을 들을 때 어딘지 모르게 '차갑다'는 느낌을 받는다. 이유가 있다. 우리가 시디를 통해 듣는 소리는 '세상에 없는 소리'이기 때문이다. 인간은 본래 잡음과 불가청 주파수 대역이 포함된 세계 속에서 살고 있고, 그 속에서 모든 소리를 듣는다. 그런데 시디 음반의 소리는 철저하게 '정제된 소리'다. 그 결과 소리의 풍부함과 깊이가 사라진다. 결국 불가청 음역대의 소리도 불필요한 것이 아닌 것이다.

아날로그 방식으로 녹음된 엘피는 있는 그대로의 소리, 즉 모든 음역대를 녹음한다. 그래서 잡음이 많고 음질도 시디만큼 선명하지는 않지만, 자연스럽고 따뜻한 느낌을 준다. 다른 매력도 있다. 엘피 음반은 음악이 재생되는 물리적 과정을 자세히 보여준다. 엘피 음반 주인은 평소 음반을 정성스럽게 마른 헝겊으로 닦으며 관리한다. 음악을 들을 때에는 음반을 턴테이블 위에 올려놓고, 전축 바늘을 조심스럽게 음반 끝에 올려놓는다. 그러면 전축은 음반이 빙빙 도는 모습, 전축 바늘이 음반 트랙을 따라 소리를 읽어나가는 모습을 보여준다. 간혹 전축 바늘이 튀면서 생기는 잡음, 그것도 바늘의 움직임과 우리 귀에 들리는 음악의 상관성을 물리적으로 느끼고 이해하게 해준다. 그러나 시디는 모든 물리적 과정을 생략하고 은폐한 채, 즉각적인 조작의 결과로써의 음악만 들려준다.

아날로그 기기도 편리함을 추구하는 것은 디지털 기기와 다를 바 없었다. 그러나 그 기술 수준이 인간의 감각을 배신하지는 않았다. 기기가 고장이 나면 사용자들이 스스로 고쳐 쓰는 경우도 많았다. 작동 과정과 원리가 관심을 기울이면 보통 사람도 이해할 수 있는 수준에 있었기 때문이다. 아날로그 기기를 사용하는 과정은 기기가 포함하고 있는 물리적·과학적 지식을 습득하는 과정이기도 했다. 아날로그 기기는 사용자의 이해와 통제를 허용한다. 그래서 내가 만든 것은 아니지만, 명실공히 '내 것'이라는 느낌이 강했다. 자신이 평소 닦고 조이고, 분해하고 조립하기를 반복한 기기, 손때가 묻은 기기, 많은 지식을 알게 해준 기기에 어찌 애착을 갖지 않을 수 있겠는가? 아날로그 기기들은 사용자에게 정서적 주인의 자리를 기꺼이 내주었다.

　　그러나 첨단 디지털 기기는 다르다. 디지털 기기들은 '내 것'이라는 느낌이 잘 들지 않는다. 기본적으로 디지털 기기들은 고도로 추상적인 개념에 기초해 있다. 일반인이 작동 과정과 원리를 이해하기가 매우 어렵다. 그러므로 고장이 나도 손수 고칠 수 없다. 기술 전문가에게 맡기지 않으면 안 된다. 첨단 디지털 기기들은 소비할 권리만 부여할 뿐 사용자에게 지적 접근을 허락하지 않는다. 디지털 시대의 사용자는 첨단 기기의 새로운 기능에 호기심 어린 반응을 보이고, 제품을 소비하는 것에 만족할 뿐이다.

모순 속의 몸부림

전자회사들은 디지로그 제품이 디지털의 편리함과 인간의 아날로그적 감성을 동시에 충족시켜준다고 선전한다. 그러나 그것은 기기를 조작할 때 느껴지는 감각만 아날로그를 일부 베낀, 저차원적 흉내 내기일 뿐이다. 감각적 측면만 놓고 보면, 디지털 제품들의 디지로그 기능은 허무한 바가 있다. 예를 들어 종이에 펜으로 쓰면서 느끼는 감각을 굳이 터치스크린에 유비 펜으로 글씨를 쓰면서 느껴야 할 이유는 없을 것이다. 그 감각이 동일한 것도 아니다. 유비 펜으로 화면을 긁을 때의 손맛은 종이에 펜으로 글을 쓸 때와는 분명 차이가 난다. 화면을 긁을 때 나는 '슥슥'하는 소리도 가짜다. 그것은 장 보드리야르가 말한 '시뮬라시옹(기호로 실제적인 것을 대체하는 것. 가장, 흉내)'이다.

디지로그 기능들은 '실제로 인간의 감성을 충족시키는가' 하는 것과는 무관하다. 오히려 이 기능들이 유효한 것은 경제적 이익 때문이다. 인간은 호기심이 매우 강한 동물이다. 감각에서 차이가 날 망정, 화면에 글씨는 쓰는 것이 종이에 쓸 때와 유사한 느낌을 준다면, 사람들은 '이거 신기하네' 하는 반응을 보일 것이다. 나아가 그러한 기능을 갖춘 기기를 갖고 싶어할 것이다. 디지로그 기능은 눈에 띄는 것이어서 광고에 이용하기도 좋다.

미국의 미디어 이론가인 더글러스 러시코프는 『통제하거나 통제되거나』에서 테크놀로지들이 갖는 '편향'을 지적했다. 예를 들어, 총이 사람을 죽이는 게 아니라 사람이 사람을 죽이는 것이라고 볼 수 있지만, 근본적으로 총이란 것은 사람을 죽이는 데 편향된 기기다. 텔레비전은 사람들이 소파에 눕도록 편향된 것이고, 자동차는 사람들을 돌아다니게 만들도록 편향된 것이다.

디지털 기기 전체에도 편향이 있다. 디지털은 실물이 제공하는 물리적 감각을 허무는 편향을 갖는다. 디지털이 보여주는 시각적 세계는 이미 실재보다 더 실재 같다. 이러한 과실재過實在, hyper-reality는 일상적인 환경이 되어버렸고, 인간의 감성과 인식에 광범위한 왜곡을 낳고 있다. 인간의 아날로그적 감각을 붕괴시키는 디지털의 편향은 갈수록 더욱 심해질 것이다. 디지털은 그 본성상 인간의 감성을 배반하는 방향으로 나아갈 수밖에 없다. 그러나 디지털 기기를 상품으로 팔기 위해서는 인간의 물리적 감각을 고려하지 않을 수 없다. 디지로

그의 논리는 그 '모순 속의 몸부림'이라 할 수 있다.

친기업적인 디지로그

이어령의 디지로그 개념은 디지털과 아날로그가 자유롭게 결합될 수 있고, 또 그래야 한다는 논리를 담고 있다. 디지털과 아날로그가 얼마든지 자유롭게 결합될 수 있다는 이러한 생각은 디지털 기술에 대한 비판적인 시각을 불식시킨다. 더구나 디지로그는 정치 논리와는 무관하며 순수한 기술 발전의 결과로 여겨짐으로써 정치적 해석과 비판을 좀처럼 허락하지 않는다. 실제로 이 개념은 비판하기가 쉽지 않다. 이 개념은 진보나 보수, 기술친화적인 사람뿐 아니라 그렇지 않은 사람 모두에게 어필할 수 있는 요소를 두루 갖추고 있기 때문이다.

진보적이면서 기술친화적인 사람에게 디지로그는 매우 환영할 만한 주장이다. 테크놀로지를 발전시키되, 인간적으로 발전시키자는 데 싫어할 이유가 없다. 첨단 기술에 대한 반감을 갖고 있는 사람에게도(그가 진보이든 보수이든 상관없이) 디지로그는 나쁘지 않다. 테크놀로지의 발달이 어쩔 수 없는 대세라면, 그나마 비인간적이지 않았으면 좋겠다는 생각이 들 것이다. 디지로그는 디지털 관련 분야 종사자나 전자기업도 적극 반긴다. 그 논리가 디지털 기술의 비인간적 속성들을 은폐하고, 제품의 이미지를 인간적인 것으로 탈바꿈시키는 데 유용하기 때문이다.

전체적으로 볼 때, 디지로그 개념은 디지털 기술에 대한 긍정성과 판타지를 강화시킨다. 개개인의 감성을 위해서나, 사회를 위해서나, 현대 문명을 위해서나 디지로그가 구현되는 것이 올바르다는 것도 당위일 뿐이다. 인간의 감성을 배반하는 방향으로 발전해나가는 디지털의 속성상 디지로그의 실질적 구현은 갈수록 어려워질 것이다. 디지로그 개념의 현실적 진로는 두 가지다. 하나는 과도기적으로 유효한 개념으로 사용되는 데 그치는 것. 또 하나는 디지털 산업의 이익, 특히 대기업의 이익을 옹호하는 논리로 이용되면서 생명을 연장해가는 것.

아마 후자의 길이 우세할 것이다. 전자기업이 이용하기에 디지로그만큼 좋은 논리도 없기 때문이다. 지금도 이미 디지로그 개념은 디지털 기술과 문화를 정당화하는 전위의 역할을 수행하고 있다. 그러나 디지로그의 내용적 실감은 점점 감소할 것이다. 왜냐하면 디지털 때문에 사람들의 감성이 일변했는데, 그 변질된 감성에 맞춘 디지털 제품과 기술을 '디지로그의 구현'으로 칭하게 될 것이기 때문이다. 그럴 때 디지로그는 껍데기만 남은 허울 좋은 구호로 전락할 것이다.

SNS는 혁명의 수단이 될 수 있는가 1
개발도상국에서 SNS 파워가 큰 이유

약한 연결과 대중운동

2001년 1월 20일, 필리핀 대통령 조지프 에스트라다는 스마트한 군중에게 권력을 잃은 역사상 최초의 국가수반이 되었다. 100만 명 이상의 마닐라 주민들이 문자메시지의 파도에 휩쓸려 1986년 마르코스를 권좌에서 몰아냈던 '피플 파워' 시위 현장에 다시 운집했다. "에드사로 모일 것, 검은 옷 입고." 이런 내용의 문자가 최초로 발송된 지 1시간 만에 수만 명의 필리핀인이 '에드사'로 알려진 에피파뇨 드 로스 거리의 시위 대열에 합류했다. 나흘에 걸쳐, 100만 명 이상의 시민이 거리에 나타났다. 그들 대부분은 검은 옷을 입고 있었고, 에스트라다는 실각했다. 총성 한 번 울리지 않고 정부를 실각시킨 것이다.

미국의 역사학자 빈센트 라파엘은 『휴대폰과 군중』에서 이렇게 썼다. "휴대폰이라는 '매개'가 사람들을 모으고 변형시키는 수단을 의미한다면, 군중은 일종의 매개물이라고 할 수 있다. 매개물로서 군중은 기대가 발생하고 메시지가 순환하는 장소다. 우리가 군중을 단지 기술 장치들의 결과물이 아니라 기술 그 자체로서 생각할 수 있는 것도 이런 의미에서다."

에스트라다의 실각은 소셜 미디어가 사회 혁명이나 민주화의 촉매제가 될 수 있음을 보여주었다. 아랍권의 재스민혁명, 스페인의 '분노하라' 시위, 미국 월가의 '점령하라' 시위, 우리나라의 촛불 집회는 대중운동에서 소셜 미디어의 효과를 확인시켜주는 예로 평가된 바 있다.

소셜 미디어가 사회 혁명과 민주화를 촉발시킨다고 여겨지는 근거는 대개 이렇다. 소셜 미디어가 시민들의 발언 기회를 확대시킨다는 것, 정보와 소통의 형식을 재분배하는 민주적 역할을 수행한다는 것, 시민들이 결집할 수 있는 새로운 형식을 구성한다는 것, 위계적 관계 대신 수평적 관계를 형성하게 한다는 것, 그래서 국가의 통제를 벗어나 집단적으로 행동할 수 있게 한다는 것 등이다. 이런 것을 근거로 소셜 미디어가 사회적 행동과 운동에 엄청난 변화를 몰고 올 것이라고 주장한다. 그러나 이에 대해 부정적인 견해도 있다.

예를 들어 맬컴 글래드웰은 2010년 10월 미국 주간지 『뉴요커』에 쓴 「트윗으로는 왜 혁명을 이룰 수 없는가」에서 소셜 미디어로는 사회 변혁이 불가능하다고 주장했다. 왜냐하면 소셜 미디어가 사람들을 잇는 주된 방식은 약한 연결이기 때문이다. 소셜 미디어를 통해 사람들이 관계를 맺는 방식은 정보의 연결을 통한, 간접적인 방식이다.

인간관계는 결합 강도에 따라 약한 연결weak link, 강한 연결strong link, 약한 연대weak solidarity, 강한 연대strong solidarity로 나눌 수 있다. 이 가운데서 약한 연결은 가장 느슨한 결합이고, 강한 연대가 가장 강한 결합이다. 이러한 약한 연결로는 사회 변혁이 불가능하다는 말이다.

개발도상국의 SNS 파워

소셜 미디어를 통한 소통이 간헐적, 피상적, 익명적으로 이루어지는 것이 약한 연결이다. 반면 일정한 유대감 속에서 지속적으로 정보교환과 공감이 이루어지는 것은 강한 연결이다. '연결'과 '연대'의 차이는 결합 방식의 차이다. 정보를 통한 간접적 결합이 연결이라면, 몸을 중심으로 한 직접적 결합은 연대라 할 수 있다. 조직되지 않은 개인들의 운집이 약한 연대라면 일정한 체계와 목적, 정서적 유대와 공감대를 기초로 한 조직적 결합은 강한 연대라 할 수 있다. 대중운동에서 약한 연결이나 약한 연대보다는 강한 연결과 강한 연대가 더 큰 힘을 발휘할 것은 말할 나위가 없다.

　소셜 미디어가 사회 변혁에 큰 역할을 한다면, 선진국에서 더 큰 힘을 발휘해야 할 것이다. 개발도상국에서는 정보통신 매체의 보급률이 다소 떨어짐에 반해 정보통신 시장이 발달한 선진국에서는 대부분의 시민이 정보통신 매체를 가지고 있다. 그러나 현실은 반대였다. 필리핀이나 아랍권 같은 개발도상국에서의 민중 봉기는 최고 권력자의 실각이라는 성과를 이룬 반면 뉴욕이나 런던, 마드리드 같은 선진국 대도시의 반란은 흐지부지되었거나 지지부진했다. 이것을 어떻게 봐야 할까? 여기서 우리는 소셜 미디어의 기본 성격을 따져봐야 한다.

소셜 미디어는 애초부터 상업적 목적에서 고안된 것이다. 소셜 미디어의 탄생과 진화는 소비의 분화와 관련이 있다. 예를 들어 예전에는 한 집에 유선전화가 한 대만 있으면 되었다. 그러나 지금은 모든 식구가 휴대전화를 갖지 않으면 안 된다. 컴퓨터도 마찬가지다. 예전에는 집 안에 데스크톱 한 대만 있으면 되었다. 그러나 지금은 노트북이나 태블릿PC도 필요하다. 기업들은 새로운 시장의 개척과 시장 규모의 확대를 소비 단위의 분화에서 찾았다. 소비의 단위가 가계에서 개인으로 전환되면, 시장 규모가 커지고 기업은 거대한 이익을 취할 수 있다. 이것이 소셜 미디어 시장을 폭발적으로 성장시킨 근본적인 동력이다.

'소셜 미디어'라는 용어는 기존의 사회관계를 더 촘촘하고 단단하게 묶는다는 뉘앙스를 풍긴다. 그러나 실제로는 반대다. 소셜 미디어는 오히려 기존의 공동체 의식과 정서를 파괴한다. 예를 들어 집 전화만 있을 때, 가족 구성원은 가족의 누구에게 어떤 전화가 왔는지, 왜 왔는지, 그 상황이 무엇을 의미하는지 어렵지 않게 알 수 있었다. 그것은 구성원들끼리의 직접적인 접촉과 대화를 폐쇄하지 않았다. 그러나 휴대전화가 있음으로써 구성원들은 각자 자신의 휴대전화에 몰두한다. 그것은 상호 접촉과 관심, 이해를 줄이고, 공통된 대화의 주제도 찾기 어렵게 만든다. 소셜 미디어는 강한 연대를 파괴해 구성원들을 고립시키는 한편, 그렇게 고립된 개인들을 '약하게 연결'시킨다. 강한 연대를 약한 연결로 대체시키는 것이다.

오늘날 만연한 개인주의도 소비의 분화와 관련이 있다. 소셜 미디어로 무장한 시민이 많다는 것은 그만큼 소비가 개인 단위로 분화되었다는 것을 의미한다. 소셜 미디어는 그 자신이 상품이면서, 개인의 취향과 욕구에 맞추어 정보를 제공함으로써 다른 상품의 소비를 촉진하기도 한다. 그로 인해 소셜 미디어가 발달한 곳에서는 공동체 의식과 정서가 붕괴되고 개인주의가 발달한다. 선진국보다 개발도상국의 민중 봉기에서 소셜 네트워크가 더 큰 힘을 발휘하는 이유가 여기에 있다. 공동체 의식과 정서는 연대의 중요한 조건이다. 개발도상국에서도 공동체 의식과 정서는 붕괴되고 있지만, 선진국보다는 아직 훨씬 많이 남아 있다. 역설적으로 공동체 의식과 정서가 소셜 네트워크와 결합되면서 대중운동에서 힘을 발휘한 것이다.

강한 연대가 필요하다

소셜 네트워크는 사람들을 정치적으로 만들까, 비정치적으로 만들까? 후자가 더 강해보인다. 우리가 소셜 네트워크를 통해 일상적으로 교환하는 정보나 메시지는 정치적인 것이 아니다. 그것은 일상적인 수다, 기술 동향과 상품에 대한 정보, 이웃 돕기 같은 캠페인, 연예계 비평, 감상 공유 같은 짧고 가볍고 피상적인 것들이다. 이 중에서 가장 큰 비중을 차지하는 것은 상업적인 메시지, 특히 기업의 메시지다. 소셜 네트워크는 기업 마케팅의 새로운 장이다. 기업은 소비자들이 디지털 인맥을 통해 얻은 정보를 더 신뢰한다는 점을 잘 알고 있으며, 그것을 마케팅에 적극 이용하고 있다. 소셜 네트워크의 최종 목적지는 결국 소셜 커머스(소셜 상거래)가 될 것이라는 점에 전문가들은 별 이견이 없다.

소셜 네트워크에서 이용자는 소비자 이상이다. 그들은 소셜 네트워크 내에서 상품에 대해 이야기하고, 상품 광고를 퍼나른다. 그것은 기업이 일방적으로 상품을 알리던 기존 방식과는 다른 것이다. 광고의 주체는 기업이지만, 그 전달은 이용자들이 한다. 기업은 이것을 '디스플레이(광고 노출) 혁명'이라고 부른다. 소셜 네트워크는 기업 메시지가 흘러다니는 거대한 통로다. 소셜 네트워크를 적극 이용한다는 것은 일상적으로 기업 메시지를 흡수하고 있다는 것, 기업이 생산하는 논리를 내면화할 확률이 높다는 것을 의미한다. 그것은 혁명과는 거리가 멀다.

사람들은 손가락 클릭으로 정보를 연결하고 리트윗한 글을 읽고 댓글을 달고, 공감하는 글을 퍼뜨리고 확대 재생산하는 데 몰두한다. 그러나 그것은 분명 '사회적 행동주의social activism'에는 못 미치는 것들이다. 지그문트 바우만은 국내 한 언론과의 인터뷰에서 이런 말을 했다. "사람들을 이끄는 데는 소셜 웹사이트들이 유용하다. 그러나 계획했던 일이 끝날 때까지 그들을 붙잡아두는 것은 쉽지 않다. 더구나 치열하게 블로그에 글을 남기고 열심히 트윗을 보냄으로써, 많은 이들은 자신들의 정치적 의무를 다하고 훌륭하게 정치적인 삶에 참여한다고 생각한다. 소셜 네트워크는 정치제도를 대체하고 있다. 그러나 도대체 무엇으로 대체하고 있는가? 정치에 대한 환상? 오프라인의 현실성으로 전이될 수 없는 온라인의 인공성?"(「위기의 시대 지성과의 대화: 폴란드 출신 사회학자 지그문트 바우만」, 『한국일보』, 2012년 2월 29일)

소셜 네트워크를 통한, '약한 연결→강한 연결→약한 연대→강한 연대'라는 나선적 발전을 기대할 수도 있다. 그러나 쉽지 않은 일이다. 돌아보면, 우리가 소셜 미디어를 통해 지속적으로 연락하는 대상은 친구, 가족, 연인, 직장 동료, 학교 선후배 등 현실 세계에서 친밀한 인간관계로 맺어져 있는 사람들이다. 소셜 네트워크는 흔히 생각하듯 오픈된 공간이 아니다. 일상적인 차원에서 볼 때, 사람들은 소셜 네트워크를 통해 반쯤 폐쇄된 집합체를 형성한다.

소셜 미디어 효과는 질이 아니라 양에서 출현한다. 무수한 연결은 순식간에 양적 확산을 이루어낸다. 그로 인해 어떤 이슈에 대해 여론이 들끓기도 한다. 그러나 한계가 있다. 빨리 끓어오르는 만큼 빨리 식는다. 소셜 미디어상의 뜨거운 여론이 사회적 행동으로 이어질 수도 있다. 그러나 그것은 약한 연결을 기초로 한 약한 연대다. 권력에 의해 폭력적인 진압이 시작되는 경우, 군중은 금세 모래알처럼 흩어진다. 역사적으로 볼 때, 약한 연대만으로 사회 변혁이 성공한 예는 없다. 약한 연대도 사회 변혁에 힘을 부여할 수 있지만, 그러기 위해서는 강한 연대가 중심에 있어야 한다. 강한 연대가 중심에 있고, 그를 둘러싸고 광범위한 약한 연대가 결합되어야 한다.

SNS는 혁명의 수단이 될 수 있는가 2
클릭만으로 세상을 바꿀 수 없다

손가락 클릭으로 혁명을?

영국의 아나키스트 철학자 사이먼 크리츨리는 월가 시위를 "아나키
즘의 가능성을 보여준 사례"로 평가했다.(「위기의 시대 지성과의 대화: 영국
철학자 사이먼 크리츨리」, 『한국일보』, 2012년 3월 14일) 전위적인 지도부 없이
자발적으로 전개된 운동이었다는 점에서 월가 시위를 공산주의적이
기보다는 아나키즘적이라고 본 것이다. 그러나 시위가 중심 조직을
형성하는 방향으로 나아가지 못한 것은 성과라기보다는 한계로 보아
야 옳다. 월가 시위의 아나키즘적 성격은 소셜 네트워크에서 나온 것
이다. 소셜 네크워크는 본래 중심이 없다. 월가 시위의 한계는 너무
소셜 네트워크에만 의존하려 했다는 점이다.

　대중운동이 성공적으로 이루어지기 위해서는 '정보의 연결'을 넘

어 '몸의 연대'로 나아가야 한다. 몸의 연대는 친밀함과 지속성을 바탕으로 강한 유대감을 낳는다. 그것은 운동의 전략과 전술을 심도 있게 토론할 수 있는 기반이자, '약한 연결'과 '약한 연대'를 광범위하게 결집시키는 기반이다. 몸의 연대는 친밀함과 지속성을 낳고, 그것이 정치적 탄압을 극복하는 힘이 된다. 대중운동에서 군중의 존재는 중요하다. 그러나 몸의 연대로 이루어진 '동지'가 없으면, '군중' 역시 정치적 파괴력이 없다.

IT 혁명 초기, 권력자들은 소셜 네트워크가 만들어내는 들끓는 여론에 놀랐다. 그러나 '학습 효과'라는 것이 있다. 사이버공간의 여론이 금방 식는다는 점, 네티즌 연대의 기반이 매우 허약하다는 점, 그래서 허물어지기 쉽다는 점을 간파하면서 권력의 태도는 바뀌었다. 걸핏하면 비등해지는 사이버 여론이 신경 쓰이기는 하지만, 더 이상 그것이 두렵지는 않다. 권력은 여론이 식기를 기다리며 지지부진하게 시간을 끌거나(대개는 기만적인 임시방편으로 여론을 따르는 시늉을 하면서), 은밀하게 혹은 과감하게 정치적 탄압을 가함으로써 상황을 모면하려 한다.

사람들은 시위에 직접 참여하는 대신, 집에 누워서 혹은 밥수저를 놀리면서 손가락 클릭으로 정보를 연결하고 리트윗한다. '트친'들의 즉각적인 반응은 과장된 만족감을 선사한다. 그것은 '간편하게' 세상을 바꿀 수 있다는 착각을 낳는다. 소셜 네트워크의 시민들은 짱돌이나 화염병을 던지지 않는다. 스크럼을 짜거나 몽둥이를 들지도 않는다. 폭력 투쟁만이 세상을 바꿀 수 있다고 얘기하는 것은 아니다. 그러나 몸의 연대 없이 손가락 클릭만으로 세상을 바꿀 수 있다고 여기는 것은, 권력의 입장에서 보면 가소롭기 그지없는 일이라는 것이다.

SNS에 대한 통제

소셜 네트워크는 권력에 의해 언제라도 무력화될 수 있다. 예를 들어 콩고민주공화국에서는 이런 일이 있었다. 500만 명의 목숨을 앗아간 1998년에서 2003년 사이에 벌어진 내전 이후 두 번째로 치른 2011년 11월 대통령 선거에서 조제프 카빌라 현 대통령이 재선에 성공했다. 패배한 야당 후보 에티엔 치세케디가 이번 선거에서 대대적인 부정이 저질러졌다고 반발하자 카빌라 정부는 공공질서 유지를 이유로 문자 메시지 송수신을 전면 금지하는 조치를 취했다. 이런 일은 민주주의 가 발달하지 못한 국가에서만 발생하는 것이라고 생각하기 쉽다. 아니다. 슬라보이 지제크는 한 인터뷰에서 이렇게 지적했다.

　"사상의 자유를 통제하려는 권력의 시도가 있다. 구글, 위키피디아 검색 제한에서 알 수 있듯이, 중국은 인터넷 사용을 감시·규제한다. 아랍 봉기가 일어났을 때에도, 정부는 인터넷과 휴대전화 연결을 끊어서 시위 참여자들이 통신할 수 없게 만들었다. 서구는 이런 사례를 야만적이라고 규정하며 비난했다. 그런데 런던 폭동이 일어나자 영국 정부도 마찬가지로 인터넷과 휴대전화 통신 접속을 차단했다. 이 지점에서 우리는 누가 이 미디어들을 통제하는지에 대해 생각해야 한다.……누가 이 디지털 공공영역을 관리하고 통제하는가? 이것이 문제다."(「위기의 시대 지성과의 대화: 〈1〉 슬라보예 지젝」, 『한국일보』, 2012년 2월 7일) 소셜 네트워크는 거대 기업에 의해 운영된다. 거대 기업과 정치권력은 서로 내통해 필요하면 얼마든지 통신 접촉을 차단할 수 있다.

　사람들은 흔히 소셜 네트워크가 정치적 자유를 확장시킨다고 생각한다. 그러나 그것도 판타지에 불과하다. 오히려 그 반대, 즉 자유의 축소를 우려해야 한다. 빅토르 마이어 쉰베르거 옥스퍼드대학 인터넷 연구소 교수는 『잊혀질 권리』에서 디지털 환경에서 지워지지 않는 기록의 문제를 제기했다. 그는 "유사 이래로 인류에게는 망각이 일반적이었고, 기억하는 것이 예외였다. 하지만 디지털 기술시대에 망각은 예외로, 기억은 일반적인 것이 되었다"고 썼다. 그리고 디지털 세상의 완벽한 기억은 총체적인 '감시사회'로 이끌 수 있다고 경고했다. 이것은 기우가 아니다.

아이팟이든 노트북이든 아이패드든 우리가 소셜 네트워크에서 하는 모든 활동은 데이터베이스에 자동 저장된다. 블로그와 페이스북, 트위터에 올린 글과 사진, 구글이나 네이버 검색창에 친 검색어 모두 그 서비스 회사의 클라우딩 데이터 저장소에 집적된다. 스마트폰 역시 개인의 위치 정보를 노출시켜야만 원하는 정보를 얻을 수 있다. 기업은 스마트폰 이용자의 이동 경로, 체류 시간, 행동 반경 같은 정보를 수집할 수 있다. 심지어 신용카드나 교통카드를 사용할 때의 정보들도 기업으로 넘어간다. 그렇게 얻어진 엄청난 양의 자료를 '빅데이터'라 부른다.

기업은 데이터를 실시간으로 통계 처리하여 마케팅 자료로 활용한다. 기업에 빅데이터는 수익을 챙기는 원료이자 자산이다. 데이터가 지워지지 않고 영원히 남아 있다는 것도 문제지만 몇 안 되는 거대 기업에 집중적으로 축적된다는 것은 더 큰 문제다. 데이터가 집중되는 곳이 적을수록 권력이 그것을 이용하고 통제하기는 더욱 쉬워지기 때문이다. 오늘날 경제권력과 정치권력은 하나가 되어가고 있다. 그에 따라 빅데이터는 얼마든지 감시와 통제의 용도로 전환될 수 있다.

프랑스 파리고등사범학교 정보학과 교수 로베르토 디 코스모는 『세계를 터는 강도』에서 다음과 같은 요지의 말을 했다. '조지 오웰의 소설 『1984』에 나오는 빅 브러더는 마이크로소프트보다 한 수 아래다. 왜냐하면 소설 속의 사람들은 적어도 자신들의 생각은 숨길 수 있었기 때문이다. 그러나 오늘날은 어떤가? 사람들은 이메일을 주고받을 때, 이동을 계획할 때, 문서를 작성할 때, 계산을 하고, 재산을 관리할 때, 물건을 소비할 때 등 모든 활동에서 정보기술을 믿고 사용한다. 기업들도 기밀 사항들을 정보망에 맡긴다. 그러나 이 모든 정보를 추적하는 것이 기술적으로 가능하다. 이 모든 정보가 하나의 기업에 들어간다면 어떻게 되겠는가?'

괜한 걱정이 아니다. 오늘날 전 세계 PC 운영체제 시장에서 마이크로소프트 윈도의 시장 점유율은 약 90퍼센트다. 마이크로소프트의 인터넷 브라우저인 익스플로러의 점유율은 95퍼센트에 이른다. 사실상 독점이다. 정보통신망은 지식과 정보가 흐르는 길이다. 그 정보통신망을 하나의 기업이 독점한다면 그 기업이 지식과 정보, 나아가 인간의 의식에 대한 통제가 가능함을 의미한다. 그것은 민주주의에 커다란 위협이 될 것이다.

SNS는 민주적인가

TV나 라디오 같은 기존 매체는 일방적으로 메시지를 전달할 뿐이다. 그러나 소셜 미디어는 쌍방향 소통을 허용한다. 이것은 민주적인 소통의 수단이라는 믿음을 낳고, 진보적인 사람들로 하여금 소셜 미디어에 애정을 갖게 만든다. 그러나 소셜 네트워크의 기반이 된 IT 혁명은 애초 보수적인 목적을 위해 계획되었다는 점을 알아야 한다. IT 혁명은 1970년대 본원적 자본축적의 위기를 맞아 이를 극복할 목적으로 군사용으로 쓰였던 컴퓨터 기술이 민간 부문으로 이전된 결과다. 그 후, 초국적 자본들은 마음대로 국경을 넘나들며 세계의 부를 빨아들일 수 있게 되었다. IT 혁명은 초국적 자본의 왕성한 활동의 전제 조건이었다.

쌍방향 소통의 성격 때문에 소셜 미디어에서는 기존 매체보다 다양한 관점의 정보들을 접할 수 있다. 그러나 양적 측면에서 가장 압도적인 비중을 차지하는 것은 여전히 기업의 메시지다. 기업은 가장 큰 정보 생산의 주체다. 그러나 기업의 메시지, 기업에 이로운 관점의 정보가 기업에 의해서만 생산되고 유통된다고 생각해서는 안 된다. 기업의 메시지는 관련 업계 종사자, 학계, 기업의 지원을 받는 연구소·예술인·정치인, 관료, 언론, 소비자에 의해 광범위하게 생산되고 유통된다. 소셜 네트워크를 통해 독립적이고 진보적인 정보를 생산해내는 개인들도 있지만 극소수에 불과하다.

소셜 네트워크가 위계적 관계 대신 수평적 관계를 형성하게 한다는 생각에도 판타지가 있다. 소셜 네트워크에는 누구든 글을 올릴 수 있다. 그러나 그 발언이 모두 같은 영향력을 갖는 것은 아니다. 예를 들어 팔로워가 160만 명이 넘는 이외수가 트위터에 쓰는 글의 영향력이 평범한 네티즌의 그것과 같다고 생각할 수는 없다. 마셜 매클루언은 『미디어의 이해』에서 "정보시대의 유명인은 그 사람의 업적에 의해서가 아니라, 다만 잘 알려져 있다는 것에 의해 권위를 가질 수 있다"고 말했다. 신문 방송에 자주 등장하는 사람들은(방송인, 정치인, 연예인, 작가, 법조인, 의사, 스포츠 선수, 기업인 등) 유명세로 인한 권위를 등에 업고 소셜 네트워크에서도 큰 위력을 발휘한다. 그리고 그 발언은 다시 뉴스가 되어 대중에게 일파만파로 확산된다. 소셜 네트워크에서도 위계적 관계는 형성된다. 그 위계가 현실 세계의 위계와 동떨어진 것도 아니다.

이러한 한계들에도 불구하고 소셜 미디어는 사회 변혁에 도움을 줄 수도 있을 것이다. 그러나 사회 혁명이 발생한다면, 그것은 소셜 미디어가 본래 혁명적 성격을 갖고 있었기 때문이 아닐 것이다. 그것은 무엇보다 감내하기 힘들 정도로 참혹한 정치경제적 상황, 그와 관련된 광범위한 분노 때문일 것이다. 그 외에도 혁명이 성공하기 위해서는 지배층의 분열, 미래에 대한 이성적 전망, 강고한 조직이 필요할 것이다. 이러한 조건을 만족시킬 때 소셜 미디어는 혁명에 일조할 것이다.

디지털이 정서에 미치는 영향 1
불안과 감각 왜곡

실험 대상이 된 현대인

이런 일화가 있다. 영국의 사상가이자 역사가인 토머스 칼라일은 신경이 예민한 사람이었다. 그는 자신이 사는 마을이 점점 번잡해지자 시끄러운 소리를 피해 서재를 1층에서 2층으로, 2층에서 다시 3층으로 옮길 정도였다. 어느 날 아침 그는 수면 부족으로 눈이 몹시 충혈되어 이웃집 부인을 찾아가 말했다. "댁의 코오칭 새가 밤새 울어서 간밤에 한잠도 잘 수 없었습니다. 무슨 방법이 없겠습니까?" 이웃집 부인이 대답했다. "그렇지만 선생님, 우리 집 새는 밤에 서너 번밖에 울지 않는데요?" 칼라일이 신경질적으로 대꾸했다. "그게 문제란 말입니다. 한 번 울면 그다음은 언제 우는가 하고 기다려지기 때문에 통 잠을 잘 수 없단 말입니다."

휴대전화로 인해 현대인이 겪는 신경증적 양상이 이와 유사하다. 현대인은 밥을 먹다가도 휴대전화를 확인하고, 지하철을 타자마자 휴대전화를 들여다보고, 일을 하다가도 공부를 하다가도 대화를 하다가도 등산을 하다가도 자동차를 몰다가도 심지어 텔레비전을 보다가도 휴대전화를 켠다. 현대인은 늘 휴대전화로 무슨 연락이 오지 않는지 늘 신경 써야 한다. 여기에는 사회적 압력도 작용한다. 이를 테면 회사 직원이 외근을 하면서 자기 일에 몰두하느라 직장 상사의 전화를 받지 못했다면, 그것은 오히려 넋 놓고 있는 것으로 여겨질 수 있다. 휴대전화 때문에 현대인은 온종일 긴장 속에 살고 있다. 휴대전화는 하루를 연락을 주고받는 시간, 연락을 기다리는 시간, 연락을 하기 위해 준비하는 시간으로 분할한다. 이 시간들은 모두 정신적 긴장으로 채워진다.

과학기술은 늘 새로운 요소들을 만들어낸다. 그러나 과학기술은 인간의 마음과 정신에 미치는 영향을 파악하는 데에는 재주가 없다. 오늘날 정보통신에 대한 열광은 일종의 종교적인 형태를 띠고 있다. 정보통신은 물신화된 오브제다. 테크놀로지의 효과는 별 저항 없이 감각 비율이나 지각 패턴을 서서히 변화시킨다. 그것이 얼마나 어떻게 영향을 미치는지를 정확히 알기는 힘들다. 기준이 되는 선례가 없기 때문이다. 디지털 시대를 사는 현대인은 사실상 거대한 실험 대상 집단이라고 해도 과언이 아니다.

불안과 자기 비하

디지털에 중독된 사람들은 병적인 불안을 호소한다. 그들은 휴대전화가 손에 없거나, 컴퓨터로부터 떨어져 있으면 알코올이나 마약 중독자처럼 금단증상을 보인다. 중독까지는 아니라도 휴대전화가 몸에서 떨어져 있을 때의 허전함, 휴대전화 안테나 신호가 잡히지 않을 때의 긴장감은 일반적인 사용자도 흔히 느끼는 것들이다. 반드시 연락 올 데가 있어야만 신경이 쓰이는 것이 아니다. 그와 상관없이 휴대전화는 신경의 일부를 자기 몫으로 떼어놓을 것을 요구한다. 사용자에게 강박을 만들어낸다.

용인정신병원의 하지현 신경정신과장은 2006년 5월 23일 캐나다 토론토에서 열린 미국심리학회에서 이런 조사 결과를 발표했다. 그는 한국 고교생 575명을 대상으로 휴대전화 사용 습관 및 태도를 조사했는데, 이 중 3분의 1이 통화, 문자 보내기, 착신·발신음 바꾸기 등으로 하루 90차례 이상 휴대전화를 사용했다. 흥미로운 것은 하루 90차례 이상 휴대전화을 쓰는 과다 사용자들의 우울함과 근심 수치가 훨씬 높았다는 사실이다. 그들은 휴대전화를 덜 사용하는 사람들보다 불행하거나 지루하다고 느끼고 있었다.(「핸드폰 과다사용은 불행, 불안의 신호」, 『연합뉴스』, 2006년 5월 25일)

이런 조사 결과는 심리적으로 불안하거나 우울한 상태에 있는 사람은 디지털 중독에 빠지기 쉽다는 것, 혹은 불안하거나 우울하지 않았던 사람도 휴대전화나 인터넷을 과다하게 사용하면 불안하거나 우울해지기 쉽다는 것을 의미하는 것으로 보인다. 어떤 경우이든 디지털 기기를 과다 사용한다면, 불안과 우울의 징표로 삼을 수 있다.

디지털은 자기 비하를 야기하기도 한다. 휴대전화로 연락이 많이 오는 것은 그 자체로 자신이 다른 사람들에게 인기가 많거나 사회적으로 중요한 인물이라는 메시지를 주변 사람들에게 전달하게 된다. 그것은 독일의 사회철학자 악셀 호네트가 말한 '인정투쟁'의 측면에서 승리하고 있다는 증명이 된다. 그러므로 휴대전화로 많은 연락을 받는 사람은 높은 자존감을 갖지만, 아무에게도 연락이 오지 않거나 뜸한 사람은 자신이 아무것도 아닌 사람이라고 느끼게 된다. 그것은 휴대전화 사용에 대한 암묵적인 경쟁 심리를 유도한다. 특히 정체성이 형성되는 와중에 있는 청소년에게는 자존감과 관련해 휴대전화 사용이 더욱 중요한 의미를 갖게 된다.

현실 세계에서 인정투쟁에 실패한 사람은 사이버 세계로 자리를 옮겨 인정투쟁을 벌일 수도 있다. 예를 들어 학교에서 왕따를 당하거나 낮은 성적 때문에 가족, 교사, 친구에게 인정받지 못하는 학생은 온라인게임에서 높은 점수를 획득함으로써 자존감을 회복하려 할 수 있다. 사이버 세계에 대한 과몰입은 수면장애, 섭식장애, 학교나 직장생활에서의 집중력 저하, 잦은 지각과 결석, 가족들과의 갈등을 불러일으킬 뿐 아니라 심지어 일탈, 비행, 범죄로 이어지기도 한다. 그것은 현실 세계에서의 인정투쟁 실패를 만회시키기보다는 오히려 상황을 악화시키는 경우가 많다.

디지털의 감각 왜곡

휴대전화 사용자라면 주머니나 가방에 넣어둔 휴대전화가 진동하는 듯해서 꺼내보니 아무런 연락도 오지 않은 것을 경험한 적이 있을 것이다. 이것을 '유령진동증후군phantom vibration syndrome'이라 한다. 이 현상은 특히 휴대전화에 많은 신경을 쓰는 경우에 잘 나타난다. 사용자의 뇌는 진동 감각에 예민해지고, 그 반응을 규칙적인 것으로 받아들인다. 그 결과 환각이 발생한다. 이것은 디지털 프로세스가 인간의 감각적 프로세스로 전환될 수 있음을 보여준다. 인간의 지각과 의식은 프로그래밍된 것을 따르도록 변화된다. 스마트폰은 인간과 컴퓨터의 공생, 그것의 초기 형태다. 손안의 컴퓨터인 휴대전화는 사람이 갖고 다니게 되어 있다. 앞으로 컴퓨터는 인간의 몸에 장착될 것이다. 이미 그러한 시도는 이루어지고 있다.

예를 들어 구글이 개발한 '구글 글라스'와 국내업체가 만든 'Q트랜스레이터'라는 제품이 있다. 구글 글라스는 안경 모양으로 된 컴퓨터로 구글 글라스를 쓰고 있는 내내 스마트폰 및 인터넷을 이용하는 상태가 유지된다. 이 안경을 끼면 자신이 보고 있는 실제 광경이 정보 조회 화면이 되고 말하는 게 검색 명령이 된다. Q트렌스레이터는 카메라에 잡힌 외국어를 즉시 한국어로 번역해 보여주는 기능을 갖고 있다. 외국을 여행할 때 이 기능이 탑재된 스마트폰의 카메라로 외국어로 된 간판이나 도로 이름, 신문 지면을 비추면 바로 한국어로 번역한다. 길을 묻거나 물건을 사고 싶다면 상대가 아닌 음성 인식 번역기에 대고 말하면 된다. 번역기가 한국어를 프랑스어로 바꿔 또박또박

읊으면 상대가 고개를 끄덕인다.(「외국어가 술술…'놀라운 안경' 나온다」, 『한국일보』, 2012년 11월 6일)

문화인류학자 에드워드 홀은 『숨겨진 차원』에서 이렇게 썼다. "문화에 따라서 감각 자료의 선별 기능이 여과시키는 대상도 달라진다. 그렇기 때문에 문화마다 패턴화된 감각 스크린을 통해 인지되는 경험도 전혀 다르다." 사람들은 흔히 디지털 기기를 인간이 이용할 수 있는 도구일 뿐이라고 생각한다. 그러나 인간은 도구를 닮아간다. 디지털은 인간의 마음과 감수성을 변화시킨다.

디지털이 정서에 미치는 영향 2
외롭고, 낮고, 씁쓸한

조급함과 산만함

휴대전화는 그 자체로 빠른 처리와 이행을 촉구한다. 휴대전화를 사용할 때 자신이 보낸 메시지에 상대방이 즉각적인 답변이 없을 경우, 마음이 초조해지는 것을 느낀 적이 있을 것이다. 휴대전화로 연락을 받는 경우도 마찬가지다. 휴대전화로 연락을 받는 일은 대개 그 자체로 완결되는 일이 아니다. 그것은 또 다른 연락을 파생시키는 경우가 많다. 그럴 때, 사정이 있어 좀 늦으면, '아직 안 됐느냐, 언제 답신을 줄 수 있을 것 같으냐' 하는 연락이 온다. 휴대전화 연락은 그 자체로 처리해야 할 일들을 양산하는 경향이 있다. 해야 할 일이 쌓이지 않게 하기 위해서라도 사용자는 빨리빨리 행동하지 않을 수 없다.

디지털은 사람을 조급하게 만든다. 현대인들이 분주하고 정신이 없게 살아가는 것, 사회 전체적으로 스트레스가 증가하는 느낌을 받는 것은 디지털이 큰 몫을 차지하고 있다. 디지털은 빠른 리액션을 정상적인 것으로 만들었다. 사람들은 시간적 여유와 마음의 여유가 없고, 무엇을 할 때 오래 참거나 기다리지 못하며, 과정을 생략한 채 곧바로 원하는 결과를 얻고자 한다. 이러한 디지털 세대의 증후군을 일컫는 신조어가 '퀵 백Quick Back'이다. 디지털 세대는 차분히 계획을 세우고, 노력을 통해서 어떤 성과를 내기보다는 충동적으로 행동하면서 자신의 행동이 가져올 즉각적인 반응을 보고 싶어 한다.

또한 디지털은 사람을 산만하게 만든다. 디지털 기기 사용에 익숙한 청소년층에서 ADHD(주의력 결핍 과잉행동장애) 증상이 흔한 것도 그 때문이다. 강남성모병원 정신과 채정호 교수와 마음누리신경정신과 정찬호, 이원익, 최혜원 원장이 2005년 10~11월 서울 지역 초중고 학생 1,183명을 대상으로 실시한 조사 결과에 따르면, 학생들 중 15퍼센트 정도가 ADHD를 앓고 있는 것으로 나타났다. ADHD를 앓고 있는 아이들이 보이는 행동은 세 가지다. 가만히 자리에 있지 못하고 돌아다니거나 안절부절못하고 말을 많이 하는 것, 공부나 숙제처럼 지루해질 수 있는 활동을 끝까지 못하는 것, 물건을 자주 잃어버리거나 남의 이야기를 듣지 않는 것처럼 보이는 것. 이런 아이들은 차례를 지키기 힘들어하고 남의 이야기나 놀이에 불쑥 끼어들어 분위기를 망친다.

미국 하버드대학 의대 교수 출신의 정신과 의사 에드워드 핼러웰 박사는 멀티태스킹이 ADHD의 주요 원인이라고 말한다. 휴대전화를 사용하면서 햄버거를 먹거나, MP3 음악을 들으면서 공부를 하는 등 한꺼번에 두 가지 이상의 작업을 하면 뇌의 안정성이 깨져 ADHD가 발생한다는 것이다.(「안절부절…주의산만…집중력 저하…칼슘부족-멀티태스킹 탓?」, 『동아일보』, 2006년 4월 17일) 멀티태스킹은 휴대전화를 사용하면서 햄버거를 먹는 식의 가상현실과 실제현실 사이에서만 이루어지는 것이 아니다. 가상현실과 가상현실 사이에서도 이루어진다. 다양한 기능을 갖춘 스마트폰의 등장으로 이러한 멀티태스킹의 빈도(음악을 들으면서 카톡을 하거나, DMB를 보다가 인터넷 검색을 하는 식으로)가 높아지고 있다. 겉보기에는 스마트폰 하나만 사용하고 있는 것 같지만 실제로는 스마트폰 내에서 멀티태스킹을 하고 있는 것이다.

적당한 자극은 두뇌를 활성시키지만, 과잉 자극은 두뇌의 과부하를 일으킨다. 그리고 두뇌의 과부화는 ADHD를 초래하기 쉽다. 과잉 자극은 HDTV나 3D 영화처럼 강한 자극 하나만으로도 초래될 수 있고, 약한 자극에 동시에 노출되어도 초래될 수 있다. 백화점이나 대형 마트에 갔을 때를 상상해보라. 거기에는 오감을 자극하는 상품들, 대형 스크린, 호객행위, 음악소리, 광고 문구들로 가득 차 있다. 이런 약한 자극도 동시에 주어지면 주의가 산만해지고 피곤해지는 느낌을 받는다. 그런데 디지털 기기는 주로 강한 자극을 동시에 제공한다. ADHD가 증가하는 이유다.

디지털과 고립감

휴대전화는 커뮤니케이션 매체다. 그러나 아이러니하게도 휴대전화는 대화 단절의 상황을 빈번하게 만든다. 예를 들어 직장인들은 바로 옆자리에 앉아 있는 동료와도 스마트폰으로 대화하는 것을 이상하게 여기지 않게 되었다. 매체를 통한 소통이 많아질수록 직접적인 대면 접촉이 어색해진다. 나아가 새로운 인간관계를 맺는 것도 두려워진다. 세상이 갈수록 '이상하고 위험한 사람들'로 넘쳐나는 것, 사람과 사람 사이가 멀어지는 것, 그에 따라 타인에 대한 공포가 증가하는 것도 디지털이 큰 역할을 하고 있다. 정보통신기기를 통한 간접적인 접촉으로는 진정한 감정 교류, 타인에 대한 진정한 이해가 잘 생겨나지 않는다. 사람과 사람 사이가 멀어질수록 타인은 좀처럼 이해하기 힘든 괴물, 공포의 대상이 된다.

현대인이 타인을 대하는 태도는 분열적인 데가 있다. 사람과 사람이 서로 멀어짐에 따라 외로움과 고립감이 커지고, 그것에서 벗어나고자 하는 욕망도 강해진다. 그래서 타인과 가까워지고자 하지만 한편으로는 타인이 두렵다. 그래서 다가가지도 못하고 완전히 동떨어지지도 못한다. 이러한 양가감정은 정보통신을 통한 접촉에 더욱 집착하게 만든다. 사람들은 정보통신을 통해 외로울 때는 타인과 약하게 연결되었다가, 여차하면 연결을 끊기를 반복한다. 사람들은 외로움과 고립감을 가벼운 디지털 인간관계로 메워가려 한다. 그러나 그것은 문제의 원인을 대안으로 삼는 꼴이다.

사이버 세계는 여러 현실적인 문제들에 시달리는 사람들이 손쉽게 선택할 수 있는 도피처이기도 하다. 예를 들어 위계를 강조하는 권위적인 분위기 때문에 회사 다니는 것을 힘들어하는 사람, 무한 경쟁의 스트레스에 시달리는 사람, 무기력한 사람, 경제적으로 어려운 사람, 인간관계에 어려움을 느끼는 사람, 우울과 불안에 시달리는 사람은 사이버 세계에 빠지기 쉽다. 심한 경우 자기 방에 틀어박혀 온라인 게임과 인터넷에만 몰두하는 사이버 코쿤족이 될 수도 있다.

코쿤족들이 주로 집에서 온라인 게임과 인터넷을 몰두하는 것은 그것이 손쉬운 재미를 제공함으로써 현실을 잊게 만들기 때문이다. 그러나 다른 기능도 있다. 온라인 게임과 인터넷은 사람들을 약하게 연결시킨다. 약한 연결은 친밀한 관계를 형성하기 어렵다는 단점이 있지만, 대인관계에 대한 공포가 있는 사람에게 그것은 오히려 장점이 될 수 있다. 약한 연결은 직접적인 대인관계에서 오는 스트레스나 상처를 만들지 않는다. 그러면서도 약하게나마 다른 사람들과 연결되어 있으니, 실제로는 고립되어 있으면서도 '나는 고립되어 있지 않다'고 자위할 수 있다. 정보 기기들은 이렇게 별다른 위기의식 없이 고립을 심화시킨다.

디지털이 만들어내는 자기 단절 현상의 극단적인 예는 혼자서 휴대전화로 문자 채팅하는 십대들에게서 볼 수 있다. 요즘 십대들은 인공지능AI을 기반으로 한 대화형 문자메시지 서비스를 이용해 혼자서 채팅을 한다. 누군가에게 문자를 보내고 싶은데 마땅한 사람이 없으면, 특정 번호를 이용해 사이버 문자 로봇 '심심이'에게 "나 외로워. 뭐하니?"라고 문자를 보내면 "힘내. 이제부터 시작이야" 하는 응답 문자를 받는 식이다. 이런 서비스를 누가 이용할까 싶지만, 놀랍게도 아우닷컴에서 제공하는 미니홈피 채팅 로봇 '대화 에이전트' 서비스는 시작 10개월 만에 이용자 80만 명을 확보했다. 이용자들은 문자메시지를 보냈을 때, 즉각 답문이 안 오면 답답한데 이들 서비스는 즉각 답변이 와서 좋다고도 하고, 컴퓨터와 이야기하는 것이 사람하고 대화하는 것보다 부담이 적어 좋다고도 한다. 아우닷컴 권미경 부장에 따르면, 실제로 자신의 비밀이나 속마음을 진지하게 털어놓는 경우도 의외로 많다고 한다.(「요즘 엄지족 혼자서 논다」, 『동아일보』, 2006년 3월 4일)

소통을 목적으로 한 문자메시지 기능이 비소통의 수단으로 기능하는 이 역설, 사람보다 차라리 기계와 소통하는 것이 더 편하다는 십대들의 반응은 인간관계에 대한 비관적인 미래를 보여주는 단서로 여겨진다.

디지털과 거짓말

미국 리하이대의 리우바 벨킨 박사팀이 캘리포니아에서 열린 미국경영학회 연례학회에서 발표한 실험 결과에 따르면, 사람들은 종이편지보다 이메일에서 더 거짓말을 한다. 연구진의 실험 내용은 이랬다. 학생 48명에게 각각 89달러를 주고 이들에게 이 돈을 누군가와 공평하게 나누라고 지시했다. 그리고 '내가 총 얼마를 갖고 있는데, 너에게 얼마를 공평하게 나누어준다'는 내용을 이메일이나 종이편지로 상대방에게 알리게 했다. 그랬더니 종이편지를 쓴 학생은 64퍼센트가 총 액수와 분배액수를 속인 반면 이메일을 보낸 학생들은 92퍼센트가 속였다.(「이메일, 종이편지보다 덜 진실」, 『코메디닷컴』, 2008년 10월 4일)

이런 실험 결과는 미디어의 성격이 사람의 진실성에 영향을 준다는 것을 보여준다. 사람이 가장 정직할 때는 직접 만나서 대화할 때다. 말의 뉘앙스, 제스처, 표정을 가늠할 수 있는 대면 대화에는 거짓말을 하기 어렵다. 그러나 미디어를 통하면 이러한 정보들이 사라져 거짓말하기 쉬워진다. 손으로 종이에 글을 써야 하는 편지는 아날로

그 미디어다. 그것은 신체성과 물질성을 간직하고 있어 거짓말을 덜 하게 만든다. 그러나 디지털 미디어에서는 그 신체성과 물질성이 소멸된다. 그에 따라 거짓말에 대한 부담과 죄책감도 줄어든다. 정리하면, 직접 대화보다는 미디어를 통할 때, 아날로그 미디어보다는 디지털 미디어를 통할 때 사람은 거짓말하기 쉽다.

영국에서 실시된 한 설문조사에서는 평균 5명 중 4명은 하루에 1번 이상 휴대전화를 통해 거짓말을 한다는 결과가 발표된 바도 있다. "지금 어디 있어?"는 가장 거짓말을 많이 하게 하는 질문이었다. 이런 거짓말은 특별한 의도가 있을 수도 있지만, 그렇지 않을 수도 있다. 특별한 의도 없이도 일상생활에 갑자기 난입하는 휴대전화 연락의 속성, 간편하고 빠른 응답을 요구하는 휴대전화의 속성은 부지불식간에 거짓말을 하게 만든다는 말이다. 디지털은 거짓말을 습관화하고, 죄책감을 불식시키며, 그것을 합리화하게 만든다. 디지털의 간접성은 인간의 진정성을 일상적으로 파괴한다.

06

디지털이 두뇌에 미치는 영향 1
스마트한 바보들이 몰려온다

퇴화하는 기억력

IT 사상가 니콜라스 카는 2008년 『애틀랜틱』에 「구글이 우리를 바보로 만들고 있는가?Is Google Making Us Stupid?」라는 글을 기고해 논쟁을 불러일으켰다. 글의 요지는 "검색 엔진을 통한 인터넷 서핑은 우리의 지식과 문화를 즉흥적이고 주관적이며, 단기적으로 접근하게 만들어 깊이를 잃어버린 지식을 양산해낸다"는 것이었다. 그는 인지과학자와 신경의학자 들의 다양한 실험과 연구 결과를 논거로 자신의 주장을 발전시켜 2011년 『생각하지 않는 사람들The shallows』을 출간했다. 인터넷과 컴퓨터가 뇌의 구조를 변화시키고 그것이 인간의 사고를 원제처럼 '얕게shallow' 만든다는 주장이었다. 디지털 기기들이 제공하는 편리함은 공짜가 아니다. 그것은 인간의 뇌와 사고 능력에 치명적인 대가를 요구한다. 그러면 그 대가로는 무엇이 있을까?

우선 디지털은 인간의 기억력을 퇴화시킨다. '디지털 치매Digital Dementia'라는 말이 있다. 디지털 기기에 너무 의존한 나머지 기억력이 감퇴되는 현상을 일컫는 말이다. 요즘에는 몇 번 왔던 길도 네비게이션이 없으면 찾지 못하는 일, 휴대전화가 없으면 지인들의 전화번호를 알 수 없는 일(심지어 가족이나 애인의 전화번호도 단축번호만 기억날 뿐이다), 노래방 자막이 없인 노래 한 곡 제대로 부르지 못하는 일이 흔하다. 모든 것을 디지털 기계가 기억해주므로 애써 외울 필요가 없다. 외울 필요가 없으니 기억력이 자꾸 퇴화한다.

흔히 사람들은 머리로 기억한다고 생각한다. 그러나 기억은 손으로도 이루어진다. 지금도 그런지 모르겠지만, 내가 어릴 때에는 한자나 영어 단어 같은 것을 쓰면서 외웠다. 그러면 그냥 눈으로만 보고 외우는 것보다 훨씬 잘 외워졌다. 손이 철자와 획수를 기억하기 때문이었다. 그러나 오늘날에는 디지털 기기가 보편화되면서 손으로 써볼 일이 적어졌다. 특히 요즘 젊은 사람들 중에 한자맹이 많아진 것은 디지털 탓이 크다. 지금도 사람들은 보고서나 리포트에 한자를 넣기는 한다. 그러나 손으로 쓰지 않고 컴퓨터 버튼을 눌러 변환할 뿐이다.

그것은 영어나 한글의 입력 과정과도 차이가 난다. 영어의 알파벳이나 한글의 자음과 모음의 버튼은 각기 특정 손가락과 연관되어 있다. 피아노의 각 건반들이 특정 손가락과 연관되어 있듯이. 그러므로 두뇌는 알파벳이나 자음, 모음의 대체물로 키보드 버튼 위치를 상기하면서 영어나 한글의 스펠링을 기억해낼 수 있다. 그러나 한자 입력은 우선 음에 맞는 한글을 쓰고 그에 맞는 한자를 선택해 한꺼번에 변환시킨다. 그러므로 한자의 부수와 획을 기억할 수 없다. 오늘날 한자맹이 많아진 이유다.

　무엇을 기억한다는 것, 무엇을 외우고 있다는 것은 지적인 발전에 매우 중요하다. 외우는 행위가 기억력을 좋게 만들기 때문에 중요하다는 말이 아니다. 그보다 중요한 것은 외우고 있는 지식과 정보가 사고의 기초가 되기 때문이다. 두뇌는 외우고 있는 지식과 정보를 기초로 무엇에 대해 유추하거나 새로운 아이디어를 떠올린다. 그런데 정보 기기들 때문에 사람들은 기억하고 외우지 않는다. 사람들은 그때그때 필요한 지식과 정보를 인터넷에서 구할 뿐이다. 이용하고 나면 곧 잊어버린다. 나중에 필요하면 그때 또 인터넷으로 찾으면 되기 때문이다.

사이버 유랑민들

우리나라 사람들은 인터넷 시작 페이지의 대부분을 네이버나 다음 같은 포털 사이트로 설정해놓고 있다. 그러므로 컴퓨터를 켜고 인터넷을 시작하면 이 사이트들이 맨 먼저 화면에 뜬다. 그럴 때 내가 뭘 하려고 인터넷에 접속했는지 잊은 경험이 없는가? 아마 많을 것이다. 왜 그럴까?

　포털 사이트에 자극이 넘쳐나기 때문이다. 비유하자면 포털 사이트에 접속하는 순간, 당신은 시장 바닥에 서 있는 것과 같다. 매장마다 시선을 끄는 화려한 물건들이 넘쳐나고 상인들의 외침으로 시끌벅적한 시장 바닥 말이다. 이런 시장 한가운데 갑자기 들어선다면, 사람들은 한꺼번에 너무 많은 자극에 노출된 나머지 정신이 없을 것이다. 포털 사이트가 그렇다. 거기에는 사람들의 관심과 클릭을 유도하는 많은 광고, 사진, 동영상, 뉴스, 정보, 실시간 검색어들로 가득하다.

그것들은 이렇게 외친다. '여기 당신이 반드시 봐야 할 재미있는 기사가 있다', '놓치면 후회할 파격 세일이 있다', '여기 섹시한 여가수의 몸매를 보라', '이 정보는 알아야 주식에서 손해 보지 않는다', '이제까지 당신이 본 것과는 다른 영화가 나왔다'. 그것들은 자극적인 문구와 이미지들로 당신을 유혹한다. 이것이 다가 아니다. 서둘러 정신을 차리고 당신이 본래 찾으려 했던 정보를 찾기 위해 특정 블로그나 사이트를 들어가도 유혹이 많기는 마찬가지다.

인터넷으로 글을 읽다 보면 파란색 글씨에 밑줄까지 그어진 단어를 볼 수 있다. 클릭하면 다른 글이나 이미지로 옮겨가게 되어 있는 이런 단어나 문장을 하이퍼텍스트라 한다. 인터넷으로 글을 읽다 보면 자칫 '하이퍼텍스트의 늪'에 빠지기 쉽다. 혹은 인터넷 사이트들에 널려 있는 배너 광고의 유혹을 받기도 쉽다. 하이퍼텍스트와 배너 광고는 사용자의 집중과 이해를 방해한다. 링크들 속에서 길을 잃는 것은 당연히 사용자의 손해다. 반면에 검색 업체와 광고주에게는 이익이다. 이처럼 사용자의 이해는 서비스 제공자의 이해와 일치하지 않는다.

비유하자면 이런 것이다. 백화점이나 대형마트는 출구를 발견하기 어렵게 만들어놓는다. 창문도 거의 없다. 창문이 있으면 바깥 풍경이 보이고, 그를 통해 방향 감각이나 시간 감각을 유지하기 쉽기 때문이다. 백화점이나 대형마트는 고객의 방향 감각을 잃게 만들고, 그로 인해 매장에 머무는 시간을 최대한 늘린다. 출구도 최대한 많은 코너

들을 둘러본 다음 나갈 수 있게 동선을 배치해놓는다. 거의 미로와 같다. 그곳에는 빨리 매장을 빠져나가지 못한 사람들로 늘 북적인다. 그것은 불편하고 때로는 고객들에게 스트레스를 불러일으키지만 수익을 극대화하는 데에는 도움이 된다.

인터넷 사용자가 링크들 속에서 길을 잃는 것도 이와 비슷하다. 정보통신 기업들은 수용자의 자발적인 참여와 활동을 통해 돈을 번다고 말한다. 그러나 그것은 좋게 말해서 그렇다. 나쁘게 말하면 수용자가 쉽게 빠져나갈 수 없게 만들어서 돈을 번다. 사람들은 흔히 잠깐만 인터넷에 접속해 필요한 정보만 얻고 끄겠다고 마음먹는다. 그러나 인터넷을 켜는 순간, 자기 의사와 상관없이 여러 사이트에 연속적으로 빨려들어가는 자신을 발견하게 된다. 심지어는 이런 경우도 있다. 정신없이 인터넷을 하다가 시계를 본다. 벌써 한두 시간이 훌쩍 지났다. '아니 벌써 시간이 이렇게 됐나?' 하고 놀라 서둘러 컴퓨터를 끈다. 그러고 나면 다시 깨닫는다. 아뿔싸! 애초에 자신이 얻고자 했던 정보는 알아보지도 못했다! 이것이 디지털 시대에 현대인이 직면하고 있는 정신적 상황이다.

전자책의 산만함

요즈음에는 전자책으로 독서하는 사람들이 꽤 있다. 전자책 기술은 앞으로도 계속 발전할 것이고, 단말기 가격도 훨씬 떨어질 것이다. 여러 권을 한꺼번에 저장할 수 있는 전자책 단말기는 가벼워 갖고 다니기 편하다. 전자책 콘텐츠의 가격은 지금도 종이책에 비해 절반에 불과하지만, 대중화되면 더 떨어질 가능성이 높다. 전자책으로 독서하는 사람은 앞으로 더 늘어날 것이라 예상된다. 그러나 전자책에도 단점이 있다. 가장 대표적인 것이 독자의 집중력을 흐트러뜨린다는 점이다. 흔히 사람들은 '종이책으로 보나 전자책으로 보나, 텍스트가 같으면 똑같다'고 생각하기 쉽다. 그러나 그렇지 않다.

『뉴리퍼블릭』기자 데이비드 벨이 쓴「책 없는 미래: 인터넷이 학문에 끼치는 영향」에는 프린스턴대학 역사학 교수 대니얼 벨이 전자책을 읽은 후의 소감이 이렇게 적혀 있다. "과거 같으면 도서관에 가서 책을 빌려야 했을 것이다. 그러나 내가 찾는 이 책은 종이에 인쇄되어 나오지 않는다. 인터넷에서만 열람 가능한 '전자책'인 것이다. 클릭 몇 번으로 책이 컴퓨터 화면에 뜬다. 읽기 시작한다. 내용과 구성 모두 훌륭하다. 하지만 이상하게 집중이 안 된다. 화면을 이리저리 넘겨보고, 검색어를 입력해 본문 이곳저곳을 기웃거린다. 보통 때보다도 커피 잔을 채우러 더 자주 일어나고, 이메일을 확인하고, 뉴스를 읽고, 쓸데없이 서랍 정리도 한다. 결국 책을 다 읽고는 기뻐한다. 그러나 일주일이 지나니 무엇을 읽었는지 기억이 나지 않는다."

아이패드 같은 타블로이드, 스마트폰, 컴퓨터 같은 디지털 기기들은 '너무 할 게 많은' 도구다. 전자책을 사이버상에서 바로 구입해 읽을 수 있어야 하는 까닭에 전자책 단말기도 인터넷이 된다. 그러므로 전자책 단말기도 '할 게 많다.' 할 게 많다는 것은 그 자체로 여러 가지를 하고 싶다는 충동을 만들어낸다. 그래서 전자책을 다운받아 읽어도 온전히 집중하기 힘들다. 전자책을 열어서 독서를 시작하면, 30분도 지나지 않아 '잠시 쉬고 싶은' 마음이 구름처럼 몰려온다. 그래서 책을 읽다가 잠깐 메일을 확인하자며 인터넷을 열게 된다. 그리고는 얼마 후 웹서핑을 시작한다. '잠깐의 휴식'은 계속된다. 쉬면서도 눈과 손은 바쁘게 움직인다. 시간은 흐르고, 머리는 멍해지며, 몸은 무기력해진다. 그러고 나면 전자책을 다시 볼 생각이 나지 않는다. 결국 전자책을 끄게 된다.

실제로 아이패드 사용자들이 독서에 투자하는 시간은 민망할 정도다. 2010년 『비즈니스 인사이더Business Insider』의 연구보고서에 따르면, 아이패드 사용자 중 74.5퍼센트가 아이패드로 책을 읽는다고 답했다. 그러나 아이패드 사용시간의 37.7퍼센트를 웹서핑, 23.6퍼센트를 이메일·트위터·페이스북 등에 쓴다고 답했다. 그리고 11.5퍼센트를 게임, 10.2퍼센트를 비디오 시청에 할애한다. 독서는 초라하게 '기타 앱 사용' 시간에 들어 있을 뿐이다.(「트위터를 버려 당신의 뇌를 구하라!」, 『오마이뉴스』, 2010년 12월 21일)

비유하자면 종이책을 읽는 것은 극장에서 영화를 보는 것과 같다. 영화관에서는 영화만 보게 되어 있다. 그런 까닭에 영화에 집중하기 쉽다. 마찬가지로 종이책도 글만 읽게 되어 있다. 그러나 전자책은 수시로 휴대전화가 울리고, 시도 때도 없이 종업원들이 음식을 날라오고 옆 사람이 말을 걸어오는 디너쇼를 관람하는 것과 같다. 디지털 기기로도 책을 읽을 수는 있다. 그러나 디지털 기기는 책만 읽기에는 너무 산만한 도구다. 디지털 기기를 통해 독서하다 보면 이내 인터넷, 이메일, 트위터, 페이스북으로 전환되는 '기능의 미로'에 빠지기 쉽다.

디지털과 아동

사람의 '주목attention'은 한정된 자원이다. 하나가 우리의 주목을 독점하면, 다른 것들은 소외될 수밖에 없다. 사람들은 '나는 두 가지 일을 동시에 한다'고 말한다. 그러나 그것은 사실이 아니다. 우리가 노래를 하면서 다림질을 할 수 있는 것은, 뇌가 두 가지 일 사이를 빠르게 오가며 처리하기 때문이다. 여러 가지를 동시에 주목하면 집중력은 필히 떨어지게 된다. 아무래도 멀티태스킹을 하면 고도의 집중력이 필요한 작업은 온전히 수행할 수 없게 된다. 반면 낮은 집중력을 요구하는 작업은 그럭저럭 해내게 된다. 그 결과 집중력이 덜 요구되는 작업이 '승자'가 된다.

니콜라스 카의 『생각하지 않는 사람들』에 따르면, 코넬대 학생들을 대상으로 수업 시간에 학생 절반은 노트북을 통해 인터넷을 사용하게 하고, 나머지는 쓰지 못하게 한 결과, 인터넷을 사용한 그룹이 수업 내용과 관련된 시험에서 훨씬 낮은 점수를 기록했다. 스탠퍼드대 상호작용성 미디어랩의 클리퍼드 나스 교수는 101명을 대상으로 '동시 다중작업(멀티태스킹) 수행' 실험을 했다. 이 실험에서도 멀티태스킹을 많이 하는 집단은 그렇지 않은 집단에 비해 주의력이 산만하고 중요한 정보를 식별해내는 능력이 크게 떨어지는 것으로 나타났다. 실험 결과들은 두 과제를 동시에 처리하는 것보다 한 과제씩 집중해 처리하는 것이 성과가 높음을 보여주었다.

디지털이 뇌에 미치는 영향은 성인보다 아이에게 더욱 치명적이다. 두뇌 연구자들에 따르면 생후 1년 동안 아기의 뇌가 도달하는 성숙도는 40퍼센트에 불과하다. 그 뇌가 95퍼센트의 성숙 수준에 이르는 데는 10년이 걸린다. 이러한 과정은 다른 동물과도 큰 차이가 난다. 예를 들어 침팬지의 경우는 생후 1년 안에 뇌의 70퍼센트가 성숙하고 2년 안에 성장이 완성된다. 태어날 때 아기의 뇌 무게는 약 400그램이지만, 10세가 되면 1.5킬로그램으로 늘어난다. 10년 동안 아이의 뇌 세포들은 서로 무수히 연결된다. 처음에는 실타래처럼 제멋대로 연결되어 만 3세가 되면 1,000조 개의 시냅스가 생긴다. 어른보다 거의 두 배나 많은 양이다.

그 뒤로 쓰이지 않는 시냅스는 사라지고 필요한 시냅스는 더 튼튼해지는 솎아내기가 이루어진다. 같은 자극이 반복되면 그 정보를 전달하는 시냅스는 계속 쓰이면서 굵어져 영구 회로가 된다. 따라서 반복되는 자극과 학습은 뇌 발달에 중요한 역할을 한다. 개체의 능력 발달을 자극하고 돕기 위한 사회적 개입을 교육이라 한다면, 그 교육이 최대 효과를 발휘하는 것도 생후 10년이다. 이 기간 동안 아이에게 필요한 것은 무엇보다 부모와의 교감, 보살핌, 사랑이다. 아이는 부모와 놀고 웃고 즐기면서 건전한 정서와 지력을 기른다. 아이는 외부 자극에 민감하게 반응하면서 뇌를 발달시킨다.

그런데 요즈음은 아기일 때부터 텔레비전, 컴퓨터, 게임기, 스마트폰을 접한다. 그것이 반복 학습되어 뇌를 '깊이 생각하지 않고 집중하지 못하는 뇌'로 고착화한다. 신경과학자 마이클 머츠니히에 따르면, 늘어나는 인터넷과 정보기기 사용은 인간의 두뇌 구조를 개조시킨다. 인터넷 과다 사용으로 인한 주의력 분산과 사고 단절이 인간 지적 생활에 끼치는 장기적 영향은 치명적이다. 성인에게도 그러할진

대, 외부의 자극을 스폰지처럼 빨아들여 뇌를 발달시켜야 하는 아이들에게 디지털이 미치는 영향은 더욱 치명적이다. 유아기의 두뇌 발달은 그 이후에는 보충되지 않는다. 한번 기회를 놓치면 다시 회복할 수 없다. '깊이 생각하지 않고 집중하지 못하는 뇌'를 가진 아이들이 전 세계적으로 양산된다고 생각해보라. 매우 우려할 만한 사태가 아닐 수 없다.

07

디지털이 두뇌에 미치는 영향 2
가치판단 능력의 소멸

거대한 정보량과 판단 능력

IT 혁명으로 현대인이 다루는 지식과 정보의 양은 폭발적으로 증가했다. 컴퓨터, 인터넷, 스마트폰 등 정보 기기 덕분이다. '걸어다니는 백과사전'은 박학다식한 사람을 가리키는 말이었으나 지금은 스마트폰만 있으면 누구나 '걸어다니는 백과사전'이 된다. 모르는 것이나 궁금한 것이 있으면 스마트폰을 꺼내 인터넷으로 검색하면 된다. 오늘날 바보는 머리가 멍청한 사람이 아니라 정보 기기를 제대로 이용할 줄 모르는 사람이다.

현대인은 많은 양의 정보를 다루기 때문에 자신이 똑똑해졌다고 생각한다. 현대인들이 자신이 똑똑해졌다고 착각하는 것은 순전히 접하는 정보의 양 때문이다. 그러나 정보의 양이 지적 발전을 보장하지는 않는다. 현대인들은 정보의 홍수 속에서 정보들을 신중하고 꼼꼼하게 분석하거나 판단하기 힘들다. 인터넷을 통해 누구나 정보를 쉽고 빠르게 구할 수 있기 때문에 사람들은 인터넷이 정보 습득에 있어서 평등성을 구현하는 것처럼 생각하기 쉽다.

그러나 그 정보들은 평등한 것이 아니다. 어떤 정보는 상위에 링크되어 있는 반면, 어떤 정보는 수십 번, 수백 번을 클릭해야 찾을 수 있는 위치에 있다. 예를 들어 네이버에서 검색을 하면 가장 눈에 잘 띄는 정보는 상업 광고나 정보를 가장한 기사성 광고, 연예인 화보나 가십 들이다. 검색 어뷰징abusing도 영리적인 목적 아래에서 이루어지는 경우가 많다. 이용자들은 자신이 정보를 검색하고 습득한다고 여기지만, 실은 상업적인 정보에 낚이는 경우가 많다. 인터넷은 생각만큼 모든 정보를 평등하게 노출시키는 매체가 아니다.

사람들은 자신이 검색어를 입력했고, 그를 통해 정보가 화면에 떴으므로 그 정보를 자신이 구했다고 생각한다. 그 정보가 자신의 적극적 행위의 산물이라고 생각하는 것이다. 그러나 화면에 뜬 정보들을 그대로 받아들이는 것은 적극적인 것이 아니라, 수동적인 것이다. 적극적인 정보 습득이 되기 위해서는 그중에서도 무엇이 중요한 정보이고 무엇이 그렇지 않은지, 무엇이 정확한 정보이고 무엇이 그렇지 않은지, 각 정보들이 어떤 입장에서 제공된 것인지를 구별할 수 있어야 한다. 그것은 지적 능력을 요구한다. 인터넷으로 지식과 정보를 구하려 해도, 일정한 지적 수준에 오른 사람이 더 효율적으로 이용할 수 있다는 것을 알아야 한다.

돌아보면, 옛날로 거슬러 올라갈수록 인간이 일생 동안 접하는 지식의 양은 많지 않았다. 지식은 구하기 어려운 재화였다. 옛사람들은 얼마 안 되는 양의 지식을 외우고, 머리에 담아둔 것을 오래 곱씹으면서 그 의미를 유추하고 지식과 정보들 간의 유기적 관계를 파악하고 깨달음을 얻었다. 사서삼경四書三經을 외면서 지혜를 얻었던 조선시대의 선비나 『바가바드기타』 같은 경전을 통째로 외우면서 세상을 보는 혜안을 가졌던 인도인을 상상해보라. 그들은 느린 과정을 통해 깊이 있는 사유를 했고, 자기 철학을 만들어나갔다. 지식과 정보의 양보다 중요한 것이 질이다.

경박한 판단과 도구적 이성

정보 기기는 많은 정보를 제공해주지만, 그에 대해 생각할 시간을 뺏는다. 빠르고 쉽게 얻어진 지식과 정보는 조급하게 판단된다. 예를 들어 사람들은 리포트나 보고서를 쓸 때, 인터넷을 통해 구한 정보에 대해 사고할 시간을 갖지 않고, 바로 복사해서 이어 붙이는 식으로 편집한다. 그러므로 리포트나 보고서를 써서 내기는 하지만, 조금만 시간이 지나면 자신도 그 내용을 기억하지 못하는 경우가 많다. 정보화 시대의 지적인 활동은 '사유'가 아니라, 빠른 '조작操作'으로 채워진다.

　현대인은 휴식 시간이나 이동하는 시간에도 끊임없이 휴대전화를 만지작거린다. 그 결과 하루 중에서 정신이 쉬는 시간은 거의 없게 되었다. 이것은 사고에 치명적이다. 지적 측면에서 정신의 휴식은 매우 중요하다. 우리에게 중요한 생각이 떠오르는 것은 아무것도 하지 않거나, 두뇌에 부담을 주지 않는 단순한 일을 할 때다. 예를 들어 한

가롭게 산책할 때, 화장실에 앉아 있을 때, 청소나 설거지를 할 때, 버스나 지하철을 타고 이동할 때 문득 중요한 생각이 떠오른다. 정신의 휴식은 결코 비생산적인 시간이 아니다. 온몸의 긴장을 풀고, 무엇에 몰두하지 않고, 정신을 가만히 내버려둘 때 정신은 자유롭게 유영한다. 그럴 때 사람은 중요하고도 신선한 생각을 해낸다. 사고의 고양은 '행동'이 아니라 '멈춤'과 관련된다. 사고를 고양시키기 위해서는 '조작'과 '프로세스'를 잠시 멈춰야 한다.

디지털 기기는 비판적 이성을 약화시키고, 도구적 이성을 강화한다. 비판적 이성은 '왜why'를 묻고 답하는 이성이지만, 도구적 이성은 '어떻게how'를 묻고 답하는 이성이다. 예를 들어 '어떻게 하면 영어를 잘할 수 있을까, 어떻게 하면 좋은 대학에 입학할 수 있을까, 어떻게 하면 더 부자가 될 수 있을까' 같은 생각이 도구적 이성이다. 반면 '왜 내가 공부를 해야 하는가, 왜 내가 부자가 되어야 하는가, 왜 내가 죽지 않고 살아야 하는가' 같은 생각은 비판적 이성이다. 도구적 이성보다는 비판적 이성이 더 근본적인 것을 묻고 답하는 이성이라는 것을 알 수 있다.

디지털 기기 조작은 '예'와 '아니요', 그리고 정해진 분류 항목 중 하나를 클릭하는 과정이 대부분이다. 그것은 '선택을 하지 않을 수 있는 선택'도 있다는 사실을 망각하게 만든다. 디지털 기기 조작의 룰은 사용자가 만든 것이 아니다. 그 룰은 사용자가 순순히 따라야 할 것으로 일방적으로 강제된다. 또한 디지털은 새로운 기능, 새로운 디자인, 새로운 소프트웨어 프로그램, 새로운 정보에 열광하게 만든다. 그것은 '무엇을 어떻게 발명할 수 있는가'를 문제 삼지, '왜 그것을 발명해야 하는가'를 문제 삼지 않는다.

현대인은 기기 조작에 필요한 개념과 상식, 조작 방법을 익히는 데에만 최소한으로 머리를 쓰고, 나머지는 모두 '아웃 소싱'한다. 예전에는 자신이 직접 발품을 팔아 정보를 구했다면(도서관이나 서점을 가든지, 알 만한 사람을 찾아가든지 해서), 지금은 인터넷에서 검색어를 치면, 컴퓨터가 필요한 정보를 알아서 수집해준다. 사람들은 자신의 머리로 정보를 찾고, 판단하고, 정리하기보다는 남이 개괄하거나 요약해놓은 정보, 링크된 정보를 인터넷을 통해 구한다.

그러므로 '기기를 어떻게 조작해야 하는가, 어떻게 검색해야 원하는 정보를 구할 수 있는가, 구한 정보를 어떻게 편집해야 하는가' 같은 도구적 이성이 중요해진 것이다. 인간의 사유에서 중요한 것은 당연히 비판적 이성이다. '왜?'라는 질문 없이는 '어떻게?'에 대한 열정도 생겨나지 않는다. 요즈음에는 학력 높은 사람들이 많다. 그럼에도 불구하고 진정한 의미의 지적 열정을 가진 사람들은 흔치 않다. 이것은 디지털이 사람들을 도구적 이성으로 편향시키는 것과 밀접한 관련이 있다.

현실에 대한 무관심

사람들은 흔히 디지털이 구현하는 세계가 현실이라고 믿는다. 그것은 현실의 반영일 수 있다. 그러나 실제 현실은 아니다. 나는 앞서 정보통신 미디어가 인간과 인간을 연결시켜주는 것 같지만, 실제로는 인간과 인간 사이에 끼어든다고 말했다. 인간과 세계 사이도 마찬가지다. 정보통신 미디어는 인간과 세계 사이에도 끼어든다. 그것은 인간이 세계와 직접적으로 관계 맺는 것을 가로막을 수 있음을 의미한다. 지적 열정의 동기는 항상 현실이다. 지적 열정은 현실에 깊은 관심을 갖고, 거기에서 문제를 발견하는 과정을 통해 생겨나고, 그에 대해 질문하고 답을 찾아가는 과정을 통해 발휘된다.

정보통신 미디어가 제공하는 정보들은 단편적이다. 그것은 피상적인 사고를 유도한다. 정보통신 미디어는 많은 정보를 제공하지만, 그 분량은 적다. 트위터나 페이스북에 떠도는 글들은 대부분 한두 줄에 불과하다. 인터넷에 실리는 글들도 길어봐야 스크롤바 한두 번 정도 내릴 만한 분량의 글들이 대부분이다. 블로그나 인터넷 게시판에 책 한 권 혹은 논문 한 편 분량의 글을 올리는 사람은 없다. 설사 올릴 수 있다 해도 그것을 읽어줄 사람도 없다. 눈이 피로해서라도 화면으로 많은 글을, 장시간 읽는 것은 힘들다. 인터넷에 올라가는 글은 스압('스크롤바의 압박'이란 뜻의 인터넷 용어)을 피하지 않으면 안 된다.

정보통신 미디어에 올라가는 글의 분량이 짧다는 것은 그것이 담고 있는 지식과 정보도 단편적이라는 것을 의미한다. 적은 분량의 텍스트로는 어떤 주제에 대해 깊이 있고 체계적으로 말하기 어렵다. 정보통신 미디어를 통해 지식과 정보를 접하는 것이 습관이 되면 긴 글로 이루어진 책이나 논문을 읽는 것이 점점 버거워진다. 단편적인 정보 위주의 박식과 체계적인 지식의 차이는 크다. 일정한 맥락 없이 머리 속에서 유동하는 텍스트들은 그것이 무엇을 의미하는지가 불분명하다. 또한 단편적인 정보만 반복해서 접하면 문제의식이 축적되고 심화되기보다 오히려 해소되며, 생각도 '인스턴트화' 된다.

08

디지털이 두뇌에 미치는 영향 3
커뮤니케이션 능력의 퇴화

인터넷과 집단지성

인터넷이 처음 등장했을 때, 사람들은 현실적 조건들을 뛰어넘어 개방적으로 소통하고, 그럼으로써 집단지성을 이루어나갈 수 있을 것이라고 믿었다. 그러나 기대와 달리 인터넷은 다른 견해를 가진 사람들과 소통함으로써 이해를 넓히는 데 도움을 주기보다는 시각이 비슷한 사람들끼리 폐쇄적인 그룹을 형성해 자기 신념을 강화하는 기능을 하고 있다.

　　나와 견해가 비슷한 사람을 좋아하고, 그렇지 않은 사람을 싫어하는 것은 현실에서도 흔히 있는 일이다. 그러나 인터넷에서는 이러한 호불호의 감정이 극대화되는 경향이 있다. 인터넷에서 자신과 의견이 다른 사람에게 무례하게 대하는 일(심지어 합리적인 문제제기를 하는 이들에게조차), 상대를 불쾌하게 만들어 쫓아버리는 일은 흔한 일이다. 대면 토론이었다면 쉽게 일어나지 못할 무시와 모욕이 인터넷에 넘쳐 난다. 왜 그럴까?

그것은 정보통신 미디어의 기본적인 속성에서 비롯된다. 소셜 네트워크는 사람과 사람 사이의 '거리'를 전제로 하는 간접적인 소통이다. 달리 말하면 소셜 네트워크가 유효하기 위해서는 사람과 사람 사이는 멀리 떨어져 있어야 한다. 그런데 서로 멀리 떨어져 있을수록 타인은 '이해하기 힘든 존재'가 된다. 사람과 사람이 멀어질수록 적대적 감정은 쉽게 생겨난다. 인터넷에서는 말하는 태도, 말투, 상대방을 바라보는 표정이나 눈빛 같은 비언어적 정보들이 소거되기 때문에 서로의 메시지를 오해하기도 쉽다.

소셜 네트워크에는 선택할 수 있는 약한 연결의 장들이 무수히 존재한다. 그러므로 한 곳에서의 소통이 마음에 들지 않으면 곧장 연결을 끊고, 다른 곳으로 옮겨가면 그만이다. 한 곳에 연연할 필요가 없다. 자연스럽게 지속적이지 못한 일시적 관계가 난무하게 된다. 언제라도 끊길 수 있는 일시적 관계에서 정성과 시간을 들이기는 어렵고, '아니면 말고' 하는 식으로 상대에게 함부로 대하기는 쉽다.

정부는 인터넷에 상대방에게 상처를 주는 악플이 넘쳐난다는 것, 무책임한 발언들이 난무한다는 것을 이유로 인터넷 실명제를 추진하거나, 인터넷 문화 건전화 캠페인을 전개한다. 그러나 그런 것으로 해결될 문제가 아니다. 인터넷에 악플과 무책임한 발언들이 많은 것은 정보통신 미디어 자체가 가진 속성에서 비롯된 것이기 때문이다. 이러한 태도는 미디어의 문제를 개인의 인격 문제로 둔갑시킨다는 점에서 문제의 본질을 호도한다.

더 큰 문제는 이러한 통제가 정치적 의도를 갖고 행해지는 경우가 많다는 것이다. 정부에 취해지는 인터넷 실명제와 캠페인은 악플과 무책임한 발언들을 대상으로 하지만 실제로는 그것들을 빌미로 표현의 자유를 통제하고 억압하려는 것이라고 볼 수 있다. 사소한 악을 빌미로 더 큰 악을 키우려는 시도다.

영상과 문자

디지털 세대는 스크린에이저Screenager다. 디지털 환경에서 자란 젊은 이들은 어릴 때부터 문자보다는 영상을 통해 지식과 정보를 습득하게 된다. 지식과 정보를 '영상으로 접하든, 문자로 접하든 무슨 상관인가?' 하고 생각할지도 모르겠다. 그러나 그것은 단지 어떤 수단을 통해서 정보를 접하는가 하는 문제 이상이다. 주지하다시피 영상 매체는 이미지로 정보를 전달한다. 언어를 사용하기도 하지만(어떤 문제에 대한 전문가들의 설명이나 자막 등으로) 주된 정보 전달 방법은 이미지다.

영상 매체는 아무래도 눈에 보이는 것을 선호할 수밖에 없다. 이미지화되기 좋은 정보를 선호한다. 더구나 영상 매체는 문자 매체보다 훨씬 상업적으로 운영되고 있다. 그러므로 자극적인 이미지를 더욱 선호하게 된다. 이를 테면 평화보다는 전쟁, 안심보다는 공포, 집단의 사상보다는 지도자, 깊이 있는 것보다는 피상적인 것, 정신보다는 물질적인 것, 평정보다는 격정이나 욕망, 존재의 성격보다는 액션, 질보다는 양을 선호하고 강조하게 된다.

시각적 자극은 '사유' 보다는 '반응' 을 유도한다. 이미지는 가만히 있으면 우리 뇌 속으로 흘러 들어온다. 영상은 '경험' 이다. 그것은 대개 남에 의해 상상되고 해석된 것을 전달받는 수동적인 과정이다. 그러나 '기호' 인 글은 상상과 독해를 요구한다. 글을 읽는 사람은 머릿속에서 사물을 구성하고 해석한다. 그것은 자신의 두뇌를 쓰는 적극적인 과정이다. 영상은 시각적 자극과 액션(움직임)에 의존하고, 줄거리가 짧으며, 진행이 빠르다. 글은 그것이 해독되지 않으면 계속 읽어나가기 어렵지만, 영상은 해독되지 않더라도 소리와 빛의 자극만으로도 계속 시청할 수 있다. 영상이 상상과 해석을 전혀 허용하지 않는다는 말은 아니지만, 글이 훨씬 많이 독자의 몫과 참여 기회를 제공한다는 것은 분명하다.

영상 매체와 문자 매체는 다르다. 특히 책은 언어의 성찬이다. 책은 언어를 섬세하고 체계적으로 다룬다. 그러므로 독서하는 사람은 언어에 대한 감수성이 섬세해지고 치밀한 언어 논리에 익숙해진다. 그것은 섬세하고 논리적인 사고를 할 수 있게 된다는 말이기도 하다. 글을 이해하기 위해서는 일정한 교육과 경험이 필요하다. 글은 주의 집중력과 어휘력, 지식 등 훨씬 무거운 정신노동을 요구한다. 글의 이러한 성격은 까다롭고, 그런 까닭에 단점으로 여겨질 수 있다. 그러나 그 때문에 사유 능력을 발전시키는 역할이 가능해진다.

4·19세대인 문학평론가 염무웅은 『문학과 시대현실』 서문에 이렇게 썼다. "어느새 노년에 가까워진 내 나이가 스스로도 믿어지지 않는다. 살아오는 동안 전통적 농경사회가 현대적 산업사회로 변하는 과정을 낱낱이 목격한 것이 우리 세대인데, 앞으로 또 어떤 변화가 닥

처 당황할지 가늠하기 어렵다. 이 책에 실린 이런 종류의 평론 문장이 언제까지 사회적 존속을 보장받을 수 있을지도 확신이 서지 않는다.” 국내의 대표적인 리얼리즘 문학평론가가 668쪽에 달하는 진중하고도 섬세한 평문집을 내면서 “이런 종류의 평론 문장이 언제까지” 살아남을지 확신할 수 없다고 쓰고 있는 것이다. 그는 “내 책이 그렇게 많은 독자에게 읽히리라 기대하지 않는다. 그러나 많지 않은 독자일망정 나는 내 글이 정독되기를 소망한다”고 썼다.(「사라지고 있는 것들 14+2가지」,『한국일보』, 2010년 12월 17일)

염무웅은 자기 세대가 일궈온 ‘문장’이 사라질지 모른다고 느끼고 있다. 그것은 기우일까? 아닌 것 같다. 스마트폰이 ‘손안의 컴퓨터’ 역할을 하게 되면서 사람들은 더 이상 책을 읽지 않는다. 요즘 전철 풍경을 살펴보면 사람들이 얼마나 책을 읽지 않는지를 실감할 수 있다. 전철 한 량에 탑승하고 있는 승객들 가운데 한 사람도 책을 읽지 않는 풍경을 목도하기란 어려운 일이 아니다. 사람들은 DMB, 태블릿 PC, 스마트폰만 묵주알 굴리듯 들여다본다. 듀크대의 캐서린 헤일스 교수는 이렇게 탄식한 바 있다. “이제 학생들에게 책 한 권을 다 읽히는 건 불가능해졌다.” 학력은 높아졌지만 책맹冊盲은 오히려 늘어났다.

책은 여러 면에서 궁극적 형태에 도달한 매체다. 책의 구성은 수세기 동안 체계화되었다. 문장은 논리적으로 결합되어 문단을 구성하고, 문단은 서론·본론·결론의 형태로 완결된 구조를 갖는다. 추가 정보는 주석으로 처리해 흐름이 끊기지 않게 했다. 수세기 동안 책의 형태가 거의 변하지 않았다는 것은 그것이 이상적인 매체라는 사실을 입증한다. 책에 빠져드는 것은 완결된 구조 속에 사고를 투영하는 과정이다. 그로 인해 독서하는 사람은 추상적 어휘 이해 능력, 성찰 능력, 연역적인 문제해결 능력, 비판적 사고 능력, 상상력이 증가한다. 구텐베르크가 활판인쇄술을 발명한 이후 5세기 동안 책이 발양시킨 선형적·문학적 사고는 예술, 과학 그리고 사회의 중심에 있었다. 그것은 르네상스를 불러온 상상력이었고 계몽주의를 낳은 이성적 사고였으며 산업혁명을 이끈 창조적 사고였다.

예리하면서도 유연한 사고능력은 디지털 환경으로 인해 최대 위기를 맞고 있다. 사람들은 정보 기기를 조작하느라 독서할 시간이 없다. 인쇄 매체에 대한 관심도 크게 줄었다. 정보 기기를 통해 지식과 정보를 습득하는 습관은 종이책에도 영향을 미쳤다. 종이책도 독자들의 부담을 줄이기 위해 사진과 그림이 많아지고, 글씨가 커졌다. 어떤 주제에 대해 풍부한 논리와 근거를 동원해 깊이 있게, 자세히 해설하는 책보다는 단순한 주제를 간단히 말하는 책들이 많아졌다. 그로 인해 종이책을 읽어도 예전만큼 지력이 발전하지 않는 현상이 발생하게 되었다.

말하기, 듣기, 쓰기 능력의 퇴화

미국의 한 신문에는 이런 기사가 실렸다. "정보기술IT 세대로 불리는 십대들이 '말'을 잃어가고 있다. 밤늦도록 전화기를 붙들고 친구들과 수다를 떨다 부모에게 혼나는 십대들의 모습은 곧 '역사 속의 한 장면'이 될지 모른다. '미국 USA 투데이'는 휴대전화 문자메시지, 인터넷 메신저 서비스, 이메일 등 정보통신기술이 발달하면서 미국의 십대들이 점점 말하는 기술을 잃어가고 있다고 30일 보도했다.……『사람들과 대화하는 법』의 저자 소냐 햄린은 '우리는 아주 자연스러운 인간 본능적 기술을 잃어가고 있다'며 이러한 현상을 우려했다. 비영리 기구 '어치브Achieve'의 2005년 보고서에 따르면 고용주의 34퍼센트가 고교 졸업자들의 구술대화 능력에 불만을 갖고 있었고, 고교 졸업 후 취직한 사람들 중 46퍼센트는 '말하기 능력 때문에 고생하고 있다'고 답했다. 대학 면접관들도 '고교 성적이 뛰어난 학생들도 면접에서는 매우 짧고 이치에 맞지 않는 답을 하는 경우가 많다'고 말하고 있다."

(「"IT세대 말을 잃어간다" 휴대전화 · e메일 · 메신저…美10대 대화 61%가 문자」, 『문화일보』, 2006년 5월 31일)

인간이 말을 한다는 것은 지적 측면에서 매우 중요하다. 말하기는 자기 생각을 남에게 표출하는 것 이상의 의미가 있다. 우리는 생각한 것을 말로 표현하기도 하지만, 말을 함으로써 새로운 생각이 떠오르거나 어떤 생각이 정리되기도 한다. 컴퓨터는 출력OUT PUT이 입력IN PUT에 영향을 줄 수 없다. 그러나 인간은 출력함(말을 함)으로써 입력(사유)에 영향을 줄 수 있다. 그것이 컴퓨터의 정보 처리 과정과 인간의 사유 과정이 다른 점이다. 그런데 요즘 십대들은 하루 수십 통에서 수백 통의 문자메시지를 주고받는 것으로 대면 대화를 대신한다. 그에 따라 말하는 능력이 점점 퇴화한다.

디지털은 듣기 능력에도 악영향을 미친다. 사람들은 인터넷 채팅이나 휴대전화 문자로 소통한다고 하지만, 그것은 '듣기'가 아닌 '읽기'다. 정보 기기의 노예가 되어버린 십대들의 경청 능력의 퇴화는 심각한 수준이다. "우리 딸은 제가 말을 함과 동시에 귀를 틀어막는 것 같아요. 딸과 대화할 때면 종종 벽에 대고 혼자서 얘기하는 것처럼 느껴질 때가 있어요." 학부모들이 주로 모이는 홈페이지 '부모2.0www. bumo2.com'에 올라온 사연이다. 경청하지 않는 아이들 탓에 속앓이 하는 건 교사도 마찬가지다. 추선화 경북 안동고 교사는 "요즘에는 단답식으로 얘기하면 알아듣지만, 부연설명이 조금만 길어지면 핵심을 파악하지 못해 우왕좌왕하는 학생이 많다"고 했다. 송승훈 경기 광동고 교사는 "요즘 아이들이 토론을 하는 모습을 보면 자기 주장을 표현하는 것에는 능숙하지만 남의 이야기를 충분한 근거를 들어 비판하는 점은 부족하다"며 "이는 상대방 이야기의 논지와 근거를 제대로 듣지 못하기 때문"이라고 했다.(「얘들아, 제대로 듣고 있는 거니?」, 『한겨레21』, 2008년 7일 27일)

　　문자메시지나 채팅도 '쓰기'다. 그런 만큼 혹자는 그것이 글쓰기 능력을 고양시킬 수 있다고 생각할 수 있다. 문자메시지나 채팅도 글의 형식을 띠고 있기는 하다. 그러나 그것은 주로 단문으로 이루어져 있다. 단문 중에서도 "ㅋㅋ 진짜 웃기다", "알았어! 곧 갈게!", "뭐해?", "어디야?" 같은 초超단문이 대부분을 차지한다. 주고받는 전체 글의 분량도 적다. 이런 식의 문장으로 글쓰기 능력이 좋아질 것이라 기대하는 것은 오산이다. 오히려 요즘에는 문자메시지나 채팅의 영향으로 편지는커녕 이메일도 제대로 못 쓰는 젊은이들이 적지 않다.

　　문자메시지가 '글 같은 말'이라면 편지나 이메일은 '말 같은 글'이다. 문자메시지는 전화 통화처럼 간단한 용건 전달, 안부 묻기, 가벼운 잡담이 대부분을 차지한다. 그것은 대개 서두 없이 곧장 본론으로 돌입한다. 그러나 이메일만 하더라도 일정한 형식을 요구한다. 이메일에는 제목, 서두, 본론, 마무리로 진행되는 '선형적 텍스트'의 특성이 남아 있다. 그래서 이메일을 쓸 때에는 날씨와 계절의 변화를 언급하거나 상대방의 안부를 묻는 것으로 글을 시작한다. 종이편지보다는 훨씬 덜하지만 의례적 요소가 아직 남아 있다. 선형 텍스트가 요구하는 완결성은 글 쓰는 사람의 인격, 정서, 정신, 심리, 미적 감각을 반영한다.

완결성이 필요한 선형적 텍스트인 이메일이나 편지는 그에 대한 사유를 요구한다. 이메일이나 편지가 갖는 공식성, 위엄, 정련된 글, 구성, 상대적으로 긴 분량, 완결성은 문자메시지나 채팅이 요구하는 즉흥성, 분절성과는 거리가 멀다. 텍스트의 가치를 만들어내는 것은 선형성과 그 결과로서의 완결성이다. 그러나 문자메시지와 채팅에서는 즉각적인 반응이 중요하다. 문자메시지나 채팅은 글의 내용과 구성에 대한 고민이 별로 필요 없다.

옛 혁명가들이 감옥에서 보낸 편지나 선비들이 서로 주고받은 서신을 모아 책으로 엮는 것은 가능하다. 그것이 선형적 텍스트이기 때문이다. 실제로 서점이나 도서관에는 이런 책들이 꽤 있다. 그러나 이메일로 주고받은 내용을 모아서 책으로 내는 것이 가능할까? 어려울 것이다. 문자메시지나 채팅은 더 말할 것도 없다. 친구나 연인에게 받은 편지를 모아놓는 사람은 많아도, 이메일이나 문자·채팅 기록을 모아놓는 사람은 없는 것도 마찬가지다. 그것은 글로서의 가치가 별로 없다. 반면 편지에는 보낸 사람의 마음과 정신이 정련된 형태로 들어 있다. 그것을 버리기란 쉽지 않다.

정보 기술로 인해 많은 사람이 심층적 사고를 잃어버리는 것은 사회적으로 중대한 문제다. 깊은 사고력이 바탕이 될 때 자신의 삶과 사회에 어떤 문제가 있는지를 알게 되고, 그 문제를 해결할 수 있는 능력도 가질 수 있기 때문이다. 예전에는 많이 배우지 못한 사람들과 함께 민주주의를 해야 했다. 그러나 지금은 대학을 나오지 않은 사람이 드물 정도로 많이 배웠다. 그럼에도 불구하고 민주주의가 그에 비례해서 발전하고 있다는 느낌이 별로 들지 않는 주요한 이유 가운데 하나는 정보 기술로 인한 지적 측면에서의 자기소외다. 정보화로 인해 인간이 똑똑해지는 것이 아니다. 오히려 그 반대다. 우리는 인간 인지 능력과 정보화 기술의 딜레마를 깊이 성찰하지 않으면 안 된다.

3장

·

문화 산업
의식 통제의 핵심 수단

〈생활의 달인〉의 슬픈 이면

〈생활의 달인〉의 인기

TV 프로 가운데 〈생활의 달인〉이 있다. 이 프로는 오랫동안 한 분야에 종사하면서 발군의 작업 능력을 갖게 된 사람들을 보여준다. 밖에서도 2층 방문 앞에 정확히 신문을 던져놓는 '신문 배달의 달인', 푸짐하게 차려진 8인 상을 2~3단으로 들고 가는 '밥상의 달인', 다양한 제품의 라면 맛을 정확하게 구분하는 '라면 맛의 달인' 등 여러 가지 재주를 뽐내는 달인들을 보고 있으면 감탄사가 절로 나온다.

이 프로의 터줏대감이었던 윤준석 PD에 따르면, 이 프로그램은 영화 〈아라한 장풍대작전〉에서 아이디어를 얻었다고 한다. 영화 초반 산더미 같은 짐을 머리에 이고 가는 할머니, 구두 잘 닦는 구두닦이 등을 보고 여주인공 의진(윤소이 분)은 "저런 사람들이 진짜 도사다. 세상에는 도사들이 많다"고 말하는 대목이 있는데, 이에 착안했다는 것이다. 방송 콘셉트는 우리가 흔히 접하는 평범한 이웃들의 일하는 모습을 통해 노동의 소중함과 평범한 것의 가치를 전하는 것이다.

이 프로는 인기도 좋다. 2005년 프로그램을 시작한 이후 줄곧 높은 시청률을 유지해온 SBS의 대표적인 장수 프로그램이다. 스타 한 명 나오지 않는 프로그램이 동시간대 시청률 1위를 지킨다는 것은 쉽지 않은 일이다. 그런데 이 프로는 그것을 해내고 있다. 사람들에게 이렇게 인기가 있는 이유가 무엇일까? 우선 출연자들이 서민이라는 점을 들 수 있다. 그들은 경제적으로 넉넉한 사람들이 아니다.

다른 서민들은 자신처럼 힘겨운 처지에 있으면서도 열심히 사는 달인들을 보면서 공감한다. 그들은 방송을 보면서 스스로 삶의 의욕을 고취시킨다. '저렇게 열심히 사는데 나도 열심히 살아야지' 하는 마음이 든다. 이 프로는 중산층 이상의 사람들에게도 어필하기 쉽다. 자신보다 낮은 지위에 있는 사람들, 가난한 사람들 혹은 게으른 자기 자식을 향해 '봐라. 저런 사람들도 저렇게 열심히 산다. 먹고 살기 위해서는 저렇게 최선을 다해야 한다'고 말하기 좋다.

이런 프로가 많은 인기를 끄는 것은 또 다른 이유도 있다. 그것은 많은 현대인이 자신보다 불행한 사람들을 보면서 위안을 얻는다는 사실이다. 오늘날의 사회는 위를 쳐다보면서 '나도 저렇게 될 수 있다'는 희망을 갖기 어려운 사회다. 그러므로 사람들은 아래를 내려보면서 안도하는 쪽을 택한다. 이런 프로가 인기가 많은 이유다.

〈생활의 달인〉이 외면하는 현실

방송은 근로의 미덕을 고취시킨다. 사회 주류가 요구하는 가치관과 정확히 맞아떨어진다. 열심히 일하는 모습의 아름다움을 부각시키는 것이 무엇이 나쁘냐고 반문할 수도 있다. 그러나 그렇게 죽고 살기로 열심히 일하지 않으면 안 되는 조건, 달인의 경지에 이르고도 그에 상응하는 사회경제적 대접을 받지 못하는 조건, 천하게만 여겨지는 육체노동의 가치에 대해서는 함구한 채, 노동의 아름다움만을 강조하는 것은 문제가 있다. 그것은 노동에 대한 낭만적 이미지를 이용해 노동을 착취하는 사회 주류의 논리에 복무한다.

혹자는 노동 조건에 대한 관심은 이 프로의 콘셉트가 아니라고 말할 수도 있을 것이다. 그러나 TV 방송 전체를 놓고 보아도 건강하지 못한 노동 조건의 문제를 직접적으로 다루는 프로는 거의 없다. 그것은 TV가 사회 주류의 가치관을 전하는 데 충실한 매체임을 말해준다. TV가 노동 조건의 문제를 정면으로 다루기 힘든 데는 이유가 있다. 대기업의 광고 수입으로 운영되고 있기 때문이다. 노동 조건의 문제는 기업의 가장 고질적인 문제다. TV가 대기업의 광고를 주수입원으로 삼는 한 노동 문제를 제대로 다루기란 어렵다.

방송에 출연하는 달인들은 자신의 재주가 "별 것 아니다", "남들에게 자랑할 만한 것이 못 된다", "누구나 오래 하다 보면 이렇게 된다"고 말한다. 그들은 자신이 하는 일을 카메라 앞에서 보이기를 꺼려하고 부끄러워한다. 방송은 이러한 달인들의 말을 겸손으로 포장한다. 그러나 그 말에는 불편한 진실을 담고 있다. 그 말들은 그들이 하는 일이 사회적으로 천시되고 있다는 사실, 그에 상응하는 경제적 보상을 받고 있지 못하다는 사실을 암시한다.

만약 자신이 하는 일이 사회적으로 대접받고 있다면, 그렇게 말하지 않을 것이다. 오히려 '내가 하는 일은 의미가 있는 일이며, 나는 이 일에 자부심을 갖는다'고 말할 것이다. 사회적 대접과 직업에 대한 자부심은 비례한다. 예를 들어 벽돌공이나 의사의 생활수준이 별 차이가 없는 덴마크에서 사람들은 흔히 이렇게 말한다. "교육 수준이 높은 의사 못지않게 벽돌을 잘 쌓는 전문가를 존경한다", "불행한 의사보다 행복한 청소부가 낫다". 이처럼 직업에 따른 경제적 분배 차이가 심하지 않은 사회에서는 의사나 법률가 못지않게, 페인트공이나 우편배달부도 자기 직업에 자부심을 갖게 된다.

달인들은 숙련된 솜씨를 갖고 있기는 하지만, 전문가도, 중산층도, 사회의 엘리트도 아니다. 달인들 대부분은 영세한 작업장에서 쥐꼬리만한 임금을 받거나, 초국적 자본과 대기업 매장 틈새에서 생존하기 위해 신음하는 자영업자들이다. 방송에 자식들이 달인의 일을 부끄러워하는 장면이 자주 나오는 것도 그 때문이다. 그런 자식들에게 방송은 달인이 열심히 일하는 모습을 보여준다. 자식들은 "아버지(혹은 엄마)가 그렇게 고생하며 자신을 키웠는지 몰랐다"며 눈물을 쏟는다. 프로그램은 가족들이 "우리 아빠 최고"라고 외치는 모습을 보여주며 마무리한다. 그렇게 감동을 만들어낸다.

방송은 노동의 소중함은 보여주지만, 노동 조건의 비참함은 외면한다. 열악한 가계 사정은 부당한 분배 체계의 결과가 아니라 그들의 근로 의지와 삶의 의지, 그 결실로서의 달인의 기술을 강조하기 위한 기제로서만 부각된다. 대부분의 달인들은 먹고살기 위해서는 지문이 닳고 굳은살이 박힐 정도로 열심히 일하지 않으면 안 되는 사람들이다. 그들이 달인이 된 것도 실은 그렇게 열심히 일하지 않으면 먹고살 수 없었기 때문이다. 그러나 달인들은 여전히 넉넉지 못한 환경에서 사는 경우가 많다. 그것은 아무리 죽도록 일해도 결코 넉넉해질 수 없는 분배 구조를 암시한다.

달인의 재주를 보면, '대단하다' 생각하면서도 한편으로는 '얼마나 먹고살기 힘들었으면, 저런 재주를 갖게 되었을까?' 하는 생각이 든다. 달인들이 자신의 재주를 부끄러워하는 것도 이러한 사회의 시선을 의식하기 때문일 것이다. 그것은 '자랑스럽지 못한 재주'이고, '부끄러운 재주'다. 실제로 그 재주를 보고 대단하다고 생각하는 시청자들에게 누군가 '당신도 저렇게 되고 싶으냐?' 하고 묻는다면 '그렇다'고 답할 사람이 별로 없을 것이다. 우리의 달인에 대한 반응은 다분히 이중적이다. 그 역시 달인들이 처한 노동 조건의 비참함에서 유래한다.

달인이 보여주는 노동의 병리성

달인의 재주에 대해 이중적인 감정이 드는 것은 또 다른 이유도 있다. 그것은 달인의 작업에서 비인간적인 성격을 발견하기 때문이다. 달인들의 기술에는 일정한 성격이 있다. 단순성, 신속성, 정확성이다. 달인들에게 부여되는 미션 역시 이를 측정하는 데 집중되어 있다. 단순성, 신속성, 정확성은 현대사회의 병리적인 노동의 성격이기도 하다. 달인의 작업에서 중요한 것은 '인간적 만족' 이 아니라, '생산성' 그 자체다.

달인의 노동은 자신이 소외된 노동이다. 마르크스는 소외되지 않는 노동의 형식을 '예술가의 활동' 에서 발견했다. 달인들은 각자 숙련된 기술을 갖고 있다. 그러나 그들은 장인이나 예술가가 아니다. 장인이나 예술가도 숙련된 기술을 필요로 하는 것은 같다. 그러나 장인이나 예술가의 작업은 단순한 숙련 이상이다. 숙련을 바탕으로 적극적인 정신의 표현으로써의 작품을 만들어낸다. 장인이나 예술가가 만들어낸 물건은 노동의 산물이자 정신의 산물이다. 그러나 달인이 만들어낸 물건은 그냥 노동의 산물일 뿐이다.

예술가에게 가장 중요한 것은 자기 표현으로써의 독창성이다. 장인에게 중요한 것은 실용성과 창의성의 조화다. 장인과 예술가는 그를 위해서 작업을 스스로 기획하고 결정하고 실행한다. 이런 작업에서는 노동과 놀이가 크게 분리되지 않는다. 그러나 달인에게는 그럴 자유가 없다. 달인의 작업은 수동적이고 복종적이다. 달인의 작업은 분업화된 시스템의 일부에 불과하다. 그것은 놀이와 자기 실현의 욕구가 거세된 노동이다. 거기에는 '영혼의 힘' 이 결여되어 있다.

영혼의 힘이 결여되면, 노동은 재미가 없어진다. 우리가 달인을 보면서, 놀라는 것 중 하나는 다름 아닌 지긋지긋해 보이는 단순 작업을 수 년 혹은 수십 년 동안 해낼 수 있는 인간의 놀라운 적응력과 인내력이다. 이것을 보면, 재미없는 작업을 거부하는 것도 '인간적' 이지만, 역설적으로 (가족과 생계를 위해) 재미없는 작업을 수십 년 동안 감내할 수 있는 것도 인간 고유의 것임을 알 수 있다. 그 역시 생각과 의지를 가진 인간만이 가능한 일이다.

달인들은 '생산 기계'다. 달인들은 기계보다 더 정확히 일을 해낸다. 그러나 완전한 기계는 아니다. 우리가 달인들의 기술을 보면서 감탄하는 것도 거기에서 인간적인 요소를 발견하기 때문이다. 달인들은 자신들에게 허락된 범주(생산성을 만족시키는 범주) 내에서 나름의 창의성을 발휘한다. 거기에서 발견되는 것은 섬세한 감각과 판단 능력의 상호작용이다. 달인은 기계화된 인간이자 인간적인 기계다. 섬세한 감각을 가진 인간은 기계 이상의 기계가 될 수 있다. 그러나 아무리 기계가 되기를 요구받아도 인간은 결국 인간일 뿐이다. 달인은 이런 이중적인 사실을 보여준다.

　　예술가와 달인의 차이는 커보일지 모르지만, 실은 종이 한 장 차이에 불과하다. 달인들은 예술가와 마찬가지로 섬세한 감각과 창의성을 갖고 있다. 달인들이 갖추고 있는 섬세함, 집중력, 인내력은 예술가에게도 필수적인 것이다. 창의성이라는 것도 대개는 재능이 지적 세계와 만나 교호하면서 발현된다. 달인들은 가난한 생활환경 등의 이유로 이런 지적 세계를 접할 기회(특히 교육 받을 기회)를 갖지 못한 사람들이다. 그들은 재능이 있었지만, 안타깝게도 예술가가 될 만한 계기를 만나지 못했다. 그렇기 때문에 자신의 노동 분야에서 두각을 나타내게 된 것이다.

　　달인의 기술을 보고 있노라면, 다양한 재능을 가졌지만 그것을 제대로 발현할 기회를 얻지 못한 채 살아가는 사람들이 얼마나 많을까 하는 생각이 든다. 그것은 달인들 개인의 불행만은 아니다. 그것은 사회의 불행이기도 하다. 달인의 재주에는 쓸쓸함과 슬픔이 깃들어 있다.

강연 프로그램 열풍의 그늘

극대화된 연희적 요소들

책 쓰는 사람들은 자의 반 타의 반으로 여기저기에서 강연할 일이 생긴다. 나도 그렇다. 그럴 때마다 느끼는 것이 있는데, 강연은 글쓰기와는 다르다는 것이다. 글쓰기는 자기 생각만 논리정연하게 잘 풀어놓으면 되지만, 강연은 다른 것들을 요구한다. 강연에는 말투 · 표정 · 눈빛 · 몸짓 · 발성 심지어 옷차림도 영향을 미친다. 이 모두가 메시지의 일부를 이루기 때문이다. 청중의 반응을 빠르게 포착하고 그에 대응하는 능력도 필요하다. 나아가 쇼맨십도 있으면 좋다. 그러면 청중의 주목과 흥미를 이끌어내는 데 유리하다.

　강연을 한자로 '講演'이라고 쓴다. 강의講와 연기演가 섞여 있다는 뜻이다. 예전에 인기 있었던 TV 강연 프로들, 예를 들어 구성애의

〈아우성(아름다운 우리들의 성을 위하여)〉', 도올 김용옥의 〈논어 이야기〉, 황수관의 〈신바람, 웃음 건강법〉을 생각해보면 강사들이 말솜씨뿐 아니라 독특한 캐릭터와 쇼맨십이 있었음을 알 수 있다. 스타 강사가 되기 위해서는 자기 내용을 갖고 있는 것만으로는 부족하다. 연극적·연희적·퍼포먼스적 요소를 충분히 갖추어야 한다.

지금의 TV 강연 프로들은 '강연 쇼'이고 '토크 콘서트'다. 강연 프로들의 대중적 인기는 연희적 요소의 극대화에 기반한다. 강의들은 이름에 걸맞게 연주나 노래 등 공연과 어우러지거나, 극적인 요소가 훨씬 강화되었다. 예를 들면, 일반인들이 자신의 치열한 인생 역정을 토대로 강의하는 〈강연100℃〉는 서바이벌 형식을 도입했다. 100명의 방청객으로 구성된 공감 의견단은 공감 버튼을 눌러 강연을 평가한다. 이것은 오디션 서바이벌 프로그램의 형식을 강연에 적용한 경우다. 시청자들의 흥미와 긴장감이 높아질 수밖에 없다.

〈세상을 바꾸는 시간, 15분〉이나 〈글로벌 특강 테드TED〉는 강의 시간이 15분에서 18분에 불과하다. 강의는 청중들이 지루해하기 전에 끝나버린다. 짧게 핵심만 이야기하는 이런 강의는 트렌드에도 맞다. 바쁜 현대인에게 어필하기도 좋고, 용량이 크지 않아 인터넷 동영상으로 널리 퍼지기에도 알맞다. 테드는 빌 게이츠, 앨 고어, 제인 구달, 리처드 도킨스, 맬컴 맥도웰 같은 저명인사들이 참여한 것으로 유명해졌지만 아무리 그렇더라도 강의 시간이 길었다면 성공하지 못했을 것이다.

방송 기법도 많이 진화했다. 예전의 TV 카메라가 칠판과 강사의 상반신을 정적으로 비추었다면, 요즘의 강연 프로는 매우 역동적인 이미지를 전달한다. 예를 들어 인문학 폄하 논란과 학위 논문 표절로 중도하차했지만, 그전까지 큰 인기를 누렸던 〈김미경 쇼〉에는 단상에 칠판과 교탁이 아예 없다. 패션쇼장 같은 T자형 연단이 있을 뿐이다. 강사는 청중의 시선을 온몸에 받으며, 걸어다닌다. 무선 마이크를 사용하니 양손을 이용한 제스처도 자유롭다. 강사의 시선 처리도 전후좌우로 꽉 찬 청중을 향해 크게 움직인다. 지상과 공중에 설치된 수십 대의 카메라는 강사의 일거수일투족과 청중의 감동하는 표정이나 눈물을 놓치지 않고 포착해낸다.

강연 프로들이 많아진 데에는 상업적인 이유도 빼놓을 수 없다. 강연 프로의 제작비는 다른 프로에 비해 많이 들지 않는다. 강사만 잘 섭외하면, 큰 비용 들이지 않고도 감동과 재미를 모두 잡을 수 있다. 특히 케이블 채널은 적은 자본으로 지상파와는 다른 형식의 프로그램을 만들어야 하는 숙제를 안고 있었다. 이런 조건 속에서 '대박'을 친 것이 '강연 쇼'였다.

멘토의 유래

지금은 멘토 전성시대다. 서점에서는 김난도의 『아프니까 청춘이다』, 법륜의 『즉문즉설』, 김미경의 『언니의 독설』 같은 멘토링 책들이 베스트셀러 순위를 점령한지 오래되었다. 스타 강사들도 대개 멘토라 불린다. 안철수 · 박경철 · 법륜 · 김제동도 〈청춘콘서트〉의 성공으로 대번에 멘토가 되었다. 그러나 멘토라는 말을 널리 알리는 데 결정적인 역할을 한 것은 무엇보다도 〈위대한 탄생〉, 〈슈퍼스타 K〉, 〈TOP밴드〉

같은 TV 오디션 프로그램들이었다. 이들 프로에서 오디션 지원자들을 평가하고, 지도하고, 격려하는 역할을 맡은 기성 음악인들은 멘토의 이미지를 대중적으로 각인시켰다.

멘토라는 말은 본래 호메로스의 『오디세이아』에 등장한다. 이 고대 서사시는 기원전 12세기경에 벌어졌던 것으로 추정되는 트로이전쟁을 배경으로 삼는다. 내용은 이렇다. 스파르타의 미녀 왕비 헬레나를 트로이의 왕자 파리스가 데리고 도망가자, 스파르타의 왕 메넬라우스는 왕비를 되찾기 위해 그리스의 영웅들을 초청해 트로이를 공격한다. 이타케 섬의 왕 오디세우스도 요청을 받고 참전한다. 전장으로 떠나면서 오디세우스는 어린 아들 텔레마코스를 절친한 친구이자 충직한 신하인 멘토르에게 맡긴다. '멘토'라는 말은 이 멘토르의 이름에서 유래한 것이다.

멘토르는 텔레마코스를 잘 보살피며 교육시키지만, 안전에 너무신경을 쓴 나머지 텔레마코스가 아무 곳에도 가지 못하게 한다. 이에지혜의 여신 아테나가 멘토르의 모습으로 변장을 하고 텔레마코스에게 나타나 아버지 오디세우스를 찾아 나설 것을 명령한다. 멘토르로변장한 아테나 여신을 진짜로 여긴 텔레마코스는 먼 곳에서 어려움을겪고 있는 아버지를 찾아떠난다. 결국 부자는 나중에 만나 집에 성공적으로 돌아오게 된다.

이 이야기는 무엇을 의미하는가? 멘토르는 친구의 아들을 잘 교육시켰지만, 한편으로는 과잉보호하는 경향이 있었다. 과잉보호는 텔레마코스의 육체와 정신의 성장을 가로막는 요인이었다. 인간의 성장은 좋은 교육만으로 이루어지지 않는다. 인간은 안전한 곳에 웅크리고 있기보다는 거친 세상에 뛰어들어 몸소 시행착오를 겪으면서 성장한다. 그랬을 때, 교육받아 얻은 지식도 살아 있는 것으로 변한다. 이에 지혜의 여신 아테나는 멘토르의 모습으로 텔레마코스에게 나타나 모험의 길을 떠나라고 명령한다. 텔레마코스의 성장을 방해하는 장애물을 치워준 것이다.

멘토라는 말에는 멘토르의 모습뿐 아니라, 아테나 여신이 분한 멘토르의 이미지가 중첩되어 있음을 알아야 한다. 그러나 지금의 멘토는 어떤가? 가르치는 자로서의 멘토르의 역할만 있을 뿐 독립적 사고와 자율성을 배양하는 아테나 여신의 모습은 찾기 어렵다. 지금의 멘토들은 인생의 방향을 스스로 찾도록 돕는 대신 그 방향을 일러준다. 그리고 그 방향으로 가라고 격려하거나 채찍질한다. 시행착오는 쓸모없는 일이 아니다. 그것은 그 자체로 성숙해가는 과정이다. 그러나 요즘에는 멘토에 의존해 시행착오를 겪지 않고 단기간에 성과를 내는 것을 목표로 삼는 사람들이 많다. 그것이 강연 열풍으로 나타나고 있다.

지적 의존과 강연 열풍

멘토에게 가르침을 받는 것도 장점이 없지는 않다. 몰랐던 것을 빨리 알 수 있기 때문이다. 공자도 이렇게 말했다. "내 일찍이 종일토록 먹지 않고 밤새 자지 않으면서 생각해보았으나 무익했고 (아는 사람에게) 배우는 것만 못했다吾嘗終日不食 終夜不寢 以思 無益 不如學也." 그러나 단점도 없지 않다. 그것은 자칫 멘토에 대한 의존을 강화할 수 있다. 그렇게 되면 독립적 사고와 자율성을 저해할 수 있다. 그 해독은 치명적인 것이다.

요즘 젊은이들의 지적 의존성은 뿌리가 깊다. 유치원 시절부터 교사, 학원 강사, 과외 선생의 가르침을 고스란히 받아들이는 공부를 해왔다. 요즘은 심지어 운동이나 취미 활동까지도 교사에게 배운다. 요즘 학원들은 멘토 학습 프로그램이라는 것을 운영한다. 그 프로그램을 통해 학습 환경, 학업 스케줄에 대한 관리는 물론 고민 상담을 통해 학업 동기까지 부여한다. 이것은 매니지먼트이지 멘토링이 아니다. 이러한 의존성은 성인이 되어서도 지속된다. 취직 문제든 사회생활 문제든 연애 문제든 어떤 문제가 생기면 주체적으로 해결책을 모색하기보다는 '누군가 이에 대한 정답이나 비법을 알려줬으면' 하고 바란다. 멘토링 시장은 이러한 젊은 세대의 지적 의존성에 기대어 성장하고 있으며, 그들의 의존성을 강화시키고 있다.

지금의 강의 열풍은 공부에 대한 열정과도 상관 없다. 갈수록 줄어드는 독서 인구가 반증한다. '독서 인구가 줄어드는 공부 열풍'이란 어불성설이다. 그런데도 사람들 중에는 강연이 독서를 대체할 수 있다고 여기는 경우도 많다. 그러나 그것은 대체될 수 있는 것이 아니다. 공부의 핵심은 자율적인 독서에 있다. 공부는 궁금한 것에 관한 책이 있는지를 스스로 찾고, 그것을 읽고, 그 내용을 곱씹어보고, 자기 나름대로 정리하는 과정으로 이루어진다. 그런데 강연은 이러한 사유와 탐구의 과정을 생략한 채 결과만을 제시한다. 멘티(가르침을 받는 사람)는 효율성이라는 이름으로 받아들인다. 그것은 열심히 공부하는 것이 아니다. 반대로 게으른 것이다.

문제인식 능력·논리적 분석 능력·종합적 사고 능력은 기본적으로 혼자 공부할 때 배양된다. 그런데 지금의 멘토링 시장은 그것을 오히려 저해한다. 멘티는 멘토를 늘 '생각의 상위계급'으로 놓는 까닭에 사고의 종속적 프레임으로부터 벗어나기 힘들다. 강연들은 족집게 과외처럼 진행된다. 강연들은 즉각적으로, 맞춤 형식으로 개인에게 필요한 지식과 지혜를 주는 것처럼 말하지만 그 역시 어불성설이다. 멘토르와 텔레마코스의 관계에서 보듯 원래 멘토링은 일대일 구도가 기본이다. 그런데 강연은 일대다수의 구도다. 맞춤형일 수 없다. 멘토들은 멘티들에게 개성을 가지라고 말하지만, 결국은 비슷비슷한 방향으로 유도함으로써 자기 방식으로 성장하는 것을 막는 존재다.

혹자는 강의 내용 중에서 자신에게 맞는 것을 받아들이고, 그것을 현실에 적용시키는 것은 어차피 개인들의 몫 아닌가 하고 반문할 수도 있겠다. 맞는 말이다. 그런데 그러기 위해서는 자신에게 던지는 진지한 질문이 먼저 있어야 한다. 그러고서 그에 답해줄 만한 멘토의 강의를 들어야 한다. 그런데 오늘날의 상황은 반대다. 사람들은 유명하다는 멘토를 먼저 찾고, 그 코칭을 별 고민 없이 듣는다.

문제는 '내 안에 문제의식이 있느냐'다. 강의를 들을 때에는 강사의 명쾌한 설명과 깔끔한 정리에 환호할 것이다. 그러나 문제의식이 없으면 아무리 강연 내용이 좋아도 별 효과가 없다. 더 큰 문제는 그 효과 없음이 더 좋은 강사를 만나지 못했기 때문으로 생각할 수 있다는 점이다. 그럴 경우 '강연 중독'에 빠지게 된다. 악순환인 것이다.

자기 계발과 강연 열풍

강연 열풍은 근본적으로 1997년 외환위기 이후 지속되어온 자기 계발 열풍과 맞닿아 있다. 특히 2008년 서브프라임 모기지 사태 이후 글로벌 경제 위기가 심화되면서 '성공을 위한 자기 계발'보다는 '생존을 위한 자기 계발' 수요가 더욱 늘고 있다. 사람들은 이제 부귀영화를 누리기 위해서가 아니라 살아남기 위해 자기 계발에 매달린다. 최근 유행하는 '힐링'이라는 말도 매우 수세적인 뉘앙스를 풍긴다. 각박한 현실이 낳은 강박·불안·고통을 견디기 위해, 나를 온전히 유지하며 생존하기 위해 사람들은 치료·위로·격려를 필요로 한다. 그것이 힐링의 실체다. 슬픈 현실이다.

오늘날의 멘토는 진정한 스승과는 거리가 멀다. 그들은 처세의 팁, 업무 요령, 생존법, 성공의 요령, 위안과 격려를 제공하는 카운슬러에 가깝다. 스승은 본래 인격과 지성의 성장을 돕는 사람이었지, 이익을 논하는 사람들이 아니었다. 실제로 지금의 멘토들은 지적 통찰력을 가진 원로라고 하기는 힘들다. 멘토는 세 부류로 나뉜다. 첫째, 김난도나 혜민 스님처럼 사람들이 필요로 하는 위로와 격려를 주는 부류. 둘째, 공병호나 김미경처럼 '자기 경영'의 노하우를 알려주는 부류. 셋째, 안철수처럼 사회적 성공의 롤모델이 되는 부류. 어떤 경우든 고전적인 의미의 스승과는 거리가 멀다.

생존과 성공에 대한 노하우를 주제로 한 멘토들의 강연은 사회 비판적인 사고를 불식시킨다. 왜냐하면 그것은 현재의 사회적 환경을 부지불식간에 옳은 것으로 전제하거나, 사회구조적 문제를 은폐하기 때문이다. 문제가 되는 것은 오직 개인의 게으름과 요령 없음이다. 힐링 차원에서 격려와 위로를 전하는 강연도 마찬가지다. 그 역시 현 사회적 환경에 잘 견디는 방법에 대한 논의이므로 비판적 관점을 투영하지 않는다. 멘토들의 강연은 말하자면 '체제 친화적'이다.

최근의 강연 열풍은 경제 위기와도 관련이 있다. 경제 위기에는 일반적으로 교육 시장이 비대해지는 경향이 있다. 강연 열풍은 불황기 교육 시장의 비대화와 맥을 같이한다. 지금은 글로벌 경제 위기다. 이 같은 불황기에는 청년들의 노동시장으로의 이행이 잘 이루어지지 않는다. 이럴 때, 고등교육기관과 사교육기관들은 전형적인 교육 신화를 부추김으로써 청년들을 대거 빨아들인다. 전형적인 교육 신화란 더 많은 교육이 더 많은 삶의 기회를 제공한다는 것이다.

경제 위기에 교육 시장이 커지는 것은 정치권력에게도 나쁘지 않다. 재학생들은 실업률에서 제외되기 때문이다. 재학생이 많을수록 실업률은 낮아진다. 만약 많은 청년이 교육기관에 흡수되지 않는다고 생각해보라. 실업률은 폭등할 것이고, 정치 불안은 가중될 것이다. 그러나 학생이든 시민이든 교육에 목매는 사람들이 많다면, 체제와 정치권력은 안전하다. 교육을 통해 사회적 불만과 비판적 의식을 상당 부분 통제할 수 있기 때문이다. 나아가 불만과 분노의 출구를 자신들이 원하는 방향으로 돌릴 수도 있다. 불황기에 재계와 정치권이 교육기관과 시민 강연에 대한 지원을 늘리는 데에는 이유가 있는 것이다.

TV 인생
우리 삶은 진짜일까

TV와 세상

나는 할리우드 영화를 별로 좋아하지 않는다. 그러나 볼만한 영화도 간혹 있다. 〈트루먼 쇼〉가 그중 하나다. 피터 위어 감독이 만든 이 영화는 TV가 제공하는 현실에 대해 깊이 생각하게 만든다. 내용은 이렇다.

주인공 트루먼 버뱅크(짐 캐리 분)는 간호사 메리와 결혼한 보험회사 직원이다. 그러나 그가 살아가는 세상은 진짜가 아니다. 그의 생활은 '트루먼 쇼'라는 리얼리티 TV 프로그램을 통해 생방송으로 전 세계에 중계되지만, 태어나자마자 방송국에 입양되어 프로그램의 주인공으로 살아온 그는 그것을 모른다. 그를 둘러싼 모든 것들, 즉 아내, 부모, 이웃, 친구, 회사, 행인들 심지어 바다, 기후, 태양조차도 초대형 세트장 속에서 가짜로 만들어진 것이다. 또한 그가 사용하는 모든 제품은 시청자들에게 광고되기 위한 것이다.

그의 일상은 그가 모든 것을 진짜라고 믿고 있다는 점에서는 현실이지만, 프로듀서의 각본과 지휘에 의해 통제되고 있다는 점에서 가상이다. 쇼 프로의 프로듀서인 크리스토프는 시청자들에게 볼거리를 제공하고 감동을 전달하기 위해 그의 일상을 은밀하게 조작하고 통제한다. 그러나 자신이 살고 있는 세상이 연출된 거짓 현실임을 알게 된 트루먼. 그는 고군분투 끝에 거짓 세상인 세트장을 탈출해 세상으로 나가려 한다.

그때, 프로듀서 크리스토프는 트루먼에게 이렇게 최후의 경고를 보낸다. "세상은 거짓말과 속임수뿐인 역겨운 곳이다. 그러나 지금 머물고 있는 그곳에는 너에게 두려움을 주는 것이 없다. 그런데도 탈출하겠는가?" 그 말은 이렇다. TV 세트장 안이나 밖이나 거짓말과 속임수로 가득 차 있다는 점에선 같다. 그러나 다른 점도 있다. 세트장 밖에는 고통과 두려움이 있지만, 세트장 안에는 없다. 오히려 세트장 안이 더 낫다는 말이다.

이 경고는 모든 시청자에게 해당하는 말이기도 하다. 그것은 불편한 진실이다. TV에 비춰진 세상은 실제 현실과는 거리가 있다. 그러나 그렇게 때문에 시청자들로 하여금 위안을 주고, 현실의 공포와 고통을 잊게 해준다. 이런 역할을 하는 것은 비단 드라마나 오락 프로만이 아니다. 사실상 모든 TV 프로는 허구적으로 현실을 비춤으로써 현실의 공포와 고통을 잊게 한다.

TV 맛집은 모두 가짜다

맛집을 소개해주는 TV 음식방송 프로들이 실은 모두 연출된 '쇼'임을 고발한 다큐멘터리 영화가 큰 화제가 된 적이 있다. MBC 교양국 PD 출신의 김재환 감독이 만든 〈트루맛쇼〉가 그것이다. 감독은 음식 방송 프로의 실상을 알리기 위해 직접 식당을 차리고 몰래카메라를 설치했다. 그리고 3년 동안 자신의 식당이 어떤 과정을 통해 방송에 소개되는지를 찍었다.

사회적 파장은 컸다. 방송 출연을 섭외해주는 브로커나 홍보대행사와 접촉하는 과정, 방송 출연의 대가로 오가는 돈들, 방송에 나갈 음식 메뉴가 만들어지는 과정(심지어 식당에 없던 메뉴가 홍보대행사에 의해 방송용으로 갑자기 개발되기도 한다), 방송에 동원될 가짜 손님 섭외 과정이 적나라하게 드러났기 때문이다. 식당의 방송 출연은 결국 돈에 의해 결정되었다.

문제는 이런 일이 음식 방송 프로에만 있는 게 아니라는 것이다. 예능이나 교양 프로에서도 비슷한 일들이 발생한다. 이를테면 TV에 나오는 의사들 역시 맛집처럼 홍보대행사를 통해 출연하는 경우가 많다. 시청자들은 TV에 어떤 의사가 나오면 그 분야에서 뛰어난 업적을 인정받았기 때문에 방송에 출연했을 것이라 여긴다. 그러나 현실은 반대다. 업적과 실력이 있어서 TV에 나오는 것이 아니라, TV에 출연함으로써 유명해지고, 그 유명세 때문에 의사로서의 권위가 높아진다.

루트비히 비트겐슈타인은 이렇게 말했다. "세계를 보는 눈은 그 자신을 볼 수 없다." TV를 비롯한 미디어들은 시청자들을 대신해 세계를 보여주는 창이자 눈이다. 시청자들은 미디어에 비춰진 세계를 진짜로 알고, 그를 통해 세계를 인식한다. 미디어는 세계를 개괄해주는 유일한 창이다. 여기서 중요한 문제가 대두된다. 그러면 미디어는 누가 보는가? 현실적으로 그런 역할을 하는 기관이나 집단은 없다. 그로 인해 미디어는 비판적 영역에서 성역으로 존재하게 된다. 〈트루맛쇼〉 같은 영화가 중요한 것은 그 때문이다. 감독은 세계를 비추는 카메라를 미디어를 향해 돌렸다. 그것은 말하자면 '세계를 보는 눈을 보는 것'이었다.

의사사건이 만연한 세계

역사학자 대니얼 부어스틴의 개념 중에 의사사건pseudo-events이란 것이 있다. 의사사건이란 '진짜도 가짜도 아닌 사건'을 말한다. 부어스틴은 각종 미디어가 발달하고, 미디어의 영향력이 확대됨에 따라 현대사회에 의사사건이 만연하고 있다고 지적했다. 무슨 말일까? 예를 들어 설명해보겠다.

　당신이 가족들과 함께 여의도 벚꽃놀이를 왔다 하자. 그때 카메라를 든 기자가 벚꽃 축제 현장 스케치를 하려고 하니 잠시 인터뷰에 응해달라고 한다. 당신은 "할 얘기가 별로 없다"며 거절한다. 그러자 기자는 동행한 스태프에게 스케치북을 펼치게 한다. 그러면서 카메라 옆에 스태프가 스케치북을 들고 서 있을 테니, 거기 쓰여진 대로 읽어주기만 하면 된다고 한다. 그렇게 해서 당신은 TV에 얼굴이 나오게 되었다(실제로 이런 식의 방송 인터뷰는 흔하다). 그럴 때 이 사건은 진짜도 가짜도 아닌 사건, 즉 의사사건이 된다.

이 경우는 사회에 미치는 영향이 별로 없다. 그러나 소위 '뉴스 메이커'들의 발언은 다르다. 방송인, 연예인, 정치인, 대기업 CEO, 베스트셀러 작가 같은 뉴스 메이커들은 카메라를 의식하고 '연기'한다. 뉴스 메이커들의 연기는 그들이 특별히 위선적이기 때문은 아니다. 카메라 자체가 연기를 요구하기 때문이다. 연기는 때때로 방송 전문가들의 개입 속에서 조정된다. 그러나 연기라 할지라도, 완전히 가짜는 아니다. 그 언행들은 실제로 사회적 결과를 낳음으로써 현실을 구성하기 때문이다.

오늘날에는 시위도 의사사건이다. 예를 들어 크게 이슈가 되었던 슬럿 워크Slut Walk 시위를 보자. 슬럿 워크가 언론의 조명을 받은 것은 '찍어서 보여줄 만한 것'이 있었기 때문이다. 시위대 여성들은 야하게 차려입고 시위를 했고, 그것이 '시각적인 자극'을 중시하는 미디어들을 불러모았다. 성폭력 반대 시위는 그전에도 있었다. 몇 년 전, 여성 단체들은 성폭력에 반대해 '밤길 되찾기 시위'를 벌였지만, 전혀 주목을 받지 못했다. 당시 기자들은 "야하게 입은 사람이 없어서 찍을 게 없네" 하며 그냥 돌아갔다.

슬럿 워크는 2011년 4월, "여자들이 성폭행 피해를 입지 않으려면 매춘부Slut처럼 옷을 입고 다니지 말아야 한다"고 한 경찰관의 발언 때문에 캐나다 토론토에서 시작된 후 지금까지 전 세계 100여 개 도시로 급속히 확산되었다. 이슈화에 성공한 것이다. 만약 시위가 미디어가 원하는 볼거리를 제공하지 못했다면? 아마 각국의 언론이 주목하지 않았을 것이다. 그에 따라 전 세계로 확산되지도 않았을 것이다.

여성에 대한 성폭력 반대 시위조차도 미디어의 남성적 시각과 취향을 만족시켜야만 이슈화에 성공할 수 있는 현실인 것이다.

현대사회에서는 심지어 테러도 의사사건이다. 특히 텔레비전의 등장으로 테러는 한 편의 영화를 연출하는 것과 비슷하게 되었다. 테러는 TV 카메라가 즉각적으로 출동할 수 있는 곳에서 행해져야 하고, 볼거리가 많으면 많을수록 효과적이다. 사전 각본에 의해 학살, 피에 젖은 생존자들, 분주한 사이렌 소리들은 통신망을 타고 전 세계로 전해진다. 그러나 현대의 테러리즘에서 중요한 것은 테러 행위 자체가 아니다. 반드시 '우리가 누구고 어떤 이유로 테러를 했다'는 것이 전파를 타고 '보도되어야' 한다. 이것이 테러리즘의 진짜 목적이다.

현대사회는 의사사건이 만연한 세계다. 사회적 영향력을 행사하고자 하는 개인과 집단은 모두 미디어를 염두하고 행동한다. 현대사회에서 미디어가 미치는 영향은 결정적이다. 현대사회를 이해하기 위해서는 미디어를 움직이는 힘과 구조에 깊은 관심을 갖지 않으면 안 된다.

04

오디션 프로그램의 불편한 내막

연예인이 되고 싶은 청소년들

오디션 프로들이 큰 인기를 끌고 있다. 프로그램 수만 10여 개나 된다. 그것을 보면서 사람들이 느끼는 것은 이런 것이 아닐까 싶다. '세상에는 참 재주 많은 사람들이 많다'는 것, 또 하나는 '연예인이 되고 싶어 하는 사람이 저렇게 많았나?' 하는 것. 일례로 〈슈퍼스타K 시즌4〉 오디션에 응시한 사람은 약 200만 명이다. 우리나라 인구 25명 중 1명이 응시한 셈이다. 가히 '서바이벌 오디션 공화국'이라 부를 만하다.

　나 어릴 때 학생들의 장래희망 직업은 검사, 판사, 의사, 교수, 과학자 같은 것이었다. 그러나 요즘 청소년들의 직업 선호 1위는 단연 연예인이다. 따지고 보면 장래희망이라는 것도 개인적인 것이 아니라, 사회적인 것이다. 학생들은 대개 부모가 기대하는 직업, 사회적으로 인정받는 직업을 장래희망으로 삼는다. 장래희망은 권력 서열, 권력 이동을 반영한다. 오늘날 연예인은 더 이상 예전의 힘없는 딴따라가 아니다. 연예인은 정치인, 경제인, 언론인과 더불어 사회의 주요 파워 엘리트를 구성한다.

상업 미디어가 발달함에 따라 대중문화 산업의 규모와 위력도 커졌다. 그런데 대중문화 산업의 주된 타겟이 바로 청소년이다. 광고, 영화, 드라마, 오락 프로들은 이성적 판단이 미숙한 청소년들을 숙주 삼아 번창한다. 청소년들은 대중문화 산업의 포로가 되었으며, 청소년 문화의 구성 주체는 대중문화 상품을 만들어내는 기업이라 해도 과언이 아니다. 연예인이 청소년에게 미치는 영향은 작가, 정치인, 교사, 부모보다도 크다. 특정 연예인이 인생의 롤 모델이 되는 경우도 많다. 대중문화 산업의 압도적 영향력은 그 자체로 연예인을 꿈꾸는 청소년을 양산하는 조건이 된다.

여기에 계급을 고착화하는 사회구조가 오디션 열풍을 더욱 부추긴다. 지금은 비정규직과 실업자가 넘쳐나고, 소득이 양극화되고 있는 시대다. 계급 상승의 사다리가 사라진 사회 환경에서 대중문화 산업 분야는 그나마 계급 상승을 꾀할 수 있는 유일한 분야로 인식된다(연예계는 '하룻밤 자고 났더니, 스타가 되어 있더라'는 식의 이야기가 통용되는 유일한 분야). 그에 따라 연예계로 몰려드는 서민 출신의 젊은이들이 더욱 늘게 된다. 이러한 현상은 성공하기 위해서는 스포츠와 연예 분야로 몰려들 수밖에 없었던 1980년대 이전의 미국 흑인들을 연상시킨다.

오디션 프로그램의 공정성

오디션 프로들이 선풍적인 인기를 끌자, 언론들은 너도나도 그 이유를 분석했다. 주된 견해는 이런 것이었다. '자격 제한 없이 누구나 도전할 수 있다는 기회의 평등을 제공했다, 실력만 있으면 약자도 얼마든지 성공할 수 있다는 것을 보여주었다, 지원자들에 대한 시청자의 평가를 유도해 민주적인 시스템을 도입한 것이 주효했다'. 정리하면 오디션 프로들이 민주적이고 공정한 룰을 적용해 많은 사람들에게 나도 할 수 있다는 자신감, 꿈은 이루어진다는 희망을 불러일으켰다는 것이다.

그러나 나는 오디션 프로들이 현실과 다른 세계를 구현하는 것이 아니라, 비정한 현실을 재현하고 있다고 본다. 왜냐하면 오디션 프로들은 기본적으로 끼와 재능이 있어도 거대한 대중문화 산업자본과 결합되지 않으면 그것을 발현할 수도, 그것으로 먹고살 수도 없음을 전제로 하기 때문이다. 오디션 과정은 거대 자본에 소속될 기회를 얻기 위한 경쟁에 다름 아니다. 그 기회는 극소수만이 누릴 수 있다. 거대 자본에 소속되기 위해서는 어떤 수모와 경멸, 시련과 자존감 상실도 견뎌야 한다. 그것을 견디지 못하면 재능이 있어도 아무 쓸모가 없는 인간이 된다.

더욱 주목해야 할 것은 지원자들은 경쟁하지만, 독점화된 자본은 더 이상 경쟁하지 않는다는 점이다. 오디션 프로들은 세트장 안에서 '작은 공정'을 보여줌으로써 그것을 둘러싸고 있는 세계의 '큰 불공정'을 은폐한다. 독점화된 자본은 그 자신은 경쟁하지 않으면서, 눈에 보이지 않는 카메라 밖에서 지원자와 시청자 모두가 지켜야 할 룰을 제공한다. 그 룰이란 '자본을 향한 경쟁'만이 존재한다는 것, 다른 방향으로의 경쟁은 허락할 수 없다는 것이다. 시청자가 참여한다고 모두 민주적인 것이 되는 것은 아니다. 그 룰은 시청자가 만든 것이 아니기 때문이다.

오디션 프로에서 꿈은 사업이 된다. 그래서 사업에 필요한 창의성, 도전, 열정, 패기, 끈기가 다른 어떤 덕목(도덕이나 인간 존엄 같은)보다 중요해진다. 심사위원들은 사업의 틀을 넘어선 도전과 열정은 치기 어린 것, 세련되지 못한 것, 받아들여질 수 없는 것, 교정받아야 할 것임을 지적한다. 그리고 도전자들은 자신의 안이함과 불복종, 판단 미스에 대해 속죄한다. 오디션 프로는 오늘날 필요한 자기 계발과 처세가 어떤 것인지를 잘 보여준다. 그 도전과 열정은 적극적인 것으로 포장되지만 실은 수동적이다. 그것은 체념, 복종, 자기 방관과 기묘하게 결합되어 있다.

오디션 프로그램의 경제학

오디션 프로는 단순히 일반인이 출연해 재능을 겨루는 대회가 아니다. 그런 프로는 이전에도 많았다(〈전국노래자랑〉이나 〈스타킹〉 같은 프로를 생각해보라). 그러면 지금의 오디션 프로가 그렇게 인기가 높은 이유는 무엇일까?

그것은 기존의 프로들이 갖고 있었던 게임과 쇼의 요소에 다큐와 드라마를 덧붙였기 때문이다. 지원자들의 삶의 스토리를 공개하는 것과 미션을 수행해나가는 과정에서 만들어지는 극적인 요소가 그것이다. 여기에 간접광고에 대한 정부 규제가 풀리면서 가능해진 많은 상금과 부상, 지원자들로 하여금 천당과 지옥을 오가게 하는 가혹한 심사, 본방 사수를 유도하는 시청자 투표 제도가 프로를 더욱 스펙타클한 것으로 만든다. 한마디로 지금의 오디션 프로들은 게임, 쇼, 다큐, 드라마의 요소가 총망라되어 있다.

방송이 약자에게 주목하는 것도 시청률 때문이다. 기적과 감동이 TV나 영화 같은 대중문화 산업의 전유물이 된지는 오래되었다. 냉혹한 현실에서는 더 이상은 기적과 감동이 없다. 대중문화 산업은 기적과 감동을 만들어내는 유일한 주체다. 그런데 기적과 감동은 스토리를 필요로 한다. 지원자들의 스토리는 비참하거나 절박할수록 좋다. 그래야 방송이 행하는 기적이 두드러져 소기의 성과를 거둘 수 있기 때문이다.

방송은 지원자들의 오디션 과정과 미션 수행 과정도 하나의 드라마로 만든다. 지원자들이 아마추어인 까닭에 그들이 '알아서 연기하기'를 기대하기는 힘들다. 대신 방송은 스토리가 생길 법한 상황을 설정하고, 그들의 일거수일투족을 모두 찍는다. 그렇게 찍은 방대한 분량의 필름을 이리저리 자르고 이어 붙여서 드라마를 만든다. 〈슈퍼스타K〉의 경우는 4시간 방송을 위해 1,800시간 분량의 필름을 확보하는 것으로 알려져 있다. 방송은 이러한 과정을 통해 지원자의 캐릭터를 설정하고 그것을 구현해나간다. 오디션 프로가 자꾸 '왜곡 편집'과 '사실 조작' 논란에 휩싸이는 이유가 여기에 있다.

오디션 프로로 득을 보는 것은 지원자가 아니다. 그것은 오디션 프로 출신들이 이후 큰 빛을 보지 못하는 것에서도 알 수 있다. 오디션 프로를 통해 이득을 보는 것은 방송사, 광고주, 음원사업자 등 몇몇 관계자들이다. 오디션 프로의 제작비는 드라마나 시트콤의 절반 정도로 알려져 있다. 슈퍼스타를 모시지 않기 때문이다. 그러나 시청률은 높다. 그로 인해 관계자들은 막대한 광고 수입, 매출 증대, 음원 판매수입을 올릴 수 있고 그 외에도 각종 캐릭터 및 사업권 판매, 시청자 투표를 위한 문자메시지 등 부수입을 노릴 수 있다. 우리는 공정성 뒤에 숨은 상업성을 눈여겨보지 않으면 안 된다.

연예인의 사생활
보호되어야 할 권리 혹은 마케팅 수단

스타는 언론의 피해자인가

2011년 4월 가수 서태지와 배우 이지아의 결혼과 이혼 사실이 알려져 큰 화제가 되었다. 이지아가 전 남편이었던 서태지에게 재산 분할 청구 소송을 하면서 이들의 결혼과 이혼 사실이 뒤늦게 알려진 것이다. 그 후 인터넷과 신문·방송에는 두 사람의 사생활에 대한 보도와 과거 행적에 대한 제보성 글들이 넘쳐났다. 본인에 관한 이야기뿐 아니라 그의 가족과 친인척, 지인들에 대한 이야기도 넘쳐났다. 사생활이 거의 알려진 것이 없는 두 연예인이었던 터라 언론과 대중의 관심은 더욱 높았다.

그러자 해묵은 논란이 재현되었다. 스타에 대한 언론과 네티즌의 과도한 관심과 정보 캐내기가 사생활 침해라는 주장과 국민의 알 권리라는 주장의 대립이 그것이다. 한쪽에서는 스타도 연예인이기 이전에 인권을 가진 인간인 만큼 사생활이 존중되어야 한다고 주장한다. 그러나 다른 한쪽에서는 팬이 없으면 스타도 없는 만큼 스타는 팬들의 알 권리를 충족시켜주어야 한다고 말한다. 무엇이 옳을까?

우리는 간혹 스타들이 언론 보도로 사생활을 침해당했다고 주장하는 것을 본다. 이런 주장을 듣고 있으면, 스타들은 일방적으로 언론에 의해 피해를 입고 있는 것처럼 느껴질 수 있다. 그러나 사실이 아니다. 기본적으로 스타와 언론은 공생관계에 있다. 연예인들은 언론의 보도에 힘입어 스타가 되고, 언론은 연예인 관련 기사들을 쏟아냄으로써 그들에 대한 대중의 주목을 이끌어낸다.

스타들이 사생활을 침해당했다고 주장할 때에도, 언론이 자신을 보도의 대상으로 삼은 것 자체를 비난하는 것이 아니다. 자신에게 '불리한 내용'이나 '감추고 싶은 사생활', '왜곡된 사실'이 보도된 것에 대한 항의일 뿐이다. 스타 시스템에서 대중매체가 차지하는 역할과 비중은 절대적이다. 스타는 미디어의 도움으로 탄생할 수밖에 없다. 미디어의 보도가 없다면 스타도 없다. 그런 점에서 보면 스타는 미디어의 피해자가 아니라 수혜자에 가깝다.

스타에 대한 관심을 강요하는 미디어

중국의 고전 『서유기』를 보면, 손오공이 요괴들을 물리치기 위해 분신술을 사용하는 대목이 나온다. 많은 요괴와 맞서 싸워야 할 때, 수적 열세에 몰린 손오공은 자신의 머리카락을 뽑아 '훅!' 하고 입김을 분다. 그러면 자신과 똑같이 생긴 분신들이 수없이 생겨난다.

스타들이 우리에게 노출되는 모습이 이와 같다. 스타는 한 명이지만, 그 스타의 이미지들은 수많은 분신이 되어 활동한다. 그것들은 영화, 드라마, 뮤직비디오, 텔레비전, 광고, 출판물, 인터넷, 신문, 휴대전화 등을 통해 도시 구석구석, 가정과 개인들에게 밤낮으로 전달된다. 스타 역시 실존적으로는 보통 사람과 마찬가지로 시공간의 일부를 점유할 수 있을 뿐이다. 그러나 인터넷, TV, 영화, 광고 등 대중매체가 재생산하는 스타의 이미지들은 시공간의 한계를 초월해 도처에 존재한다.

현대인은 스타의 이미지들에 융단폭격을 당하며 살고 있다고 해도 과언이 아니다. 스타의 이미지들은 사람들의 눈길이 닿는 곳이면 어디에나 존재한다. 그것들은 애초부터 사람들을 매혹시키기 위해서 고안된 것들이다. 그런 이미지를 매일 접하고 살다보면 자연스럽게 그들에 대한 관심과 애정이 생긴다. 나아가 그들을 추종하고 숭배하게 된다. 스타의 사생활에 대한 관심도 그 연장선상에 있다.

스타를 좋아하는 사람은 자신이 '자발적으로 좋아한다'고 느낀다. 그러나 스타의 이미지들에 포위된 환경 속에서 살고, 또 그런 환경을 떠나 사는 것이 거의 불가능한 상황에서 스타를 좋아한다는 것이 자발적인지를 따지는 것은 난센스에 불과하다. 엄밀하게 말하자면, 당신이 어떤 스타를 자발적으로 좋아하는 것으로 느끼더라도, 그것은 좋아하도록 강요당한 결과가 아니라고 말하기 힘들다.

언론이 스타에 대한 뉴스를 쏟아내는 데에는 이유가 있다. 가십거리로서 연예인 기사만큼 대중에게 팔아먹기 좋은 것도 없기 때문이다.

실제로 연예인 관련 가십거리 기사가 실린 신문은 그렇지 않은 신문보다 잘 팔린다. TV와 광고는 연예인에 대한 대중의 관심을 상시적으로 유지시킨다. 그런 까닭에 연예인 관련 뉴스는 늘 관심의 대상이 된다. 그리고 언론이 연예인 뉴스를 양산할수록, 연예인에 대한 대중의 관심은 더욱 높아진다.

시청자들의 알 권리 역시 미디어에 의해 만들어진 것으로 보아야 한다. 애초부터 연예인들에 대해 아무것도 모른다면, 그 뉴스들은 매력적이지 않을 것이다. 왜냐하면 우리가 그들에 대한 정보를 모른다면 그들에 대해 무엇을 궁금해야 하는지도 알 수 없기 때문이다. 그러나 우리는 TV와 언론을 통해 이미 그들의 사생활에 대해 많이 알고 있다. 그런 까닭에 연예인에 대한 '새로운 뉴스'가 눈에 띄면, 그 '정보의 공백'을 메우고 싶어 한다. 우리가 연예인 뉴스를 끊임없이 소비하게 되는 이유다.

정치적으로 이용되는 연예인 사생활 뉴스

사람이 살아가는 한, 사생활은 끊임없이 변화가 있기 마련이다. 그것은 스타급 연예인이라고 해서 다를 리 없다. 스타급 연예인의 경우 그 모든 것이 뉴스거리가 될 수 있다. 연예인의 사생활은 마르지 않는 뉴스의 원천이다. 연예인 관련 뉴스는 특히 지면을 채울 만한 뉴스거리가 부족하거나, 어떤 정치적 사건(주로 집권세력에게 해로운 사건)에서 대중의 관심을 딴 곳으로 돌려야 할 필요가 있을 때 그 수단으로써 적극 고려된다.

오늘날 스타급 연예인은 정치권력이나 경제권력 못지않은 대중적 영향력을 갖는다. 그러나 그렇다고 해서 정치권력이나 경제권력과 동급이라는 것은 아니다. 대통령, 국회의원, 장관 같은 정치권력은 국가 전반을 통제할 수 있는 거대한 행정조직들을 거느리고 있고, 대기업 CEO 같은 경제권력은 국가 경제를 좌지우지할 만한 거대한 규모의 회사 조직을 갖고 있다. 정치권력이나 경제권력은 자신들이 만든 거대 조직과 제도적 장치를 통해 대중을 통제한다.

그러나 연예인의 대중적 영향력은 인기가 유일한 기반이다. 정치권력이나 경제권력에 비하면 그 기반이 매우 허약할 수밖에 없다. 연예인의 인기는 정치권력이나 경제권력과 대중의 변덕에 의해 언제라도 붕괴될 수 있다. 그런데 연예인의 인기는 미디어의 태도에 의해 좌우되는 경우가 많다. 각종 미디어는 연예인의 주된 활동의 장이기도 하다. 이로부터 연예인의 친기득권적 성격이 생긴다. 왜냐하면 미디어, 특히 주류 미디어는 정치권력과 경제권력의 통제 아래 있기 때문이다.

연예계에서 '자고 나니 스타가 되어 있더라' 하는 식의 일이 발생하는 것도 미디어의 영향력 때문이다. 그럴 때 미디어는 자신의 소원을 이루어주는 마법램프처럼 여겨질 것이다. 그러나 미디어는 연예인에게 좋은 일만 하는 것은 아니다. 미디어는 스타를 하루아침에 전 국민의 비난 대상으로 전락시킬 수도 있다. 특히 오늘날처럼 불만과 분노를 해소할 출구를 마땅히 발견하기 힘든 상황에서, 불미스러운 사생활이 언론을 통해 폭로된 연예인은 모든 사회적 불만을 흡수하는 희생양이 될 수 있다.

연예인에게 미디어는 지렛대 역할을 한다. 미디어는 연예인의 성공을 극대화시키지만, 실패도 극대화시킨다. 연예인들이 흔히 부침浮沈이 극심한 삶을 살게 되는 것은 미디어 탓이 크다.

연예인은 공인인가, 자연인인가

'연예인은 공인인가 자연인인가' 하는 논란은 오래되었다. 그러나 이에 대해서 연예인 자신들도 여전히 많이 혼란스러워하는 것 같다. 우리는 흔히 연예인이 어떤 사고를 쳤을 때 '공인으로서 사회적 물의를 일으켜 죄송하다'고 말하는 것을 듣는다. 그러나 서태지나 이지아처럼 자기 의지와 상관없이 사생활이 노출되었을 때는 '사생활을 침해당했다'며 자연인으로서의 권리를 주장하는 것을 본다. 공인과 자연인, 둘 중 무엇이 맞을까?

우리는 연예인을 공적인 일을 하라고 뽑아준 적이 없다. 그런 의미에서 보면 연예인은 공인이 아니라 자연인이다. 실제로 그들 중 높은 사회적 영향력과 그에 따른 공적인 역할을 염두하고 연예인으로 데뷔하는 사람은 거의 없을 것이다. 대개는 그저 사람들 앞에서 춤추고, 노래하고, 연기하는 것이 좋아서, 그를 통해 돈 버는 것이 좋아서 연예인이라는 직업을 택했을 뿐이다. 그러나 인기 있는 연예인이 되면 자기 의지와 상관없이 유명세 때문에 공적 영향력을 발휘하게 된다. 특히 문화 산업의 주요 타겟인 청소년에게 스타들의 말과 행동이 미치는 영향력은 절대적이다. 그런 점을 고려하면 공인이 아니라고 말하기도 애매하다.

사람들은 연예인들이 공적 영향력을 갖게 되는 것은 그들이 많은 사람을 재미있게 만드는 재능 때문이라고 생각하기 쉽다. 그러나 그들이 아무리 뛰어난 재주를 갖고 있다 하더라도 미디어가 뒷받침해주지 않는다면, 공적인 영향력을 가질 수 없다. 미디어가 발달하기 전인 조선시대의 예인藝人들을 생각해보라. 아무리 창을 잘 부르거나, 춤을 잘 춘다고 하더라도 남녀노소를 막론하고 모든 사람에게 알려진다는 것은 불가능한 일이었다. 그러나 미디어가 발달한 오늘날에는 모르는 사람이 없게 되어버렸다.

　한마디로 연예인의 공적 지위는 미디어에서 생겨난다. 그것은 엔터테인먼트 산업이 미디어와 결합되면서 생긴 현상이다. 엔터테인먼트 산업은 미디어와 결합되면서 광범위한 시장 확장을 이룩했고, 그 산업 규모가 커질수록 연예인의 사회적 영향력도 더욱 증폭되었다. 공적인 존재로의 지위 변화는 연예인이 원한 것은 아니다. 그럼에도 불구하고 엔터테인먼트산업의 발달과 미디어의 영향력이 그들을 공인으로 만드는 압력으로 작용한다.

　언론에 의해 불미스러운 사생활이 폭로되고, 그로 인해 비난의 대상이 될 때, 연예인들은 자못 당혹스러울 것이다. 왜냐하면 대부분의 연예인은 스타가 되는 것을 꿈꾼 적은 있어도 스타라는 이유 때문에 수많은 사람의 비난 대상이 될 수 있음은 생각해보지 않았을 것이기 때문이다. 그것은 미디어와 끊임없이 접촉하고, 그것을 이용하지 않으면 안 되는 엔터테인먼트 산업, 그리고 거기에 종사하는 연예인이라는 직업적 특성이 부여한 짐이다. 그 짐은 연예인 개인이 지기에는 상당히 버거울 수 있다. 그러나 현재의 스타 시스템 속에서 그 짐을

지는 것은 숙명 같은 것이다.

나의 사생활을 팝니다

연예인이 미디어를 대하는 방식은 두 가지다. 하나는 자신의 모습은 공식적인 작품 활동이나 광고를 통해서만 보여주고, 그 외에는 언론과의 접촉을 되도록 피하는 것이다. 이런 방식은 일부 슈퍼스타들만 선택한다. 자신에 대한 대중적 관심을 차단하기 위한 것이라기보다는 개인적 정보를 쓸데없이 많이 제공하지 않음으로써 자신과 관련된 부정적 논란을 만들지 않기 위한 것이다. 슈퍼스타들은 작품이나 광고 섭외가 쇄도하는 까닭에 그것만으로도 충분히 대중에게 자신을 노출시키는 효과를 누릴 수 있고, 그를 바탕으로 대중적 관심과 인기도 안정적으로 누릴 수 있다. 그렇기 때문에 이런 방식을 채택할 수 있는 것이다.

슈퍼스타가 아닌 대부분의 연예인은 오히려 반대 전략을 취한다. 각종 TV 프로그램에 출연해 자신의 사생활을 자발적으로 공개한다. 그럼으로써 자신에 대한 대중적 관심을 유발하고, 친근감을 유지·강화하려 한다. 흔히 사람들은 연예인이 주는 친근감이 그들이 보내는 미소나 즐거움 때문이라고 생각하기 쉽다. 그러나 친근감의 상당 부분은 '사생활 마케팅'에 의존한다.

연예인들은 각종 토크쇼, 버라이어티 프로, 리얼리티 프로, 연예 정보 프로에 출연해 개인적인 이야기들을 쏟아낸다. 자기 가족사나 성장사, 연애와 결혼, 이혼 이야기, 스킨십 이야기, 이성에 대한 취향,

절친한 다른 연예인의 사생활 폭로, 영화나 드라마 촬영의 뒷이야기, 심지어 방귀 같은 생리적 현상이나 야동 이야기까지. 그들은 또 TV 카메라가 자신의 안방까지 들어와 자신의 생활과 가족을 찍는 것도 허락한다. 그것을 보는 시청자들은 지극히 사적인 공간에 초대받은 듯한 느낌을 받을 수밖에 없다.

텔레비전은 공적 매체다. 그러나 여러 오락 프로그램들은 사적 영역을 확대시킨다. 그것을 '사사화私事化, personalization'라 한다. 그러나 이러한 사사화가 텔레비전의 공적인 이미지를 완전히 잠식하는 것은 아니다. 사람들은 여전히 텔레비전이 공적 매체라는 이미지를 신뢰한다. 그런 까닭에 연예인들의 사생활이 텔레비전 프로그램를 통해 공개되면, 시청자들은 그것조차 공적인 사건으로 인식하게 된다. 정리하면, 텔레비전 프로그램들은 텔레비전이라는 공적 매체를 사사화함과 동시에, 다른 한편으로는 사적인 것들을 공공화하는 이중적 기능을 수행한다.

오늘날 우리가 한 사람의 연애, 결혼, 이혼, 가족관계, 친구관계, 취미, 가정생활 등을 일일이 아는 것은 흔치 않은 일이다. 친인척이나 절친한 친구라 하더라도 그렇다. 그런 점에서 연예인은 독특한 존재다. 사람들은 그 친숙함 때문에 처음 만난 연예인이라고 하더라도 오랜 지인을 만난 것처럼 반가워하고 스스럼없이 대한다. 연예인들 역시 (최소한 카메라 앞에서는) 그렇게 대한다. 친근감은 연예인의 인기와 수입의 밑거름이다.

스타의 공과 사는 구별되지 않는다

프랑스 사회학자 에드가르 모랭은 『스타』에서 이렇게 썼다. "스타는 완전한 상품이다. 1센티미터의 신체도, 혼의 한 줄의 섬유도, 생활 한 조각의 추억도 모두 시장에 내놓아지기 때문이다." 스타는 자신과 관련된 모든 것을 판다. 스타의 옷, 액세서리, 화장품, 헤어스타일, 신발, 자동차, 핸드폰, 가전제품, 먹는 음식, 단골 음식점이나 백화점, 운동 방식이나 주거 형태 모두가 화제가 되고, 그에 따라 스타가 사용한 상품들의 판매가 증가한다.

연예인들에게는 사생활도 상품이다. 그들이 사생활을 파는 것은 어느 정도는 개인적인 의지를 넘어서는 일이기도 하다. 왜냐하면 스타 시스템 자체가 연예인에게 사생활 노출을 강요하기 때문이다. 연예인은 시청자들의 관심을 받기 위해, 자신의 출연한 작품을 홍보하기 위해 방송에 출연해야 한다. 이 과정에서 자의 반 타의 반으로 사생활을 노출시키게 된다. 우리는 사생활 마케팅 하면, 연예인들이 텔레비전 프로그램에서 자기 사생활 이야기를 통해 시청자들에게 웃음과 공감을 선사하고 출연료를 받는 것만을 생각하기 쉽다. 그러나 사생활 마케팅은 그 이상의 이익을 가져다준다.

예를 들어 우리는 무명에 가까운 연예인이 스타와 교제한다는 것, 혹은 신인이 어떤 스타의 친인척이라는 것이 알려지면서 대중의 주목을 받고 주가가 올라가는 것을 본다. 혹은 공개된 사생활과 관련해 광고 모델이 되거나 드라마에 캐스팅되는 것을 본다. 절친한 연예인 동료가 많은 마당발 연예인들은 그 사적 관계를 통해 각종 오락 프로에 나오는 횟수도 잦아진다. 오락 프로에서 사적인 이미지를 각인시킨 가수의 음반이나 공연이 잘 되기도 한다. 모두 알려진 사적인 인간관계가 공적 활동으로 이어진 경우다.

오늘날 엔터테인먼트 산업이 스타 시스템으로 이루어져 있는 것은 이익 극대화에 유리하기 때문이다. 예를 들어 극의 내용과 연출의 장점만으로 많은 관객을 끌어 모으기에는 여러 가지 어려운 점이 있다. 극이 바뀔 때마다 그 내용과 연출의 장점을 일일이 홍보하기란 여간 어렵지 않다. 그러나 스타가 있으면 어떤가? 그럴 필요가 없다. 스타는 그 자체로 티켓 파워를 형성하기 때문이다. 스타는 관객몰이의 보증수표와 같다.

스타는 단지 춤, 노래, 연기에 능한 사람이 아니다. 작품 활동과 광고가 만들어내는 가공의 이미지와 현실의 이미지가 조화된 사람이다. 예를 들어 배우라면 그의 실제 개성이 극 중 인물의 성격을 압도하거나 그 성격이 혼합되어 나타날 때 스타라고 말할 수 있다. 그런 점에서 보면, 스타는 공개된 사적 정보의 덕을 톡톡히 본 사람이라 할 수 있다. 왜냐하면 사적 정보가 없으면 그 사람에 대한 현실의 이미지가 무엇인지를 대중이 알 수 없기 때문이다. 그것을 모르면 현실적 이미지가 공식적인 작품 활동이나 광고를 통해 보이는 가공의 이미지와 어떻게 조화되고 있는지도 알 수 없게 된다.

결론적으로 말하자면 스타 시스템이 존재하는 한 스타의 공과 사는 명확히 구분될 수 없다. 스타의 사생활에 대한 대중의 높은 관심도 불가피하다. 스타 시스템 자체가 공과 사를 구분하기 힘들게 만들기 때문이다.

06

가요가 사랑 타령뿐인 이유

가요가 소비되는 방식

노래가 전할 수 있는 정서와 메시지는 참으로 다양할 수 있다. 그러나 대부분의 가요는 사랑 타령이다. 왜 그럴까? 이에 대한 가장 진부한 대답은 '사랑의 감정이 인간의 가장 기본적인 정서 중 하나' 라는 것이다. 이 말은 맞다. 사랑의 감정은 인간의 기본 정서에 포함된다. 그러나 그것은 말 그대로 많은 정서 중 하나일 뿐이다. 그러므로 남녀 간의 사랑이라는 주제가 대중음악의 대부분을 차지해야 할 필연적 이유는 없다. 그 이유를 알기 위해서는 대중가요가 사회에서 어떤 식으로 유통되고 소비되는지를 살펴볼 필요가 있다.

예를 들어 당신이 어떤 음반을 듣고 있다고 하자. 당신은 어떤 경로를 통해 그 음반이 발매되었는지를 알고 그것을 사서 듣고 있는가?

사람들 중에는 자신이 좋아하는 가수의 신곡이 언제 나오는지 바짝 신경 쓰고 있다가(이를 테면 그 가수에 대한 정보를 시시때때로 인터넷에서 검색하거나 그 가수의 블로그나 트위터를 살펴봄으로써) 음반이 나오자마자 사서 듣거나 음악 파일을 다운받아 듣는 열성팬도 있을 것이다. 그러나 대부분의 사람들이 어떤 신곡이 나왔는지를 알게 되는 경로는 텔레비전이나 라디오, 영화 같은 대중매체를 통해서다.

아니면 가게나 카페, 술집에서 흘러나오는 노래를 우연히 듣고 '어, 이 음악 괜찮은데. 누가 부른 거지?' 하며 관심을 갖게 되는 경우가 많다. 상점들은 그 자신이 음악의 소비자이면서, 사람들에게 음악을 전달하는 전파자 역할도 한다. 그러나 생각해보면 상점들이 어떤 신곡이 나왔는지를 알게 되는 것도 대중매체를 통해서다. 대중매체를 통한 음악의 유통이 '1차 확산'이라면, 상점들을 통한 유통은 '2차 확산'이다. 자본의 논리에 의해 상업적으로 운영되는 미디어 기업이라는 필터를 통과하지 못하면 2차 확산은 물론 1차 확산도 이룰 수 없다.

미디어 기업들은 문화 상품의 사회적 필터 역할을 한다. 미디어 기업들은 수많은 문화 상품 중에서 무엇을 대중적으로 유통시킬 것인가를 결정하는 지휘본부의 역할을 한다. 그러므로 하나의 문화 상품이 대중에게 접근하기 위해서는 이 필터를 통과하지 않으면 안 된다. 그 필터를 통과하기 위해 문화 상품은 미디어 기업들이 흥미를 가질 만한 형식과 내용을 견지하지 않으면 안 된다. 그런데 미디어 기업은 그 자신이 문화 상품을 생산하고 그것을 대중에게 파는 장사꾼이면서 다른 엔터테인먼트 기업들이 만든 문화 상품을 유통시키는 유통업자의 역할도 한다. 이뿐만 아니라 여타 제조업 분야의 상품 소비를 촉진시키는 바람잡이 역할도 한다.

　문화 상품의 형식과 내용은 이러한 미디어 기업의 성격에 영향을 받게 된다. 대중가요도 마찬가지다. 대중음악이 거대 미디어 기업의 선택을 받는 것, 나아가 그를 통해 쇼핑몰·각종 프랜차이즈·식당·술집·스포츠센터·나이트클럽 등 업소들의 선택을 받는 것은 하나의 전제를 요구한다. 그것은 음악이 장사에 도움을 주거나, 적어도 장사에 방해가 되어서는 안 된다는 점이다.

대량 소비와 대중가요

대형 마트, 카페, 술집 등이 늘 대중음악을 틀어놓는 것도 소비를 촉진하기 위해서다. 음악은 상점이라는 시공간을 큰돈 안 들이고도 코디하기 좋은 수단이다. 음악이 흐르는 시공간은 고객들에게 쾌적하고 즐거운 느낌을 준다. 고객들은 지루해하지 않으면서 상점에 오래 머물 수 있게 된다. 고객들의 시선은 화려한 상품들이 빼앗고, 귀는 음악이 빼앗는다. 그것은 고객에게 가해지는 자극을 극대화시킨다. 커다란 자극은 일부 예민한 고객들에게 스트레스를 불러일으킬 수도 있다. 그러나 상점 입장에서 보면 고객들이 자극에 도취되어 비이성적으로 소비하는 것은 좋은 일이다.

　만약 상점들에서 사회비판적인 내용, 혹은 소비문화를 비판하는 내용의 노래가 흐른다고 생각해보라. 그것은 돈 쓰러온 사람들에게 찬물을 끼얹는 것이다. 대중음악은 수많은 상점에서 소비를 촉진할 수 있도록 만들어진다. 예를 들어 걸그룹 소녀시대 멤버들 중 3명으로 이루어진 유닛 '태티서'가 부른 〈트윙클twinkle('반짝인다'는 뜻)〉의 가사를 보자. "숨겨도 트윙클 어쩌나/ 눈에 확 띄잖아/ 베일에 싸여 있어도/ 나는 트윙클 티가 나/ 딴 사람들도 다/ 빛나는 나를 좋아해/ 끝까지 경계해야 해/ 보석을 훔친 너잖아."

이런 가사의 노래가 화장품 가게나, 옷 가게에서 흘러나온다고 생각해보라. 사람들은 더 멋지게 보이기 위해 화장품과 예쁜 옷을 거리낌 없이 사들일 공산이 높다. 알다시피 이런 식의 자아도취적인 메시지를 담은 노래는(특히 멋진 외모를 자랑하는) 오늘날 대량으로 생산되고, 현대인은 이러한 메시지의 융단폭격을 받고 있다고 해도 과언이 아니다. 이러한 메시지에 반복적으로 노출된 사람들은 애인이 없고, 취직이 안 되는 이유를 외모 때문이라고 생각해 피부관리실로, 헬스클럽으로, 성형외과로 달려가게 된다.

혹자는 이런 노래가 화장품 가게나 옷 가게에서 틀어지는 것은 우연이며, 그러므로 이 노래가 소비 욕구를 부추기는 뉘앙스를 풍기는 것 역시 우연이라고 주장할지 모르겠다. 같은 노래라도 듣는 장소에 따라 메시지가 달라질 수 있다는 것은 맞다. 하나의 노래는 시공간과의 관계 속에서 콘텍스트로 읽히고, 그 관계 속에서 서로 차이가 다른 뉘앙스를 띨 수 있다. 그런데도 이러한 노래들이 소비 욕구를 부추기는 것을 우연이라고 믿는 것은 순진한 일이다. 대중가요가 유통되고 소비되는 주된 통로가 존재하고, 그 통로는 대중가요의 내용에까지 영향을 미친다.

〈트윙클〉이라는 노래는 연애에 대한 노래이기도 하지만, 소비에 대한 노래이기도 하다. 사람들은 단지 가요가 만든 사람들의 정서를 표현한 것이라고 믿기 쉽다. 그러나 음악을 만드는 사람들은 '부드럽고 달콤한 카페용 음악', '헬스클럽이나 나이트클럽에서 틀어놓으면 좋을 음악', '룸살롱에서 일하는 여성들이 즐기기에 좋은 음악' 혹은 '자동차 광고 배경음악으로 사용하기 좋은 음악' 같은 식으로 구체적인 경제적 쓰임새를 떠올리면서 작업하는 경우가 적지 않다는 것을 알아야 한다.

정치 검열보다 무서운 자본 검열

사랑 노래는 당신이 고독하고 소외감을 느끼는 것이 단지 '사랑하는 사람을 만나지 못해서' 혹은 '실연 때문'이라고 말한다. 사랑 노래는 사람들이 느끼는 모든 불만, 불안, 분노, 슬픔의 정치적 함의를 거세하고 지극히 개인적인 남녀의 연애문제로 수렴시키기에 좋다. 사랑 노래는 정치적이지 않다. 거기에는 사회 비판 의식이 끼어들기가 마땅치 않다. 그것은 사회 비판 의식을 가급적 불식시키고자 하는 기득권 세력들의 입맛에 맞다.

　노래를 만들고 부르는 사람들 입장에서도 사랑을 주제로 하는 것은 편하다. 정치적 검열을 받을 염려도 없고, 대자본의 필터를 통과하기에도 좋기 때문이다. 사랑 노래는 아무도 적으로 만들지 않으면서도 모두에게 어필할 수 있다. 그렇기 때문에 불특정 다수에게 소비되는 데에도 적합하다. 세상에 '왜 하필 사랑을 노래하느냐?'고 시비 걸 사람은 없다. 특히 사랑의 아름다움을 노래하는 경우, 세상을 긍정적으로 바라보게 하는 효과도 있다.

사람들은 흔히 검열 하면, 정치 검열을 주로 떠올린다. 그러나 어떤 측면에서는 자본에 의한 검열을 더 경계해야 한다. 왜냐하면 정치 검열은 사회적 의제로 떠오르기 쉽고 저항을 불러일으키기도 쉽지만, 자본 검열은 공공연하게 이루어질 때조차도 비난의 표적이 되지 않기 때문이다. 자본은 정치적 의도를 관철시키기 위해 문화 상품을 통제하는 경우에도 '다만 장사가 될 것 같지 않아서 특정 문화 상품의 생산에 투자하지 않고, 그것을 유통시키지 않는다'고 말하면 그만이다.

현대사회는 사실상 모든 분야가 기업에 의해 통제되는 기업 사회다. 대자본은 재화와 서비스를 생산·유통·분배할 뿐 아니라, 정치권력도 통제하고 분배한다. 오늘날 경제권력과 정치권력은 서로 다른 것이 아니다. 경제권력은 정치권력을 삼켜버렸고, 정치가 경제권력자와 그 하수인 들에 의해 점유되었다. 자본에 의한 통제와 정치적 통제를 구분하는 일은 무의미하다. 지배하는 입장에서도 사회적 저항을 불러일으키기 쉬운 정치적 통제보다는 아무 의도가 없는 것으로 포장하기 쉬운 상업적 통제가 더 낫다.

대자본은 다양한 문화적 생산물 중에서 어떤 것을 대중의 눈과 귀에 닿게 할지를 결정한다. 대중은 대자본에 의해 허락된 생산물들 중에서만 호불호를 정할 수 있을 뿐이다. 대중가요도 마찬가지다. 정치적인 내용의 노래, 사회비판적인 노래, 대중의 의식을 일깨우는 노래는 잘 만들어지지 않고, 설사 그런 노래가 만들어졌다 해도, 문화 유통 경로를 대자본이 독점하고 있어 대중과 만나기 어렵다. 대중가요가 사랑타령만 하는 것도 이러한 거대한 사회구조 속에서 바라보아야 한다.

07

싸이 논쟁
대중음악 산업의 현주소

싸이의 선정성 논쟁

한국인으로서 명실공히 '세계적인 슈퍼스타'라고 불릴만한 인물이
탄생했다. 싸이가 그 주인공이다. 『타임』은 싸이를 2012년의 '벼락스
타Fleeting Celebrities' 1위로 선정했다. 그는 그야말로 몇 달 만에 세계적
인 가수가 되었고, 세계에서 가장 유명한 한국인이 되었다. 그 유명세
는 UN 사무총장인 반기문이나 북한의 지도자 김정은을 뛰어넘는다.
싸이의 세계적인 성공에 우리나라 사람들이 열광한 것은 물론이다.

그런데 여기에 돌직구를 던진 사람이 있었다. 동아대 정희준 교
수였다. 그는 인터넷 매체 『프레시안』에 기고한 「싸이의 '포르노 한
류', 자랑스럽습니까?」라는 글에서 〈젠틀맨〉 뮤직비디오에 묘사된 선
정성을 비판했다. 그는 뮤직비디오 장면들이 포르노그래피에 가깝다

고 주장했다. 수영장에서 누워 있는 남성들의 발을 잡고 엉덩이를 흔드는 비키니 여성들, 맥주 캔을 흔들어 하얀 거품을 사방에 뿜어대는 싸이, 하얀 소스를 듬뿍 바른 어묵꼬치를 입에 물고 야릇한 미소를 짓는 가인의 모습이 그렇다는 것이다.

싸이의 뮤직비디오의 선정성이 심한 것은 맞고, 포르노를 연상시키는 장면들이 등장한다는 것도 맞다. 문제는 그것이 싸이만의 문제가 아니라는 점이다. 사실 대중가요가 노골적인 성적 코드를 담는 경우는 흔하다. 거기에는 이유가 있다. 색정적인 것만큼 사람들의 관심과 흥미를 유발시키기에 좋은 것은 없기 때문이다. 성욕은 누구나 갖고 있는 보편적인 욕망이다. 색정적인 노래와 영상은 배우거나 못 배운 사람이든, 부자이거나 가난한 사람이든, 어른이거나 청소년이든 누구에게나 어필하기 쉽다.

노래가 히트하려면 되도록 많은 사람을 자극해야 한다. 그래야 관심과 흥미를 끌 수도 있고, 인기를 누릴 수도 있으며, 그를 바탕으로 많은 돈을 벌 수도 있다. 그것이 산업으로서 노래의 논리다. 대중을 자극하는 방식에도 지적인 자극, 미적인 자극, 정서적 자극, 성적인 자극 등 여러 가지가 있을 것이다. 이 중에서 가장 구현하기 쉬운 것은 아무래도 성적인 자극이다. 성적 자극은 말초적인 것이어서 상대적으로 구현하기 쉬울 뿐 아니라, 대중의 반응도 즉각적이다. 문화 산업이 발달할수록 색정적인 노래들이 창궐하는 이유다.

싸이의 가학성 논쟁

정희준은 〈젠틀맨〉 뮤직비디오의 가학성도 비판했다. 수영장에서 선 탠하는 여성의 비키니 끈을 풀고, 커피를 여성에게 권한 후 잔을 툭 쳐 커피를 쏟게 만들고, 여성이 앉는 것을 도와주는 척 하다 의자를 빼서 넘어뜨린 후 재미있다며 낄낄대는 장면들이 가학적이라는 것이다. 그 는 이러한 장면들에서 강자가 약자를 노리개 삼아 학대해도 좋다는 저열한 의식이 드러난다고 본 것이다.

가학성 역시 싸이만의 문제가 아니라 문화 산업 전반으로 확대해 생각해볼 수 있다. 문화 산업은 정치권력과 경제권력의 통제를 받으면 서도 한편으로는 그들과 협력 관계를 이루고 있다. 그런 까닭에 부지 불식간에 비주류에 대한 주류의 편견을 드러내곤 한다. TV의 토크 쇼·오락 프로·개그 프로·드라마나 뮤직비디오, 영화, 만화, 게임 등은 여성을 성적 대상으로만 보게 하고, 부자에 대한 판타지를 조장 하고, 가난한 사람에 대해 차별 의식을 드러내고, 젊음을 찬양하고, 늙 은 사람을 비웃고, 못 배운 사람을 조롱하고, 백인에 대한 선망 의식을 조장하고, 제3세계 사람들을 무시하고, 권력을 찬양하고, 외모 차별적 발언을 일삼는다. 그러한 냉소는 흔히 재미와 유머의 이름으로 포장 된다.

싸이 뮤직비디오의 가학성 역시 문화 산업에 내재된 일상적인 폭 력성과 가학성의 연장선상에 있다고 볼 수 있다. 싸이의 경우는 그것을 어린아이의 장난 같은 '악동의 이미지'로 표현해 도덕적 알리바이를 조장하고자 한다. 싸이는 자신이 가진 표정이나 외모의 코믹함을 십분 발휘해 선정성과 가학성을 매우 유치한 방식으로 보여줌으로써, 이것은 그냥 재밌자고 하는 일이고, 별것 아니라는 뉘앙스를 풍긴다. 실제로 이러한 방식은 성공적이었다. 싸이의 세계적 인기가 그 증거다.

만약 현실 속에서 누군가 나에게 린치를 가한다거나 욕을 하거나 성추행을 한다면, 그것을 폭력이라고 쉽게 인식할 것이다. 그러나 문화적으로 발생하는 폭력은 잘 감지되지 않는다. 문화적 폭력은 일상적으로, 은밀하게, 의식적 차원에서 이루어지기 때문이다. 나는 이것을 '우아한 폭력'이라 부르고 싶다. 문화적 폭력에 노출된 사람은 자신이 폭력을 당하고 있다는 사실을 인지하지 못할 뿐 아니라, 그 폭력의 논리를 자연스럽게 자신의 것으로 받아들인다. 물리적 폭력보다 문화적 폭력이 더 무서운 이유가 여기에 있다.

싸이의 B급 문화 논쟁

정희준은 또 「YG 소속 싸이가 B급 문화? 싸이는 위대하다!」라는 글에서, 싸이는 원래 B급 문화를 지향했다면서 그를 옹호하는 논리에 대해서도 일침을 가했다. 주장은 이렇다. B급 문화에 대한 합의된 정의는 없다. 그러나 일반적으로 B급 문화를 규정하는 데 중요한 것은 생산 방식, 자본이나 시장과의 친밀도다. 그런 점에서 거대기획사의 지원 아래, 모든 언론의 조명을 받고, 전 국민의 응원 속에서 한 해 수백억 원을 벌어들이는 싸이는 B급 아티스트라 할 수 없다. 오히려 100퍼센트 주류 문화이고 상업 문화다. 싸이가 B급 문화 운운하는 것은 "B급이라고 하면 어딘가 저항적인 것처럼 여겨지는 시각을 이용해 논란을 합리화하려는 것"이다. 그의 음악은 'B급 문화'가 아니라 '싸구려 저질 문화'라는 것이다.

이 말도 맞다. 싸이의 뮤직비디오에는 B급 문화가 가질 법한 저항성이나 풍자성이 없다. 혹자는 뮤직비디오 속에서 싸이가 '주차금지'라고 쓰여진 교통콘을 차버리는 것을 '니들이 뭔데 나에게 이런 것을 강요해' 하는 것으로 해석한다. 혹은 〈젠틀맨〉이 겉으로는 신사인 척하면서 속으로는 여자나 밝히는 상류층의 위선을 풍자한 것으로 보는 경우도 있다. 똑같은 것을 보고도, 그것을 어떻게 해석하느냐는 개인의 자유일 것이다. 그러나 이러한 해석은 견강부회牽强附會로 보인다.

실제로 가사를 음미해보면, 〈젠틀맨〉이 상류층이 아니라 싸이 자신을 의미한다는 것을 어렵지 않게 알 수 있다. 가사에는 이런 내용이 있다. "이 사람으로 말씀드리자면 말이야 / 용기 패기 똘끼 멋쟁이 말이야 / 너가 듣고픈 말 하고픈 게 난데 말이야" 가사의 초점이 싸이 자신에게 철저하게 맞춰져 있다. '젠틀맨'이라는 제목도 반어법이다. 'I'm a motherfucker gentleman'의 순화된 표현인 'I'm a mother father gentleman'이라는 가사가 그것을 잘 보여준다. 한마디로 '젠틀맨'은 싸이가 스스로를 띄우기 위해, 자신을 소재 삼아 부른 노래다. 그것은 '사이코psycho'에서 따온 '싸이Psy'라는 이름에 걸맞게 '재미있는 또라이 뮤지션'이나 '질펀하게 놀기 좋아하는 쾌락주의자'로서 자신의 캐릭터를 각인시키기 위한 노래다.

교통콘을 찬 것도 저항성과는 관련이 없으며, 그냥 똘끼를 보여주기 위한 것일 뿐이었다. 그런데 이 장면을 문제 삼아 KBS가 '방송부적격' 판정을 내렸다. "싸이가 주차금지 시설물을 발로 걸어차는 장면은 공공기물 훼손에 해당한다"는 것이 이유였다. 그런 논리라면 선탠하는 여성의 비키니 끈을 푸는 것은 성추행에 해당하며, 여자 뒤에서 의자를 빼 다치게 하는 것은 상해죄에 해당한다. 그러나 KBS 심의위원회는 이에 대해서는 일언반구도 없었다. 공공기물 파손만 언급할 뿐이었다. 이런 것은 여성이나 약자에게 가해지는 폭력에는 무감각한 반면, 조금이라도 지배 질서나 권력에 대한 도전으로 해석될 여지가 있는 것에 대해서는 심의기관이 얼마나 민감하게 반응하는지를 잘 보여준다.

공자와 대중가요

공자는 "시 300편을 한마디로 말하면 '생각에 사악함이 없다'는 것이다 詩三百 一言以蔽之 思無邪"라고 했다. 이는 '노랫말에 사악함이 없어야 한다'는 말로 이해해도 무방하다. 왜냐하면 공자가 말한 '시 300편'은 『시경』을 말하는데, 『시경』의 절반 이상을 차지하는 것이 민요이기 때문이다. 공자의 말처럼 노랫말은 인간의 정서를 진솔하게 드러내는 것이어야 한다. 그 외에 다른 의도가 있어서는 안 된다.

그러나 지금의 노래는 어떤가? 만약 공자가 요즘의 대중가요를 듣는다면 노래가 아니라며 분노할 것 같다. 왜냐하면 이윤을 위해 대중을 유혹하고 미혹케 할 목적으로 만들어지는 노래는 그 자체로 순수하지 않으며 사악하다고 할 수 있기 때문이다. 그것은 진솔한 정서적 표현과는 거리가 있다. 근본적으로는 노래가 산업적 기반 위에 존재한다는 사실 자체가 진정성을 해친다고 볼 수 있다.

공자의 노래관을 잘 보여주는 또 다른 말은 "즐겁되 음란하지 않고, 슬프되 마음을 상하지 않아야 한다樂而不淫, 哀而不傷"는 것이다. 『시경』 맨 앞에 나오는 시 「관저關雎」를 호평하며 나온 이 말은 노래의 전범이 어떠해야 하는지를 잘 보여준다. 노래는 사람들에게 즐거움을 줄 수도 있고, 슬픔을 줄 수도 있다. 그러나 즐거움이나 슬픔이나 모두 은근해야지, 노골적이면 안 된다.

이러한 주장도 오늘날의 노래와 거리가 멀다. 요즘의 유행가는 대개 음란하기 때문이다. 예를 들어 세계적인 히트를 기록한 싸이의 〈강남스타일〉의 "지금부터 갈 때까지 가볼까"라는 가사와 말춤이 매우 노골적인 성적 코드를 담고 있음을 모르는 사람은 없을 것이다. 슬픈 노래도 마찬가지다. 지나의 〈꺼져줄게 잘 살아〉처럼 자기 울분을 직설적으로 내뱉는 노래들이 대부분이다.

영혼이 없는 노래

문화 산업 시대의 노래는 '자극의 논리'를 따른다. 자극의 논리란 자극이 강할수록 대중의 눈과 귀를 사로잡을 수 있다는 논리다. 한 번만 들어도 곧장 외울 정도로 단순하고 반복적인 후크송이 많아진 것, 가사에 은유와 상징이 사라지고 직설적인 표현으로 가득 차게 된 것, 섹스어필하는 댄스 음악이 주류가 된 것, 여자 아이돌의 신체 노출 사고가 빈발하는 것 등은 모두 경쟁적으로 자극 투쟁을 벌인 결과다. 가수들은 제도가 허용하는 한계치의 최상층부에서 누가 더 자극적인지를 경쟁하고 있다.

모든 예술에는 본래 자극적인 요소가 존재한다. 그래야 관심을 유도할 수 있고, 작품의 메시지를 환기시킬 수 있기 때문이다. 그러나 자극이 너무 과해지면, 예술 본연의 성질이 사라지게 된다. 예를 들어 자극에만 초점을 맞춘 포르노를 예술이라 부르지 않는 데는 이유가 있다. 예술 작품은 감상의 대상이 될 수 있어야 하는데, 과도한 자극은 감상보다는 반응을 유발한다. 감상한다는 것은 음미하고 곱씹어본다는 것이다. 그것은 수용자의 주체적인 정신 작용을 요구한다. 그것은 원초적인 감각에 기반해 수동적으로 받아들이게 되는 반응과 다르다.

1970~1980년대까지만 해도 음악은 감상의 대상이었다. 그때도 음악은 산업의 기반 위에 있었지만, 자본의 논리가 지금처럼 거세지는 않았다. 음악하는 사람들 중에는 유재하나 김광석처럼 음유시인적 기질을 가진 사람도 많았다. 노랫말에는 시처럼 은유와 상징이 적잖이 포함되어 있었다. 노래가 음악 감상실에서 음미하고 곱씹어 볼만한 대상이 되었던 것도 그 때문이다.

작곡가 김형석의 말처럼 요즘 노래는 "정서의 차원에서 기획의 차원으로 넘어왔다". 특히 대중가요의 주류인 아이돌 음악은 그것을 만들고 부르는 사람의 주체적 정서를 반영하지 않는다. 노래는 가수를 스타로 만들고, 가수에 대한 팬덤 현상을 조장할 목적으로 기획된다. 거기에는 영혼이 없다. 그것은 자기소외의 노래다. 음악인의 자기소외는 다시 수용자에게 확산된다. 영혼이 없는 노래를 부르고, 듣는 시대. 그런 시대를 사는 우리는 불행하다.

08

문화가 국력이라는 것에 대하여

김구가 문화대국을 꿈꾼 이유

김구는 『백범일지』의 「나의 소원」에 이렇게 썼다. "나는 우리나라가 세계에서 가장 아름다운 나라가 되기를 원한다.……우리의 부력은 우리의 생활을 풍족히 할 만하고, 우리의 강력은 남의 침략을 막을 만하면 족하다. 오직 한없이 가지고 싶은 것은 높은 문화의 힘이다. 문화의 힘은 우리 자신을 행복하게 하고 나아가서 남에게 행복을 주겠기 때문이다." 이것은 문화의 중요성을 말할 때, 흔히 인용되는 글이다. 그럼에도 이 글의 진면목은 잘 알려지지 않고 있는 것 같다.

누가 문화가 중요하다고 말할 때, 그것을 수긍하기는 쉽다. 딱히 틀린 말은 아니기 때문이다. 그러나 생각해보면, 세상에 중요한 것은 문화만이 아니다. 경제도 중요하고, 외교도 중요하고, 과학도 중요하다. 김구의 말에서 중요한 것은 이것이다. '왜 하필 경제대국이나 군사대국, 과학대국이 아니라 문화대국이 이상적 국가의 상이 되어야 하는가?' 이에 답할 수 있어야 그의 말을 진정으로 이해한 것이다.

우리가 부강한 나라가 되어야 한다고 주장하는 지도자는 지천에 깔렸다. 그러나 문화대국이 되어야 한다고 주장하는 지도자는 지금도 매우 드물다. 그런 점에서 김구의 주장은 여전히 이채롭다. 지금도 정치인들이 문화의 중요성을 언급할 때가 있기는 하다. 그러나 그럴 때조차 정치인들은 '부강한 나라가 되는 방편'으로써 문화를 바라본다. 예를 들어 잘 만든 드라마 한 편이 해외에서 벌어들이는 외화가 자동차 1년 수출액에 맞먹는다든가, 한류가 외국에서 민간 외교관 역할을 톡톡히 함으로써 국가의 위상을 높인다는 점을 강조하는 식이다.

김구가 문화의 힘을 강조한 것은 국가 경제에 이익이 되기 때문이 아니었다. 고매한 문화는 그 자체로 가치 있고, 행복감을 높여주기 때문이었다. 김구는 "인류가 현재에 불행한 이유는 인의가 부족하고 자비가 부족하고 사랑이 부족한 때문"이며, 이 "정신을 배양하는 것은 오직 문화"라고 썼다. 그리고 "최고 문화 건설의 사명"은 "모두 성인을 만드는 데 있다"고 했다. 이것은 인류 문명의 발전이 인간의 발전에 달려 있으며, 인간의 발전은 정신의 발전에 달려 있다는 그의 생각을 잘 보여준다. 김구가 중시한 것은 물질적 영역과 대별되는 '정신적 영역'이었다. 그는 위대한 정신을 배양하는 토대로서 문화를 중시했다.

문화 선택과 인간의 정신

재일 작가 서경식은 이런 말을 한 적이 있다. "차와 운전 기술이 있으면 어디든 갈 수 있다. 그러나 그것은 어디로 가야 하는지를 알려주지는 않는다." 차는 어디로 갈 수 있는 물질적 조건이다. 운전 기술은 테크닉이나 재능이다. 그러나 그 두 가지를 갖추고 있어도 가고 싶은 목적지가 없다면 별 소용이 없다. 그러면 어디로 갈 것인가를 결정하는 것은 무엇인가? 그 사람의 정신이다.

그런데 사람의 정신은 문화의 영향을 많이 받는다. 문화는 인간과 사회가 만들지만, 일단 형성된 문화는 다시 인간과 사회를 지배한다. 인간은 일정한 문화 속에서 보고, 느끼고, 생각하고, 행동한다. 심지어 체험과 사실에 대한 가치판단도 문화가 기준이 된다. 문화는 인간의 의식뿐 아니라 무의식에도 영향을 미친다. 인간의 사고와 행동에 있어서 문화의 영향은 광범위하고도 결정적이다.

문화는 정치, 경제, 교육, 과학 등 여타의 분야를 담는 그릇이기도 하다. 그 그릇이 어떤가에 따라 여타 분야의 향방이 결정된다. 경제적 풍요와 과학기술이 어디에 어떻게 쓰일지, 어떤 쪽으로 발전시켜 나가야 하는지를 결정하는 것은 문화다. 문화는 그 거대한 영향력 때문에 한 사회의 정체성 형성에 핵심 역할을 한다. 또한 그 광범위한 영향력 때문에 권력에 의해 국민의 의식과 행동을 통제하는 데 이용되기도 한다.

문화는 자연조건을 반영한다. 자연조건은 인간이 마음대로 정할 수 있는 것이 아니다. 그러므로 그 반영으로서의 문화 역시 자유에 제약을 받는다. 그러나 문화는 자연조건에 대한 기계적 조응은 아니다. 문화는 인간 정신의 반영이기도 하다. 인간이 어떤 생각을 갖는가는 상당히 유동적이다. 이 부분에서 문화 선택은 자유를 획득한다. 문화 선택은 자연조건과 인간의 정신이 어떻게 조합되느냐에 따라 결정된다. 주어진 자연조건에 어떤 정신이, 어느 정도의 비중으로 조합되느냐에 따라 결정되는 것이다.

주지하다시피, 자연조건을 극복하는 인간의 능력은 근대 이후 급속하게 커져왔다. 그에 따라 문화 선택의 폭도 넓어졌다. 그러나 그것은 마냥 좋은 것이 아니다. 자유에는 늘 책임이 따르는 법이다. 잘못된 문화 선택의 결과로 발생하는 재앙의 규모도 갈수록 커져가고 있고, 그에 따라 책임도 더욱 무거워지고 있다.

세계화된 상업 문화

예전에는 각 사회들이 자기 고유의 문화를 갖고 있었다. 그러나 세계화된 이후, 한 사회가 독립적으로 자기 문화를 고수하는 것은 매우 어려워졌다. 사람들은 '세계화' 하면 각 사회들이 자기 고유의 문화를 유지한 채로 서로 소통하는 모습을 떠올리기 쉽다. 그러나 세계 단일 경제 속에서 정보, 물자, 사람이 국경 없이 넘나드는 세계화는 문화 주권이 보장된 채로 소통만 하는 것이 아니다. 세계화는 그 자체로 각 나라와 지역 고유의 문화를 파괴한다. 그리고 지구적 차원에서 문화를 획일화시킨다.

세계화 과정은 거대한 정치경제적 압력 속에서 이루어졌다. 전 세계의 시민들은 세계화에 동의한 적이 없다. 세계화에 대한 진지한 논의도 없었고, 의사 타진도 없다. 그 진행 과정은 이랬다. 우선 구미 선진국 정부와 글로벌 자본의 정치경제적 압력이 있었다. 그리고 반주변부와 주변부 국가권력이 이에 타협하거나 굴복하는 과정이 있었다. 세계화는 그렇게 진전되었다. 그 과정에는 신자유주의라는 이데올로기 공세 그리고 교류와 소통의 논리로 무장한 문화적 침공도 크게 한몫했다.

그 결과 우리는 전대미문의 문화적 풍경을 목도하게 되었다. 전세계 어디에나 맥도날드와 나이키 매장이 있고, 스타벅스가 있다. 삶의 양태가 비슷해짐에 따라 사람들의 정신도 비슷해졌다. 상업 문화의 세례를 받은 사람들의 머릿속은 비즈니스 마인드로 가득 찼다. 경제는 문화를 삼켜버렸다. 문화는 경제에 지배된 형태로 나타나거나, 정신을 가장한 상업적 표현으로 나타난다. 문화는 시장에서 살아남을 수 있고, 새로운 소비욕구를 창출할 수 있는 것들로만 이루어진다. 사람들은 소비시장으로의 진입을 문화 경험이라고 여기게 되었다. 문화는 자본에 잠식되었고, 상품이 문화가 되었으며, 이윤이 문화적 가치가 되었다.

흔히 '문화가 국력'이라고 한다. 이 말은 국가 고유의 문화가 유지될 수 있음을 전제로 한다. 그러나 작금의 상황은 '그것이 과연 가능한가?' 하는 근본적인 물음을 던지게 한다. 더구나 오늘날은 문화 산업이 문화를 대체하고 있다. 문화 산업 시스템에서 그 나라 고유의 문화가 얼마나 관철되고 있는가는 중요하지 않다. 인간의 정신과 품위를 얼마나 성장시키는가도 중요하지 않다. 중요한 것은 오로지 경제적 이익이다.

인간은 문화적 동물이다. 인간은 본능보다 문화에 의존한다. 그렇다고 본능을 초월하는 것이 무조건 좋은 것은 아니다. 좋을 수도 있고 나쁠 수도 있다. 좋은 문화가 정착되면 선하고 아름다운 국가가 되고, 인류 문명에도 크게 기여하겠지만, 나쁜 문화가 정착되면 본능에 의존하는 금수禽獸보다 못한 행동과 그로 인한 재앙이 창궐한다. 인류의 문화적 진화 과정에는 별별 일들이 다 있었음을 기억해야 한다. 문화는 여전히 힘이 세다. 쉬운 일은 아니지만 우리를 둘러싼 문화가 건강하지 않다면 그것을 바꾸는 노력을 해야 한다.

09

문화 산업의 본질은 무엇인가 1
자본에 포획된 예술

문화의 사회적 중요성

우리는 살면서 자신을 드라마나 영화 속의 주인공처럼 느낄 때가 있
다. 홀로 바에 앉아 술을 마실 때, 여행을 할 때, 음악을 들으며 도심 한
복판을 걸을 때, 우리는 종종 그렇게 느낀다. 한마디로 센티멘탈해진
다. 이렇게 느끼는 이유는 대중매체 때문이다. 영화·드라마·광고
속에서 이러한 행동이 감성적으로 표현된 것을 보았고, 그러한 감성
에 익숙해져 있다. 인간은 문화적 동물이다. 인간의 인식은 문화의 영
향을 받는다. 인간은 문화 관념에 의해 사물을 보고 느낀다. 엄밀하게
말해, 문화와 독립해서 존재하는 경험이란 사실상 없다.

　문화의 영향은 전방위적이다. 문화란 사회적인 분위기, 심리, 정
서, 견해, 의견, 담화, 담론, 관습, 전통, 생활, 의사소통, 사상, 이데올로

기, 오락, 기예, 과학적·이론적·철학적 지식 및 의식의 총체다. 습관은 문화를 낳고, 문화는 다시 습관을 낳는다. 파스칼은 『팡세』에서 이렇게 말했다. "습관은 제2의 본성이다. 그것은 제1의 본성을 파괴한다." 여기서 제1의 본성은 인간이 가진 동물적 본성, 그리고 제2의 본성은 문화를 말한다. 인간도 동물인 까닭에 동물적 본성이라 부를 만한 것을 갖고 있을 것이다. 그러나 다른 동물들처럼 본성이 확정되어 있지는 않다. 인간은 사회 문화를 자신의 본성에 착종시킨다. 사회 문화에 따라 인간의 본성은 유동한다.

문화는 두 사람 이상만 있으면 생겨난다. 문화는 사람이 만들지만, 한 번 정착된 문화는 다시 사람들을 지배한다. 문화가 인간과 사회에 미치는 영향은 아무리 강조해도 지나치지 않다. 예를 들어 우리는 인간의 탐욕이 현대사회의 여러 문제의 원인으로 지목되는 것을 자주 본다. 인간의 탐욕이 지금처럼 창궐했던 적은 없었고, 그로 인해 많은 문제들이 발생하는 것은 맞다. 그러나 대다수 인간의 무한한 탐욕이 우리 시대의 특징이라면, 그것은 자본주의 사회 문화의 산물이라고 봐야 한다. 문화는 중요하다. 문화가 올바르면 어리석은 자도 재앙을 면하지만, 문화가 올바르지 않으면 모두가 재앙을 면치 못한다.

대중문화 형성의 주체

그러면 오늘날 이렇게 중요한 문화를 형성하는 주된 주체는 누구일까? 대중? 예술가? 아니다. 바로 매체와 오락 분야를 포괄하는 '문화 산업cultural industy'이다. 현대사회에 존재하는 것은 '대중문화'이고, 그것은 문화 산업의 결과라 해도 과언이 아니다. 문화 산업은 '문화의 산업화'와 '산업의 문화화'로 정의할 수 있다. '문화 산업'이라는 용어는 아도르노와 호르크하이머가 『계몽의 변증법』에서 쓴 것이다. 문화의 대량생산과 대량소비 현상을 비판하기 위해 사용한 개념이다.

문화 산업의 출현은 출판, 텔레비전, 라디오, 음반, 광고, 영화, 신문 같은 대중매체의 발달과 밀접한 관련이 있다. 1950년대 이후 대중매체의 발달로 문화적 산물의 대량 복제, 대량 전파가 가능해졌다. 그로 인해 사람들이 문화를 접할 기회가 늘었고, 대중문화가 출현해 확산되었다. 텔레비전이나 라디오 같은 대중매체가 대량 보급되자, 그를 중심으로 이윤창출 가능한 것들이 급속하게 상업화되었다. 여러 문화적 산물들 중에서도 대중매체를 통해 소비될 수 있는 것들이 사회적으로 위세를 떨치게 되었다.

대중문화라는 말은 '대중이 주체가 되어 생성한 문화'라는 뜻으로 받아들여지기 쉽다. 그러나 대중을 문화의 주체가 아니라 문화의 객체로 만드는 것이 문화 산업의 기본 원리다. 문화 산업 시스템 속에서 사람들은 스스로 노래 부르고 춤추고 잡담을 나누는 즐거움에서 소외된다. 대중은 연예인이나 방송인이 춤추고 노래하고 수다를 떠는 것을 구경할 뿐이다. 다른 사람들과 얘기할 때에도 대중매체에서 보고 들은 것을 이야기할 뿐이다. 체험하는 즐거움을 구경하는 즐거움이 대신하게 됨에 사람들은 대중매체가 제공하는 오락에 더욱 집착하게 된다.

예술이 상품이라는 것은 새로운 것이 아니다. 근대 이전에도 예술 작품은 사고팔렸다. 그러나 당시의 예술은 상업적 속성보다는 문화적 품위와 기능이 강조되었다. 그러한 분위기는 산업자본주의 초기까지만 해도 어느 정도 유지되었다. 그러나 자본주의 생산방식이 지배적이 되면서 문화적·정신적 생산수단은 자본의 통제를 받고 이윤증대에 동원되기 시작했다. 그리하여 오늘날 정신적인 소통 공간은 거의 상업적이고 사적인 가치로 채워졌다. 언론, 정보, 문화, 지식, 오락 등 정신적 영역은 상품 논리에 포섭되었다.

오늘날 새로운 것은 예술이 상품임을 노골적으로 드러낼 수 있게 되었다는 점이다. 영화나 드라마는 더는 예술인 척하지 않는다. 영화나 드라마의 책임자들에게 가장 중요한 것은 그것이 '얼마나 히트하는가'다. 장사가 그들의 이데올로기다. 음악과 미술도 마찬가지. 음악은 '대중가요'나 '영화음악'이라는 이름으로, 미술은 '산업디자인'이나 '실용미술'이라는 이름으로 상업화되었다. '대중가요'에서 '대중'은 상업적 타깃을 의미하며, '실용미술'에서 '실용'은 '경제적 실용'을 의미한다.

변화한 예술가의 위상

현대사회에서 예술가들은 스스로의 자율성을 포기하고, 심지어 상품 생산의 일원이 되었음을 자랑스러워 한다. 예술가들은 자본가를 위해 일하거나 '일인 기업'을 자칭한다. 그리고 자신의 상업적 성공을 사회적 유용성과 동일시한다. 그것이 시스템의 문제인 한, 개인적 선택의 자유는 쉽게 허용되지 않는다. 문화 산업 시스템 속에서 예술가들은 심미적 전문가지만 사업가의 삶도 살아야 한다. 예술가로서의 능력이 뛰어나도 자신의 이미지와 자신의 작품을 파는 사업가로서의 능력이 부족하면 실제로 사회적으로 성공할 확률이 줄어든다.

아도르노의 말처럼 문화 산업의 산물은 시장에 나와서야 상품으로 변하는 예술 작품이 아니다. 그것은 애초부터 시장에서 팔릴 수 있는 상품 목록으로 생산된 것이다. 문화 산업 시스템 속에서 예술가들은 시장에서 '팔릴 만한 작품'을 만들어내야 한다는 강박에 시달리게 된다. 시장에 순응하지 않는 예술가는 경제적인 무능 상태에 빠지게 되고, 이는 정신적 무기력, 나아가 예술적 무기력으로 이어진다. 경제생활에서 배제된 국외자는 예술적으로도 무능하다는 판정을 받기 쉽다.

세간에 예술가를 향한 존경과 동경이 존재하는 이유는 그들이 자신만의 정신적 산물을 만들어내기 때문이다. 그것은 예술가들이 갖고 있는 독립성과 자율성을 기반으로 한다. 그런데 문화 산업은 예술가의 독립성과 자율성을 이윤 목적에 이용한다. 예술가의 독립성과 자율성이 침해당할 수밖에 없다. 예술가의 독립성과 자율성은 문화 산업이라는 틀 안에서 소극적으로 발휘될 뿐이다. 오늘날 예술가의 위상은 해야 하는 작업이 이미 정해져 있고, 그 안에서 다소의 자율성을 발휘하는 장인匠人과 비슷하게 되었다.

대부분의 문화 상품들은 초기 제작 비용이 많이 들지만, 일단 생산되고 나면, 재생산에는 한계비용이 아주 낮다. 거의 제로에 가깝다. 이런 특성 때문에, 문화 산업에서의 자연 독점natural monopoly과 승자 독식winner-take-all은 여타 산업보다 더욱 빠르고 극단적으로 나타난다. 대자본이 문화적 재부의 생산, 유통, 투자를 독식하고 나면, 예술가들의 독립적이고 자유로운 활동은 더욱 위축된다. 독과점 상황은 그 자체로 예술가들에게 이런 압력을 전달한다. '나처럼 생각하지 않고, 나와 손잡지 않는 것은 네 자유다. 그렇지만 오늘 이후 너는 예술 활동에 필요한 자금을 구할 수 없을 것이다. 설사 예술 작품을 만들더라도 대중과 만날 수 있는 경로를 찾을 수 없을 것이다.'

문화의 모든 형태는 본래 정신의 외화外化다. 그러나 정신은 문화 산업이라는 '좁은 문'을 통과해야 한다. 몇 안 되는 거대 문화 산업체들은 정신의 필터 역할을 한다. 우리에게 전달되는 정신 세계에는 예외 없이 문화 산업의 인장이 찍혀 있다. 문화 산업에서 정신은 경제 활동의 일환으로서만 나타난다. 그로 인해 창작자의 정신 세계는 온전히 표현되지 못하거나, 상품 가치를 창출할 수 있도록 왜곡되어 표현된다.

획일화된 문화 상품

오늘날 문화는 세계적으로 비슷해져가고 있다. 문화의 동질화는 문화 산업의 상업성 때문이다. 문화 산업은 다양한 사회와 사람들의 욕구를 충족시켜야 한다. 언뜻 생각하면, 문화 산업은 다양한 상품과 서비스를 공급해야 할 것 같다. 그러나 현실은 반대다. 수용자가 모이고, 광고주가 관심을 두는 문화 서비스나 상품은 제한적이기 때문이다. 시장 환경에서는 상업주의와 하향 평준화된 오락적 가치에 충실한 문화 생산물만이 광고주의 선택을 받고 수용자를 길들일 수 있다.

문화 산업이 사람의 저변에 깔린 색정, 폭력, 음모 같은 것을 주로 건드리는 데에는 이유가 있다. 그것들은 상업적 보편성이 있어서 세계 어디서나 잘 팔리기 때문이다. 문화 산업은 문화 상품이나 문화 서비스를 소비하면 모든 욕구가 실현될 수 있는 것처럼 말한다. 그러나 그 욕구들은 문화 산업에 의해 사전에 결정된 것이다. 막스 피카르트가 『우리 안의 히틀러』에서 말한 것처럼 "현대인들이 원하는 것은 풍속, 음식, 노래, 연예인, 쇼, 정보 등 조금씩"이다. 영화, TV, 라디오, 잡지는 각 부문별로도, 문화 산업 전체적으로도 획일화된 체계를 만들어낸다.

A라는 문화 상품과 B라는 문화 상품의 차이는 본질적인 것이라기보다 소비자들을 분류하고 조직하고 장악하는 과정에서 생겨난 차이에 불과하다. 예를 들어 TV 드라마는 여러 난관을 극복하고 부와 권력을 거머쥐는 성공 신화, 돈 많고 멋진 남자가 자신을 사랑하고 구원해준다는 신데렐라 이야기, 적대적 관계(조건)에 있는 남녀가 서로 사랑을 성취해나가는 로미오와 줄리엣 이야기의 무한반복이라 해도 과언이 아니다. 신데렐라 이야기라면 백마 탄 왕자의 직업이 대기업 회장 아들, 프랜차이즈 카페 사장, 인기 가수 같은 식으로 바뀔 뿐이다. 신데렐라의 직업도 그에 맞게 대기업 청소부, 카페 아르바이트생, 방송국의 신입 작가 같은 식으로 바뀔 뿐이다.

영화는 드라마보다 조금 덜 뻔해야 한다. 영화는 드라마와 달리 돈을 내고 영화관에 입장하게 만들어야 하기 때문이다. 그럼에도 불구하고 영화 내용에서 누가 상을 받고, 누가 벌을 받을지, 누가 중간에 사라질지를 예측하는 것은 그리 어려운 일이 아니다. 이러한 진부함은 영화 산업의 본적인 미국에서 만들어진 것이다. 그리고 대부분의 영화는 할리우드 영화 문법을 충실히 따른다. 전체적으로 보면 영화의 스토리 역시 뻔하다. 특히 요즘에는 이러한 진부함이 컴퓨터 그래픽을 이용한 자극적인 시각 효과나 연출 기법으로 메워지는 경우가 많다.

인기 가요 역시 몇 마디만 들어도 노래가 어떻게 진행될지 짐작할 수 있다. 미국에서 어떤 곡이 히트하면, 그와 비슷한 분위기의 노래들이 우리나라에서도 쏟아진다. 만약 가사 한 토막을 적어놓고 이것이 어떤 노래의 가사인지 맞혀보라 한다 해보자. 맞추기가 힘들 것이다. 가사들이 다 비슷비슷하기 때문이다. 문화 상품과 문화 서비스 가치의 유일한 척도는 '얼마나 이목을 잘 끄는가', '얼마나 포장을 잘하는가' 가 된다. 소비자들이 누리는 즐거움은 내용의 새로움에서 나오는 것이 아니라, 겉포장의 새로움에서 나온다.

혹자는 매체와 채널이 증가하면 문화적 다양성이 구현될 것이라고 말하기도 한다. 그러나 문화가 시장의 논리 아래 묶여 있는 한, 매체와 채널이 아무리 증가해도 비슷한 프로그램의 양적 팽창만을 낳을 뿐이다. '세계화된 문화 산업' 역시 지배에 충실할 뿐이지, 융합에 충실하지 않다. 진정한 융합은 국가와 지역의 문화의 다양성을 전제로 한다. 다양성은 정신의 기초다. 문화의 다양성은 새로운 정신을 낳고, 새로운 정신은 문화를 더욱 다양하게 만든다. 둘은 상호 되먹임 관계에 있다.

문화 산업이 다양한 상품과 서비스를 제공하는 것은 낙타가 바늘구멍을 통과하는 것만큼이나 어렵다. 하루가 멀다 하고 많은 문화 상품들이 쏟아져 나오지만, 보고 들을 만한 문화 상품들은 갈수록 적어지는 것은 문화 산업의 발달과 밀접한 관련이 있다. 문화 산업이 발달할수록 문화 상품의 생산, 유통, 소비에 많은 자본이 투자된다. 자본이 많이 투자될수록 자본 이익의 논리가 거세진다. 그것은 다양성과 독립성에 기초한 문화 활동의 정신성을 훼손한다.

10

문화 산업의 본질은 무엇인가 2
경제 논리와 문화 논리

문화 산업의 창구 효과

사람들은 문화 산업의 수익을 생각할 때, 영화 관객이 내는 티켓값, 음반 판매 비용, 음원 다운로드 비용, 혹은 연극이나 콘서트 티켓값 같은 것을 주로 떠올린다. 그러나 문화 산업이 그렇게만 운영되었다면, 그 규모가 지금처럼 확대될 수 없었을 것이다. 문화 산업은 일반적으로 다른 산업과의 연관 효과가 매우 크다. 이를 창구 효과window effect라 한다. 창구 효과는 하나의 문화 상품이 한 영역의 상품으로 끝나지 않고, 문화 산업 내의 다른 영역이나 다른 산업에서 또다시 가치를 창출하는 것을 말한다. 창구 효과는 문화 산업의 독특한 특성으로, 문화 산업의 규모와 사회적 영향력 확대의 중요한 기반이다.

이를 테면 어린이들이 좋아하는 '뽀로로'는 TV 애니메이션만이 아니라 영화로도 제작되며 그 방영권이 외국에 수출되기도 한다. 또한 뽀로로 캐릭터는 어린이용 공산품(완구, 문구, 가방, 게임, 스포츠 용품, 의류, 신발, 식기, 과자, 음료수 등)에 광범위하게 쓰인다. 그 캐릭터는 학습 만화에 쓰일 수도 있고, 어린이를 대상으로 한 공익 캠페인 광고나 포스터에 쓰일 수도 있다. 성공한 애니메이션은 산업적 차원에서 무궁무진하게 시장을 다변화시키며 이익을 꾀할 수 있다.

요즘은 한류 열풍이 거세다. 거기에 부응해 한국의 영화, 드라마, 뮤직비디오에 매력을 느낀 외국인들은 한국의 영화 DVD, 스타 브로마이드, 음반, 공연만 소비하는 것이 아니다. 한류 열풍은 자연스럽게 한국의 패션, 음식, 자동차, 휴대전화, 가전제품, 영화나 드라마 촬영지 등에 대한 관심을 유도한다. 한국 공산품에 대한 호감도가 높아지고, 한국 여행, 한국 유학 수요도 많아진다. 나아가 한국의 게임이나 한국 원정 성형수술에 이르기까지 광범위한 수입원을 만들어낸다.

2009년 방영되어 큰 인기를 끌었던 학원 드라마 〈꽃보다 남자〉가 교복 시장에 미친 영향을 생각해보자. '귀족 명문 사립 학교'를 배경으로 한 이 드라마에 등장한 교복은 그야말로 패셔너블했다. 남학생 교복은 비싼 정장 같았고, 여학생 교복은 귀엽고 섹시했다. 드라마가 방영된 이후, 교복 시장은 더욱 고급화되고 세련되어졌다. 특히, 여학생들의 상의는 타이트하게 올라붙고, 스커트 길이는 일본 여학생들을 생각나게 할 정도로 짧아졌다(이 드라마의 원작은 일본 만화다). 복장 검사에 엄격했던 학교들도 TV가 앞장서서 '교복도 스타일'이라는 분위기를 연출하자, 그것을 대세로 여기게 되었다. 시장 확대는 교복에 그치지 않았다. 스타일리시한 교복에 맞는 가방, 신발, 화장법, 헤어스타일, 액세서리에 대한 관심이 폭증했다.

하나 더 예를 들어보자. 2009년 전 세계 영화 사상 가장 큰 흥행 기록을 쓴 영화 〈아바타〉는 오락 영화 시장의 흐름만 3D로 바꿔놓은 것이 아니었다. 그 영향을 받은 전자업체들은 3D 기술이 향후 TV 시장의 판도를 결정할 것으로 보고, 경쟁적으로 3D TV 개발에 박차를 가해 시장에 제품을 쏟아냈다. 실제로 삼성전자는 〈아바타〉를 만든 제임스 캐머런 감독과 영화 제작팀과의 공조체제 속에서 3D 제작 기법과 화질 표현, 모니터링을 통해 3D 핵심 노하우를 축적했던 것으로 알려졌다.

그에 발맞춰 스포츠, 뮤직비디오, 애니메이션, 다큐멘터리 등 방송 콘텐츠의 3D 제작이 급증했다. 그 전에도 3D 기술이 없었던 것도 아니고, 그 기술을 이용한 영화가 없었던 것도 아니다. 그러나 〈아바타〉는 영화 속에 표현된 상상의 세계가 실제라는 착각을 불러일으킬 정도로 섬세하고 세련된 기술을 구현했다. 무엇보다 그 엄청난 상업적 성공을 통해 3D 시장의 수익성에 대한 물음표를 확실히 제거해주었다. 3D TV와 3D 콘텐츠 시장이라는 블루오션을 형성하는 데 결정적인 역할을 했던 것이다.

이중상품 생산

미디어 경제학자 로버트 피커드에 따르면, 대중미디어는 이중상품dual products을 생산한다. 대중매체는 '메시지'라는 상품이면서 동시에 '광고'인 상품을 판다. 예를 들어 TV 프로그램들은 메시지와 광고의 경계를 모호하게 만든다. 그래도 예전에는 광고와 프로그램 사이의 경계가 지금과 비교해 명확한 편이었다. 그러나 미디어 시장이 발달하면서 갈수록 프로그램과 광고가 통합되는 추세다. TV 드라마에는 PPL 광고(마케팅 전략의 하나로 영화, 드라마 등에 특정 제품을 등장시켜 홍보하는 것)가 넘쳐난다. PPL 광고는 스토리를 전개하는 와중에 단지 상품 노출을 끼워 넣는 것이 아니다. PPL 광고는 드라마의 분위기와 스토리에 영향을 줄 정도로 중요한 몫을 차지한다.

오락 프로들도 대부분 광고성 프로다. 오락 프로에 등장하는 게스트들은 시청자들에게 약간의 즐거움을 주는 대신 자신이 출연한 영화·드라마·공연, 자신이 낸 책, 자신이 발표한 노래, 자신이 MC를 맡은 TV 프로, 심지어 자신이 찍은 광고까지 홍보한다. 방송국의 간판급 오락 프로는 국민에게 문화 상품과 공산품의 소비를 유도하는 허브 역할을 한다. 심지어 TV 뉴스도 광고성 정보를 전달한다. TV 뉴스는 상당 부분 대기업의 신제품 출시, 홍보성 이벤트, 새로운 서비스 내용을 소개하는 것으로 채워진다. 자사의 오락 프로나 드라마, 거기에 출연하는 연예인 관련 뉴스를 내보내 관심을 유도하기도 한다.

전체적으로 TV는 여성 잡지와 같다. 여성 잡지는 '광고 전단지 묶음'이라 해도 좋을 정도로 광고 물량이 많다. 여성 잡지에 실린 기사는 광고를 봐주는 대가로 제공되는 심심풀이 땅콩에 불과하다. 고급 종이에 두꺼운 올컬러 책이라는 점을 감안하면 여성 잡지 가격은 싼 편이다. 게다가 때때로 잡지 가격을 상회하는 사은품을 제공한다. 그러나 독자들이 광고를 보고 소비하는 비용을 생각하면 그것은 결코 싼 것이 아니다.

TV도 마찬가지다. TV가 제공하는 오락을 즐기는 데에는 비용이 별로 들지 않는다. 비용이라야 수신료와 전기료 정도다. 그러나 TV를 통해 노출되는 직간접 광고를 보고 자극받아 소비하는 비용을 생각하면 공짜가 아니다. 더구나 스타급 연예인들이 광고하는 제품들은 대부분 대기업에서 생산된 것들이다. 우리 사회는 사실상 몇몇 대기업에 의해 독과점 상태에 있다. 그것을 감안하면 스타급 연예인들은 다소의 즐거움을 제공하는 대신 전 국민을 대상으로 일상적으로 세금을 걷어가는 것과 같다고 할 수 있다.

문화 상품은 그 자체로 수익 모델을 다변화시키는 상품이면서 또 다른 산업의 상품 소비를 파생시키는 역할을 한다. 문화 산업은 다른 자본의 가치 증식을 위해 일한다. 다른 상품의 소비 과정에서 일종의 중개인이나 브로커 역할을 하면서 수익을 확대한다. 그렇게 성장한 거대 문화 산업체는 일반인의 상상을 초월할 만큼 복합 기업으로 진화하고 있다. 거대 문화 산업체는 음반, 드라마, 영화, 애니메이션의 제작과 유통을 지배하고 있을 뿐 아니라 스포츠팀, 영화관, 공연장, 유선방송사, 출판사, 광고회사, 신문사, 잡지사, 게임회사 등을 소유하고 있다. 또한 정부, 부동산, 증권 등 다양한 곳과 접촉하고 투자해 이익을 뽑아낸다.

문화 산업의 기회주의

문화 산업은 생산물의 상품성을 노골적으로 강조하기도 하지만, 예술이 본래 갖고 있었던 고차원적이고 우아한 이미지, 독립적이고 자율적인 이미지를 강조하기도 한다. 상반되어 보이는 두 방식의 목적은 같다. 둘 다 이윤 추구를 위한 것이다. 이것이 가능한 것은 문화 산업이 '문화'이면서 '산업'이기 때문이다. 문화 산업은 자신이 가진 이러한 이중적 이미지를 상황에 따라 기회주의적으로 이용한다. 문화 산업은 무엇이 더 이윤 추구에 이로운가를 따져서 생산품의 문화적 측면을 강조하기도 하고, 상업적 측면을 강조하기도 할 뿐이다.

문화 산업은 자신의 사회적 기능에서도 기회주의적으로 대처할 수 있다. 문화 산업은 산업 규모 확장에 필요한 사회적 지원을 얻어낼 때는 '경제 논리'를 내세우는 한편, 문화의 산업화로 인해 발생하는 사회적 병폐가 문제가 되면 '문화 논리'로 도망친다. 이를 테면 게임 산업은, 잘 만든 게임 하나가 자동차를 수출해서 벌어들이는 것보다 더 많은 외화를 벌어들여 국가 경제에 이바지한다는 경제 논리를 주장한다. 그러나 게임 중독에 대한 비판적 여론이 비등해져 규제가 가해지면 '문화' 산업에 지원은 못해줄망정 오히려 그것을 방해한다고 주장한다.

사적 기업이 이윤을 목적으로 만들었다 해도 문화 상품은 그 문화적 특성 때문에 공공 영역에서 거래되고, 공적인 기능을 하게 된다. 이를 테면 대중음악은 듣기 싫다고 거부할 수 있는 것이 아니다. 대중음악은 백화점, 식당, 카페, 지하철 승강장, 헬스클럽, 주점, 고속버스 터미널, 길거리에서 쉴 새 없이 들려온다. 후크송hook song은 말 그대로 사람들의 눈과 귀를 낚는다. 반복되는 후렴구는 자신의 의지와 상관없이 순식간에 외워져버린다. 사람들이 많이 모이는 쇼핑몰과 공공시설은 문화 상품을 대중에게 전달하는 거대한 통로 역할을 한다.

문화 산업은 산업이지만, 문화라는 프리미엄을 갖는다. 문화는 관성을 만들고, 관성은 문화를 강화한다. 그런 까닭에 소비도 관성적으로 이루어진다. 문화 상품은 인간의 의식뿐 아니라 무의식을 공략한다. 사람들은 인간적인 삶에 필요한 정보나 문화생활을 포기하고 인위적으로 만들어진 대중문화 상품에 길들여진다. 문화 산업은 그를 통해 최대의 이익을 얻는 전략을 구사한다. '습관의 경제학Habit Economics' 이라고 할 수 있다.

문화 산업에는 문화로서의 특성과 산업으로서의 특성이 공존한다. 문화는 공적이지만, 산업은 사적 이익을 추구한다. 그런 까닭에 문화 산업은 공적 영역과 사적 영역의 경계를 무너뜨린다. 현대사회에서 문화 산업의 가장 중요한 기능은 이것이다. 많은 영역에서 사적 이익의 논리가 공적 영역에서 작용하고 있는데, 그 현실이 이상하지 않고 자연스럽게 보이게 하는 것이 중요하다. 문화 산업은 그 최적임자다.

11

문화 산업의 본질은 무엇인가 3
기만적 의식 통제의 기구

문화 산업의 국가주의

우리 시대의 문화 산업은 아이들의 꿈을 단기간에 검사와 과학자에서 연예인과 운동선수로 바꿀 만큼 가공할 교육력을 행사하고 있다. 그뿐인가? 특정 연예인들을 '국민 가수'나 '국민 배우'라고 부른다. 국민의 대표자라는 뜻이다. 국내에서만 그런 것이 아니다. 외국도 마찬가지다. 예를 들어 한류 덕에 많은 일본인은 한국을 '욘사마(배용준)의 나라'로 기억한다. 다른 아시아인들도 한국을 알기 전에 한국의 문화 상품을 먼저 접하는 까닭에 스타 연예인들을 통해 한국을 배운다.

문화 산업은 생산 국가의 이미지를 만들어내고 국제적인 위상과 인지도를 높인다. 예를 들어 한류의 영향을 받은 아시아의 젊은이들은 스타와 같은 땅에서 살고, 조금만 노력하면 스타를 직접 볼 수 있다는 이유만으로도 한국인을 부러워한다. 한류 스타에 대한 막연한 동경심은 한국 전체에 대해 좋은 이미지를 만들어낸다. 한류는 문화 상품에 대한 선호를 넘어 한국의 생활양식과 역사(영화나 드라마의 배경이 되는) 전반에 대한 관심을 낳는다. 국가 경제에 득이 된다는 점에서도 정치권력은 문화 산업을 지원한다.

문화 상품은 생산국가의 가치관, 예술, 문화, 정서를 포함한다. 그리고 사회문화적 습관이나 대중의 여론 형성에 큰 영향을 미친다. 달리 말하면, 한류의 영향을 받은 사람은 한국의 가치관, 정서, 문화를 부지불식간에 받아들인다. 그리고 한국식으로 생각하고 행동하는 것에 익숙해진다. 우리가 미국의 문화 상품을 소비할 때도 마찬가지다. 우리는 할리우드 영화를 보면서 미국의 생활방식, 가치, 제도, 언어를 받아들인다. 오늘날 미국이 누리고 있는 정치적 패권을 말할 때, 이 같은 문화적 패권을 고려하지 않으면 안 된다.

문화 산업은 비상품 영역인 공공영역으로도 침투한다. 문화 산업을 통해서 배출되는 연예인, 방송인, 스포츠맨, 베스트셀러 작가 등 유명인사의 대중적 인지도와 영향력은 공공 영역에서도 유용하게 쓰일수 있다. 그런 까닭에 이들에 대한 정부나 관공서, 교육 기관, 의료 기관, 시민단체, 종교단체, 봉사단체의 러브콜이 쇄도한다. 공공기관의 홍보대사나 홍보위원 등의 직함을 갖는 것은 이들에게도 좋은 일이다. 공공기관의 공익 캠페인 포스터나 영상 등에 자신의 이미지가 실려 대량 살포되면 자신의 대중적 인지도와 영향력이 더욱 제고된다. 나아가 공공기관 내에서 일정한 권력이나 권위를 확보하는 것도 가능하다.

공공기관이 존재하는 명분은 공익이다. 그러므로 공공기관에 의해 형성되는 방송인이나 연예인의 이미지 역시 공인의 성격을 갖게 된다. 그들의 공익적 활동 자체는 경제적으로 별 소득이 안 될 수 있다. 그 때문에 연예인들은 텔레비전에 출연해 대중에게 받은 사랑에 보답하기 위해 이렇게 홍보대사 일을 한다는 식으로 말하곤 한다. 그러나 이를 순전히 무료 봉사라고만 여길 수는 없다. 그를 통해 높아진 대중적 인지도와 영향력, 개선된 이미지는 다시 문화 산업 분야에서 이익을 낳는 데 크게 일조하기 때문이다.

이를 테면 아프리카에서 기아 어린이를 위해 자원봉사한 연예인은 그 활동이 알려짐으로 인해 형성된 바른 이미지를 바탕으로 TV 토크쇼에 섭외되거나 드라마에 캐스팅될 수 있다. 그와 관련된 책을 낸다거나 대기업의 이미지 광고에 섭외될 수도 있다(더구나 요즘에는 봉사기관의 운영도 대기업들의 후원 속에서 이루어지는 경우가 많다. 그럴 때, 연예인은 대기업과 관련된 봉사활동을 한 대가로 광고모델 수익을 올리는 것이 된다. 자기 이미지도 좋게 만들면서 돈도 버는 꼴이다). 기부도 마찬가지. 기부 자체는 자신의 돈을 쓰는 일이지만, 그것이 알려져 대중적 호감도가 올라가면 방송, 광고, 강연 등의 수입이 는다. 때로는 기부금을 상회하는 수입을 얻기도 한다.

대중의 인기가 중요한 연예인이나 방송인의 사회 활동은 그 특성상, 되도록 적을 만들지 않고, 누가 봐도 건전해보이는 일들에 집중된다. 이를 테면 청소년 선도, 불우 이웃 돕기, 난치병 어린이 돕기 같은 일들이 그렇다. 그러나 이러한 공익 활동은 정부기관의 주관 혹은 협조 아래 이루어지는 경우도 많아 어용화되기도 쉽다. 시민들의 동정심에 호소하는 방송인이나 연예인의 캠페인, 모금 운동, 자원봉사 활동은 시민들의 관심과 참여를 유도하지만, 사회구조적인 문제를 건드리지 않는다. 구조적 문제를 개개인의 관심의 문제로 환원시키는 것은 근본적인 해결책이 아니라, 임시방편에 불과하다. 기존의 질서를 전혀 해치지 않는 문제 접근은 기득권 세력과 국가권력이 선호하는 방식이기도 하다.

TV에 자주 출현하면서 유명해진 의사, 변호사, 교수, 건축가 같은 전문직 종사자나 인기 좋은 방송인이나 연예인은 정계의 러브콜을 받기도 쉽다. 높은 대중적 인지도는 선거운동에서 다른 후보보다 유리한 출발선에 있음을 의미한다. 그러므로 유명인사는 공천권을 받을 때 우선순위를 점하게 된다. 방송인이나 연예인은 공적 기관이나 단체의 얼굴마담으로 활동하는 과정에서 정부 고위 인사나 정치인들과의 친분이나 교류가 생기기 쉽다. 그들의 사회 활동은 공적 기반을 쌓는 것이 되고, 그것은 대중정치 시스템 속에서 언제든지 정치적으로 활용될 가능성이 있다.

독과점된 문화 산업은 국가권력과 근친 관계에 있다. 문화 산업은 자신이 가진 대중에 대한 영향력을 바탕으로 유권자를 정당에 연결시켜주고, 그 대가로 정부의 특혜와 지원을 받는다. 문화 산업은 자신이 가진 사회적 영향력을 무기로 국가 정책, 인사, 선거 등 국민이 주도해야 할 공적 공간을 자신의 것으로 만든다. 문화 산업이 생산하는 메시지들 중에는 국가권력을 상대로 거래 기능을 하는 것도 많다. 문화 산업은 자기 이익을 위해 정치권력과 결탁해 진실, 정의, 평등, 주권, 평화 등 사회적 가치를 파괴한다.

문화 산업과 제국주의

지금은 세계화된 세계다. 미국을 필두로 한 중심부 국가들의 문화 산업은 세계화된 세계를 만드는 데 첨병 역할을 해왔다. 공산품들은 자국의 기업이나 자국의 시장 보호를 위해 수입이 규제될 수 있다. 그러나 문화 상품이나 문화 서비스를 주고받는 것은 다른 논리가 적용된다. '문화 교류'다. 그것을 가로막는 것은 국가 간의 건전한 문화 교류를 거부하는 것으로 인식된다. 중심부 국가들의 문화 산업은 매우 상업적인 메커니즘을 구현하고 있다. 그런 까닭에 훨씬 자극적이고 선정적이다. 설사 동등한 조건으로 문화 교류를 한다 해도 주변부 국가보다는 중심부 국가에서 생산한 문화 상품의 대중적 파괴력이 훨씬 클 수밖에 없다.

문화 시장 개방 압력을 받으면 주변부나 반주변부 국가들은 처음에는 전통문화 보호와 자국의 문화시장 보호 논리를 바탕으로 반감을 보이기도 한다. 그러나 문화 산업의 목적 역시 이윤인 이상, 주변부나 반주변부 국가의 문화 산업은 자국에서 만든 문화 서비스보다 외국의 서비스가 더 많은 이윤을 보장하거나, 국내 자금보다 외국 자금에 의존하는 것이 더 이득일 경우 외국 것을 택하는 것은 하나도 이상할 것이 없다. 문화 주권은 더 이상 중요한 변수가 아니게 된다.

문화 산업이 기업의 해외 진출 과정에서 선발대 역할을 하는 과정은 이렇다. 예를 들어 미국의 기업들은 보스턴교향악단 같은 자국의 대표적인 연주단체를 후원하고 보스턴교향악단의 공연 티켓을 기업의 로비용으로 활용한다. 일본 기업들이 유럽 시장을 공략할 때도

가부키 등 일본 전통 공연물들을 선발대로 내보낸다. 현지 저명 공연 단체나 문화예술 기관들의 스폰서 역할을 하며 시장을 공략할 수도 있다. 기업들은 예술에 투자함으로써 기업의 이미지를 고양시키고, 정부와 접촉하며, 국내외의 잠재적 고객을 개발하는 기회로 활용한다.

앞에서 망외부성에 대해 언급한 바 있는데 그것은 책, 음악, 영화, TV 연속극도 마찬가지다. 어떤 문화 상품이 인기를 얻고, 좋은 평을 얻고 있다면, 사람들은 그것을 소비할 강한 유인을 갖게 된다. 그렇게 해서 특정 국가의 문화 상품이 자리를 잡으면 다른 국가의 문화 상품들이 진출하기 어렵게 된다. 예를 들어 영어 문화 상품의 지배력이 큰 곳에는 비영어권 문화 상품들이 좀처럼 진출하기 어렵다. 진출하려해도 영어 문화 상품이 만들어놓은 생활방식, 가치, 제도, 언어와 갈등하면서 상품의 매력, 인기, 수요 등이 감소한다. 그런 현상을 '문화적 할인cultural discount' 이라 한다.

문화는 사람과 사람 사이에 형성되는 것이다. 문화는 커뮤니케이션이다. 그런 측면에서 '문화 산업의 세계화 시대'인 지금을 가장 소통이 잘되는 시대라고 보기 쉽다. 현실은 그렇지 않다. 문화 산업은 기획, 제작, 유통, 소비가 순환하는 구조를 지닌다. 그런데 위성방송, 영화관, 인터넷 등 지구적인 유통망을 갖고 있는 것은 미국이다. 어떤 문화 상품을 만들어도 미국 문화 산업의 지원이 없으면 세계적인 상품 판매와 서비스 소비가 불가능하다는 말이다. 미국의 문화 상품이 세계를 지배하는 힘은 여기에서 나온다. 그것은 소통이 아니라 일방적인 유통이자 지배다. 그에 따라 미국적인 것이 세계적인 것이 된다.

이 때문에 다른 나라에서 세계적인 문화 상품을 만들려고 해도 미국적이어야 한다는 압력을 받게 된다. 미국적이어야 한다는 단순히 미국 문화 상품의 문법을 따른다거나 미국의 정서나 가치관을 작품 속에 반영하는 것만을 의미하지는 않는다. 그와 반대되는 것으로 보이는 생각, 이를 테면 '우리 것이 세계적인 것이다' 라는 생각으로 세계시장에 도전하는 경우에도 어떤 식으로든 미국인의 '오리엔탈리즘'을 자극해야 한다. 더구나 문화 산업에 대한 투자도 국경이 없는 요즈음, 미국이 세계 문화시장에 투자하는 막대한 자금은 문화 상품의 내용에도 영향을 미친다.

미국은 문화 산업을 통해 자신의 지배 이념을 미화시켜 다른 나라에 퍼뜨린다. 문화 산업을 육성해 세계 문화 시장을 지배하게 되면, 정치적 · 이념적 · 문화적 기득권을 누린다. 사회의 문화, 예술, 정서를 상업화하는 문화 산업은 교육, 종교, 정치 분야에서도 거대한 시너지 효과를 낳는다. 문화 산업은 경제적 영역 내에서만 창구 효과를 발휘하는 것이 아니다. 문화 산업은 정치사회적 영역, 나아가 국제 정치 영역에서도 창구 효과를 발휘한다. 미국이 문화 산업을 국가 전략 산업으로 지원하는 이유가 여기에 있다.

문화 산업의 의식 통제

'티티테인먼트tittytainment' 라는 말이 있다. 이 말은 미국의 보수 정치학자 즈비그뉴 브레진스키가 만든 것으로 '젖tits' 과 '엔터테인먼트 entertainment' 의 합성어다. 먹이사슬의 최상층에 있는 세계적 지배층의 시각을 반영하는 이 말은 엔터테인먼트 산업의 본질을 암시한다. 이 말은 아기에게 젖을 주듯이, 전 세계 민중에게 다소의 오락물과 음식만 제공해 기분이 나쁘지 않게 하면서, 자신들이 원하는 방향으로 길들이고 통제할 수 있음을 의미한다. 여기에서 오락을 담당하는 것이 문화 산업이다.

문화 산업은 즐거움을 제공하는 대가로 돈 이상을 번다. 문화 산업은 '의식 산업'이다. 문화 산업은 현실에 대한 인식을 왜곡한다. 문화 산업은 사람들이 당면한 잔인한 현실에 대한 인식을 회피하게 한다. 병든 세상을 견딜 만한 것, 나아가 살 만한 것으로 포장한다. 나아가 사회비판적 의식을 불식시키고, 사회참여와 그를 통한 개선을 체념케 한다. 즐거움은 체념을 부추기며, 체념은 즐거움 속에서 잊힌다. 문화 산업은 자본 축적의 수단이면서 의식, 정서, 행위 통제의 수단이다. 그것은 은밀한 '프로파간다'다.

이러한 생각은 상식과 어긋날 수 있다. 왜냐하면 사람들은 대개 문화가 현실의 반영, 대중심리의 반영이라고 생각하기 때문이다(우리는 흔히 어떤 대중문화 상품이 히트했을 때, 그것이 현실이나 대중의 심리를 잘 반영했기 때문이라는 주장을 종종 듣는다). 문화 산업도 대중이 처한 현실이나 심리를 고려하기는 한다. 그러나 거기에는 방향이 있다. 그것은 체제 친화적 관점에서 대중을 위로하고 격려하는 데 그치거나, 상업적이고 소비적인 방향에서 불만을 해소하도록 유도한다.

문화 산업이 만들어낸 문화도 문화다. 당연히 편재성遍在性을 갖는다. 편재성의 위력은 엄청나다. 그것은 누구도 벗어날 수 없는 작용을 사람들에게 가한다. 비유하면 이렇다. 물고기는 물속에 산다. 물은 물고기 안에도 밖에도 있다. 그래서 물고기는 물에 대해 알기 어렵다.

마찬가지로 문화 산업이 만들어내는 문화는 사회 어느 곳에나 있다. 우리 밖에도 있지만, 우리 내부(마음과 머릿속)에도 있다. 문화적 지배는 강제나 강요에 의한 지배보다 세련된 것이다. 문화적 지배가 충분히 구조화되면 사람들은 자발적으로 순종한다. 그러므로 지배층은 강제나 강요에 의존할 필요가 없어진다.

문화적 지배가 강고해지면 어떤 현상이 벌어지는가? 사람들은 일상적으로 무언가를 하면서도 자신이 왜 이렇게 생각하고 행동하는지를 알기 어렵다. 불행·불만·분노를 느끼더라도 그 이유를 잘 모르겠고, 그것을 어디로 표출해야 할지도 알기 어렵다. 사람들은 단지 그렇게 해야 할 것 같기 때문에, 그렇게 하지 않으면 안 될 것 같기 때문에 그렇게 행동하게 된다. 사람들은 자기 행동에 대해 양가감정을 갖는다. 사람들은 내가 스스로 결정하고 행동했기 때문에 그 결과에 대해서도 책임져야 한다고 생각하면서도, 한편으로는 보이지 않는 어떤 압력에 의해 그렇게 된 것 같아, 그에 대한 책임도 회피하고 싶어진다.

국가는 계급질서 유지와 정치적 지배를 위해 문화 산업을 지원한다. 광고주인 대기업도 계급질서 유지와 이윤을 위해 문화 산업에 지원한다. 문화 산업은 이들을 위해 여론을 조성하고 대중의 의식을 통제한다. 그 대가로 광고주와 국가의 지원을 받고 자본을 축적한다. 문화 산업은 그 자체가 자본을 축적하는 거대한 산업이면서, 자본주의적 생산과 소비를 촉진할 뿐 아니라, 권력과 이념의 형성에 중요한 역할을 한다. 대자본·국가·문화 산업은 거대한 카르텔을 형성하고 있다. 그들은 동업자 관계를 맺으며 상부상조한다.

유흥amusement과 같은 요소들은 문화 산업이 존재하기 전부터 있었다. 달라진 것은 그러한 요소들이 위로부터 제공되고 조종된다는 사실이다. 아도르노에 따르면, 대중문화는 "전도된 정신분석"이다. 대중문화는 대중으로 하여금 권위적인 인성을 극복하기보다는 그에 복종하게 한다. 대중문화는 위로부터 강요된 "조합적 날조물"이다. 문화 산업은 정치적 이념적 영향력을 위해 문화 상품을 만들고 정보 조작을 반복한다. 그것은 대중의 비판적 사고가 말살되는 것을 목표로 한다. 문화 산업은 하자 없는 규격품을 만들 듯 인간을 재생산하려 한다.

아도르노와 호르크하이머는 대중매체를, 진짜인 것을 잠식하고 공공의 것을 사유화한 다음 다시 그것을 거짓 이야기로 가공해 사람들에게 유료로 공급하는 문화 산업이 소비자들을 심리적으로 조작하는 무기로 보았다. 장 보드리야르 역시 모든 사람들이 최면에 걸려 자신들이 살고 있는 환경이 더 이상 실재가 아니라는 것을 잊어버리게 되는 세계를 '초실재'라는 용어로 표현했다. 그는 초실재가 소비 욕망을 산출시키는 자본주의의 궁극적인 세련이라고 주장했다. 문화 산업은 한마디로 대중을 기만하는 장치다. 여기에 문화 산업의 본질이 있다.

4장
·
정치경제
정치권력 위의 자본권력

노블레스 오블리주의 보수성

노블레스 오블리주 없는 사회

얼마 전 박근혜정부의 고위공직자 200여 명이 현역입영 대상자 판정을 받았다가 재신체 검사를 통해 병역을 면제받은 것으로 드러나 파장이 일었다.(「"박근혜정부 고위공직자 200여 명, 재신검 통해 병역면제"」, 『민중의 소리』, 2013년 10월 10일) 박근혜정부만 그랬던 것도 아니다. 정도의 차이는 있지만, 이전 정부들의 고위층 병역 면제율도 일반적인 비율을 크게 웃돌았다. 고위층 인사들 중 군대를 제대로 다녀온 사람이 드물다는 것은 이제 우리 사회의 상식이 되어버렸다.

'사회 지도층'이란 말 그대로 우리 사회를 이끌어가는 사람들이다. 그런 까닭에 국민을 보호하고, 사회가 유지되는 데 필요한 일들을 해야 한다. 사회 지도층이 제 역할을 하려면, 국민의 존경이 필요하고,

그런 존경을 받기 위해서는 보통 수준을 뛰어넘는 솔선수범이 필요하다. 그러나 현실은 반대다. 사회 지도층의 사회적 의무 이행 수준은 일반 국민보다 낮다.

이런 지도층의 행태를 비판할 때 가장 많이 등장하는 단어가 노블레스 오블리주nobless oblige다. '고귀한 신분에 따른 도덕적 의무'라는 말로 신분이 높을수록 그에 걸맞게 사회적 책임과 의무를 다해야 한다는 뜻이다. 지도층이 그 책무를 이행하지 않는 것은 기득권만 누리겠다는 것과 다를 바 없다. 우리 사회 지도층의 행태가 이러하다.

언론은 흔히 상류층의 부정과 비리를 언급하면서 '노블레스 오블리주가 없다'고 비판한다. 그런 말을 들으면 국민은 백번 옳다고 생각한다. 물론 사회 지도층이 노블레스 오블리주를 실천하지 않는 것보다는 실천하는 것이 나을 것이다. 그러나 깊이 파고들어가면 이 규범을 다른 시각에서 볼 수 있다.

노블레스 오블리주의 예들

노블레스 오블리주로 언급되는 예들은 많다. 빌 게이츠나 워런 버핏 같은 기업인들의 기부, 강철왕 카네기나 석유 재벌 록펠러의 자선사업, 영국의 명문 사립고 이튼칼리지 학생들의 세계대전 참전, 영국 앤드루 왕자의 포클랜드전쟁 참전, 마오쩌둥 아들의 한국전쟁 참전 등이 있다. 우리 역사에서는 귀족의 자제들로서 삼국통일에 앞장선 신라의 화랑, 조선 최고의 명문가로서 독립운동에 헌신했던 이회영 일가 등이 대표적인 예다.

노블레스 오블리주의 원조는 고대 로마 초기에 왕과 귀족들이 보여주었던 행태다. 대표적인 예가 제2차 포에니전쟁(기원전 218년~202년)이다. 한니발의 카르타고와 16년 동안 싸운 이 전쟁에서 로마는 최고 지도자인 콘술(집정관) 13명을 잃었다. 콘술이 누구보다 앞장서서 싸우다 전사했기 때문이다. 로마 건국 이후 500년 동안 원로원에서 귀족이 차지하는 비중이 15분의 1로 줄어든 것도 계속되는 전투에서 귀족들이 많이 희생되었기 때문이다. 로마에서는 병역 의무를 실천하지 않은 사람은 아예 호민관이나 집정관 등의 고위 공직에 오를 수 없었다.

로마의 귀족들은 경제적으로도 솔선수범했다. 그들은 자기 재산을 공공시설 건립 비용과 군자금 등으로 내놓곤 했다. 그렇게 지어진 건물에는 재산을 내놓은 사람의 이름을 따서 '아무개의 건물'이라 불렀다. 만약 다리가 개보수되었다면 "아무개가 이 다리를 고쳤다"는 식으로 다리에 표기했다. 귀족들은 공공시설에 자신의 이름이 남겨지는 것을 명예로 여겼다. 이러한 로마 고위층의 군사적, 경제적 솔선수범은 노블레스 오블리주의 기원이 되었다.

노블레스 오블리주는 희생과 봉사인가

노블레스 오블리주는 사회적으로 유익하게 여겨진다. 특히 우리나라처럼 사회 지도층의 책임 의식이 약한 사회에서 더욱 고귀한 미덕으로 여겨진다. 그러나 노블레스 오블리주는 흔히 생각하듯 국민에 대한 상류층의 희생과 봉사는 아니다. 상류층은 현 사회구조의 가장 큰 수혜자이기 때문이다. 부와 권력은 그들에게 집중되어 있고, 그들은 그것을 누린다. 상류층이 존경받고, 상류층이 이끌어가는 현재의 사회구조가 유지되는 한, 특권도 유지된다. 말하자면, 상류층은 특권을 계속 누리기 위해서라도 대중의 선망과 존경이 필요하다. 상류층에게 노블레스 오블리주가 필요한 이유가 여기에 있다.

노블레스 오블리주는 미덕이다. 그러나 보수적인 미덕이다. 그것은 '노블레스'라는 말에서도 엿보인다. 노블레스는 본래 '귀족'을 의미한다. 귀족은 혈통과 가문에 기반을 둔 것이다. 그것은 후천적인 노력으로 획득되는 것이 아니라 태어나면서 이미 결정된 것이다. 고대 로마도 그랬다. 로마는 철저한 신분 사회였고, 극소수 귀족이 국가의 주인이었다. 당시는 오늘날과 같은 국민국가가 아니었다. 최고 권력기관인 원로원은 주로 유력 씨족들의 우두머리로 구성되었는데, 이들이 국가의 주인이었다. 국가는 이들이 갖고 있는 방대한 영토와 노예로 이루어져 있었다. 국가는 그들의 재산이기도 했다. 귀족들은 자기 재산과 권력을 스스로 지켜야 했고, 그를 위해 필요한 노력을 공동으로 해야 했다. 그로부터 귀족 내부에 공동의 책임과 의무가 생겨났다. 그것이 바로 노블레스 오블리주다.

노블레스 오블리주란 특권을 지키고 유지하는 데 필요한 사회적 행위가 도덕적 관념으로 포장된 것이라 할 수 있다. 말하자면, 그것은 상류층 내부의 규범이면서 지배 전략이다. 상류층의 솔선수범은 사회적 지배에 대한 국민의 거부감을 약화시키고 그 지배를 정당화시킨다. 또한 노블레스 오블리주는 상류층에 대한 존경을 불러일으키며, 상류층을 중심으로 국민을 단결케 한다. 그것은 백성들에게 다소의 도움을 줄 수 있다. 그러나 누구보다도 상류층 자신들에게 도움이 되는 일이다.

노블레스 오블리주는 사회적 불평등, 그것을 유발하는 사회적 조건을 전제로 한다. 그러므로 당연히 노블레스 오블리주 안에는 이 전제를 극복하고자 하는 의지가 전혀 반영되어 있지 않다. 오히려 노블레스 오블리주는 상류층에게 이득을 주는 사회적 조건을 유지하거나 강화하는 데 복무할 뿐이다. 노블레스 오블리주로 거론되는 예들 중에는 독립운동에 헌신했던 이회영 일가처럼 조국과 민족을 위해 노력한 경우도 없지는 않다. 그러나 대개는 자신이 속한 지배집단의 이익에 복무했을 뿐이다.

오늘날 지배집단은 전쟁이 발발해도 보이지 않는 후방에서 명령을 내릴 뿐, 신라시대의 화랑이나 마케도니아의 알렉산드로스 대왕이나 프랑스의 나폴레옹 황제처럼 직접 군대를 이끌고 전장에 나가지 않는다. 그러므로 전장에서 죽지도 않는다. 그렇다면 앞서 언급한 영국의 명문 사립고 이튼칼리지 학생들의 세계대전 참전, 영국 앤드루 왕자의 포클랜드전쟁 참전, 마오쩌둥 아들의 한국전쟁에서의 전사戰死가 노블레스 오블리주의 미덕으로 거론되는 이유는 무엇인가? 그것은 역설적으로 매우 드문 일이 되었기 때문이다.

오늘날 군대에 가고, 전쟁에 나가는 것은 귀족 출신이 아니다. 주로 서민의 자식들이다. 전쟁이 나면 오히려 서민들이 목숨 걸고, 지배집단을 지켜준다. 현대의 전쟁에 관해서는 영국의 역사가 토머스 칼라일의 말이 진실에 가깝다. "전쟁이란 겁이 너무 많아 자신이 직접 나가 싸울 수 없는 두 도둑놈 간의 싸움이다. 그래서 이 마을 저 마을에서 젊은이들을 모아 군복을 입히고 무장을 갖춰 서로 야수처럼 싸우라고 들판에 내보낸다." 사람의 목숨은 누구나 똑같이 소중하다. 부자나 권력층이 전쟁에서 죽으면 노블레스 오블리주라고 추앙하고, 서민들이 싸우다 죽으면 별것 아니라고 생각하는 것은 노예 의식의 산물이다.

사학재단 비리
우리 시대 악의 꽃

사학재단 출신 정치인들

부자가 아니면 정치인이 될 수 없다는 것은 우리 시대의 상식이 되어 버렸다. 그런데 선거 때만 되면 우리는 사립학교 이사나 이사장 직함을 가진 후보들이 많다는 것을 알게 된다. 실제로 사학재단 출신 정치인들의 수는 적지 않다. 그럴 때 우리는 이런 의심을 해보아야 한다. 혹시 학교를 갖고 있는 것이 돈이 되나? 맞다. 학교를 운영하는 것은 큰돈이 된다.

2011년 단체장 보궐선거에서 서울시장 후보로 나왔던 나경원 역시 사학재단 이사 출신이다. 그녀의 집안을 보면, 사학재단의 실태를 대강 짐작할 수 있다. 그녀의 아버지 나채성은 3개 학교(화곡중, 화곡고, 화곡보건경영고)를 운영하는 홍신학원의 이사장이다. 장녀인 나경원은

이 학원의 이사였고, 처인 정효자는 홍신학원 부지에 설립한 홍신유치원 원장이었으며, 지금은 나경원의 여동생인 나경민이 그 자리를 차지하고 있다. 홍신학원의 나머지 이사들도(심지어 학교 운영을 감시해야 할 개방 이사나 개방 감사 자리까지도) 화곡중·고교 교장 출신의 측근들로 채워져 있다. 친인척과 측근에 의해 사유화된 전형적인 '족벌 사학'이다.

나채성은 다른 사학재단인 동일학원·선일학원·인천상명학원의 이사이며, 동구학원·경기연풍학원의 감사이기도 하다. 혼자서 무려 6개 법인 17개교의 이사장·이사·감사를 겸임하고 있는 것이다. 이러한 사실은 사학재단들이 얼마나 긴밀한 유대관계에 있는지를 단적으로 보여준다. 사학재단 관계자들은 서로 돌아가면서 감사와 이사 자리를 봐주고 있다.

홍신학원은 2004년부터 2009년 사이 교육청 감사에서 55회에 달하는 경고와 징계를 받았다. 감사를 통해 드러난 내용만 해도 동창회비 횡령, 학부모회 불법 찬조금 모금, 수련회 업체로부터 향응 수수, 학부모로부터 금품 수수, 자율학습 지도비 부당 수수, 급식업체 선정 부적정, 저소득층 자녀 통신비 지원 소홀 등이다. 그럼에도 2004년 이후(나경원이 국회의원이 된 후) 정부지원금이 급증해, 2011년까지 80억 원이 넘는 돈을 지원받았다. 이것은 사학재벌들이 정계에 진출하는 의도를 잘 보여준다. 사학재벌들은 광범위한 비리를 통해 많은 부를 축적하고 그 부를 기반으로 정계에 진출, 정부로부터 더 많은 특혜를 받고 자신들의 사회적 영향력을 증대시킨다.

기업보다 나은 학교 장사

우리나라 학교에서 사립학교가 차지하는 비중은 세계 어느 나라보다 높다. 학교 수 기준으로 사립학교 비중은 전문대학 90퍼센트, 대학 82 퍼센트, 고등학교 45퍼센트, 중학교 23퍼센트에 달한다. 우리나라 교육은 이들 사학이 책임지고 있다고 해도 과언이 아니다. 사립학교의 비중이 이렇게 비정상적으로 높아진 것은 해방 후 미군정이 미국식의 자유주의적 학교 설립 방침에 따라 사학 설립을 대거 허용했고, 그 후에도 정부가 국민들의 높은 교육열·산업화의 진척과 더불어 증가하는 교육 수요를 국가 재정 투자·확대를 통해서가 아니라 사학 설립을 통해 대응해왔기 때문이다.

　학교법인은 법률적으로 '공익법인(비영리법인)'이고 마땅히 '공공재산'이어야 한다. 하지만 현실은 그렇지 않다. 사학재단들은 학교를 '사유재산'으로 여기고 있으며, 학교 운영을 영리 혹은 재산 증식의 수단으로 인식하고 있다. 그 실태를 보자. 우선 학교법인을 세우려면 학교 부지를 사서 국가에 '기부채납'해야 한다. 그러면 국가는 개인 재산을 공익에 쓰라고 재산을 내놓은 그를 착한 사람으로 보고, 학교 건축비를 장기 저리로 금융권을 통해 대출해준다. 예를 들어 기부 채납한 땅값이 50억 원이고, 학교 건물 건축비와 시설비가 200억 원 정도라면, 비용을 부풀려서 300~400억 원 정도를 장기 저리로 정부에 신청해 금융권 대출을 받는다. 그런 후 땅값 포함, 250억 원 정도는 쓰고 나머지는 재단법인의 비자금으로 만들어 이사장과 그 친족들의 호주머니로 들어간다.

학교법인 설립 허가가 나면, 학교 부지와 그 주변 땅값이 오른다. 시가보다 땅값이 낮게 책정된 그린벨트 지역이나 '물 좋은' 수도권에 허가가 났다면 오름의 폭은 더 크다. 결국 자기 돈 한 푼 안 들이고 학교를 설립해 좋고, 헐값에 사들인 땅값 올라 좋고, 비자금 횡령해서 좋고, 밖에서는 교육 사업가로 존경받아 좋다. 게다가 학교법인은 엄청난 세제 혜택을 누린다. 자자손손 물려줘도 상속세를 내지 않고, 법인을 매도해도 양도세를 내지 않는다. 이런 장사가 세상에 또 어디 있을까 싶다. 웬만한 기업 운영이나 부동산 투기보다 낫다.

사학재단의 부정과 비리는 건물 신·증축, 시설물 유지 관리, 구내식당, 구내매점, 교직원의 채용과 급여, 건강보험료, 사학연금, 부정 입학, 실험 실습비, 실습 기자재 구입, 기숙사 운영비, 기부금품, 외래 강사료, 급식비, 육성회비, 장학금, 도서 구입비, 교재비, 차량 운행비 등 학교 운영의 전 영역에 걸쳐 발생하고 있다. 사학비리 실태와 수법은 횡령, 유용, 탈세, 사례금 수수, 비자금 관리 등 비리 기업들의 범죄 목록과 비슷하다. 2007년 감사원 조사에 따르면, 조사 대상 학교 법인 124곳 중 72퍼센트에 해당하는 90곳에서 문제점이 발견되었다. 부정과 비리가 일부 사학의 문제가 아님을 말해준다.

사학재단과 교육부의 유착

사학재단의 부정부패에는 부패한 관료가 있다. 특히 사학 운영을 제대로 감독해야 할 교육부 관료들의 방조와 유착이 문제의 핵심이다. 그 유착을 보여주는 단적인 예는 교육부 차관 출신들은 퇴임 후 대학

총장이나 학장이 되고, 1급 이하는 전문대 총장으로 가는 것이다. 교육부 관료가 재직 중 대학 강의를 하다 퇴직 후 교수로 임명되는 일도 있다. 주무 감독기관의 관료가 퇴직 후 그 조사 대상인 사학에서 일하는 것은 법조계의 쌍방수임과 같은 직업윤리 위반이다. 이런 관계 속에서 공정한 감독을 기대하는 것은 우스운 일이다.

사립대학의 재단 비리 문제가 좀처럼 해결되지 않는 것도 교육부 때문이다. 교육부의 전형적인 대응 방식은 이렇다. 첫째, '수수방관의 단계'다. 부정과 비리 문제로 교수와 학생 그리고 재단 간의 갈등이 발생하면, 어떤 조치를 취하기보다는 우선 사태가 진정되기를 바라면서 그 추이를 지켜본다. 둘째, '면죄부 감사의 단계'다. 사학 비리 문제가 언론에 보도되고 사회적 이슈가 되면 감사에 들어간다. 그리고 사소한 잘못 몇 가지만 지적하면서 가벼운 경고나 징계를 내린다. 겉보기에는 부패 재단을 단죄하는 척하지만, 실은 재단 비리를 별것 아닌 것으로 축소시켜 비등한 여론을 잠재우려는 면죄부 감사다. 셋째, '관선이사 파견 단계'다. 사회 비난 여론이 더욱 커지고, 학교 운영이 불가능할 정도가 되면 관선이사를 파견한다. 관선이사는 보통 교육부 관료 출신과 구재단의 인물로 구성된다. 그 변화는 대개 '구재단의 이사진'이 '구재단 인사와 부패 관료의 연합 집단'으로 바뀌는 정도에 그친다. 넷째, '관선이사진 흔들기 단계'다. 구재단이 복귀하기 위해 재단 반환 소송, 진정, 탄원을 제출하면, 그 민원을 바탕으로 교육부는 다시 감사에 들어간다. 일종의 '청부 감사'다. 이때 교육부는 '정의의 가면'을 쓰고 사소한 문제까지 전부 지적해 구재단 반대파(개혁적인 이사·총장·보직 교수들)에 대한 징계를 요구한다. 그렇게 해서 다시 구재단이 복귀한다. 학내 분쟁이 격화되면 네 단계가 다시 지리멸렬하게 반복된다. 그러는 동안 학내의 개혁 역량은 소진된다.

지금의 사립학교법에는 예결산, 학교 경영, 교원 임명, 수익 사업 등에서 이사회가 전권을 행사하게 되어 있다. 거기에는 교수(교사), 학생, 학부모가 끼어들 여지가 없다. 민주적으로 운영되지 않는 사립학교의 구조는 교사, 학생, 학부모의 심리와 정신에 영향을 미치고, 그것은 다시 학교 분위기나 교육 방식과 내용에 영향을 미친다. 지금의 사학재단은 이중의(학부모에게서 거둬들이는 돈과 막대한 정부 보조금을 통한) 국민 착취 기관이라 해도 과언이 아니다. 그리고 사학재단의 검은돈은 교육부와 정치권으로 다시 흘러들어간다.

우리는 선善을 가르쳐야 할 학교가 악惡의 꽃이 되어 사회 전체를 집어삼키는 괴물이 되고 있는 아이러니를 직시해야 한다. 또한 공교육의 붕괴와 사학재단의 만연화된 비리의 연관성에 대해서도 깊이 생각해보지 않으면 안 된다.

북방한계선 논쟁과 치킨 게임

북방한계선 논쟁의 뿌리

2010년 11월 23일 북한이 연평도에 수십 발의 포탄을 발사했고, 남한의 해병대도 대응해 사격했다. 이 사건으로 남한의 해병대원 2명과 민간인 2명이 사망했고, 20여 명이 다쳤다. 북한의 인명피해 규모에 대해서 우리 국방부는 10~30여 명 정도로 추정했으나, 정확한 내용은 확인되지 않았다. 북한의 명분은 "남한이 먼저 우리 영해에서 포격을 가해 대응했다"는 것이었다. 당시 남한은 '호국훈련'이라는 연례 군사훈련을 실시하고 있었다. 전국적인 훈련이므로 서해상에서도 당연히 포격 훈련이 있었고, 그것이 충돌의 빌미가 된 것이다. 여기서 궁금한 것 하나. 북한은 왜 '우리 영해'라고 주장하는 것일까?

여기에는 고질적인 북방한계선NLL 논쟁이 있다. 1953년 7월 27일

남한과 북한은 정전협정을 체결함으로써 3년간의 한국전쟁을 끝냈다. 그런데 정전협정에서 육상경계선은 정해졌지만 해양경계선은 합의에 이르지 못했다. 그러자 당시 주한 유엔군 사령관이었던 마크 클라크가 미국의 이익을 반영해 일방적으로 '북방한계선'이라는 것을 그어 북한에 통보했다. 이것이 논쟁의 뿌리였다.

당시 북한은 해군의 힘이 보잘것없었다. 그런 까닭에 이를 두고 볼 수밖에 없었다. 그러나 합의된 선이 아니라는 점에서 그것은 분쟁의 씨앗을 품고 있었다. 아니나 다를까, 북한은 1973년 이후 북방한계선에 있는 서해 5도(백령도, 대청도, 소청도, 연평도, 우도) 주변이 자신의 영해라고 주장하면서 남한 함정들과 충돌하기 시작했다. 1999년에는 북한이 서해 5도 아래를 기준으로 하는 '해상분계선'을 그어 남한에 통보하면서 분쟁은 더욱 심해졌다.

이 문제의 해결책은 이미 2007년 남북정상회담에서 제시된 바 있다. 이 회담에서 노무현 대통령과 김정일 국방위원장은 분쟁 수역을 공동어로구역과 평화구역으로 만드는 '서해평화협력지대'안에 합의했다. 그러나 이명박정부가 들어서면서 합의의 실천에 대한 논의가 더 이상 진전되지 않았다. 연평도 포격 사건은 이런 와중에 발생한 것이다.

치킨 게임의 역설

연평도 포격 이후 남한과 미국은 핵항공모함 조지워싱턴호까지 동원하는 사상 최대 규모의 한미연합훈련으로 화답했고, 북한은 자신들의 영해를 침범하면 군사적 대응으로 맞서겠다고 재차 위협했다. 그에 따라 전쟁의 위험이 더욱 고조되었다. 이처럼 남과 북이 서로 극단적인 대결로 치닫는 것에 대해 일부 언론은 치킨 게임chicken game 같다고 평했다. 그러면 치킨 게임이란 무엇일까?

치킨 게임은 영화 〈이유 없는 반항〉이 잘 보여준다. 이 영화에서 새로 전학 온 고교생 짐(제임스 딘 분)은 우연히 경찰서에서 만난 주디(나탈리 우드 분)를 좋아하게 된다. 짐이 그녀에게 접근하자 그녀의 남자 친구 버즈가 짐에게 시비를 걸어온다. 그러면서 짐에게 제안하는 게임이 바로 치킨 게임이다. 그것은 각자 자동차를 타고 동시에 절벽을 향해 질주하다 누가 더 절벽 가까운 곳에서 차 밖으로 뛰어내리는가를 겨루는 게임이다. 영화에서는 짐은 뛰어내리는 데 성공하지만, 버즈는 차 문에 가죽 점퍼 소매가 걸려 차 밖으로 빠져나오지 못하고 절벽에 떨어져 죽는다.

이 게임에는 중대한 역설이 존재한다. 절벽 가까운 지점에서 먼저 뛰어내리기 위해서는 상대방보다 더 빨리 차를 몰아야 한다. 그러나 그럴수록 자신이 절벽으로 떨어져 죽을 확률도 높아진다. 승리할 확률을 높일수록 자멸의 확률이 높아지는 것이다. 치킨 게임의 또 다른 방식은 이렇다. 한밤중에 도로의 양쪽에서 두 명의 경쟁자가 자신의 차를 몰고 정면으로 돌진한다. 이 게임에서 이기는 방법은 오직 하나다. 절대로 핸들을 꺾어서는 안 된다. 꺾으면 '겁쟁이'('치킨'에는 '겁쟁이'라는 뜻이 있다)가 된다. 그러다 둘 다 꺾지 않으면? 둘 다 승리자가 된다. 그러나 둘 다 죽는다.

한반도에 핵전쟁이 일어난다면?

북한의 핵무기 보유가 기정사실화되고 있는 현 상황에서 만에 하나 한반도에 핵전쟁이 발발한다면 어떻게 될까? 서울 시청에 핸드볼 크기만한 1메가톤 핵무기 하나가 투하되었을 때의 상황은 이렇다.

우선 핵탄두가 투하된 지점을 중심으로 화구가 생성되면서 약 3킬로미터에 달하는 거대한 불덩이가 생겨난다. 폭발과 동시에 태양열의 1,000배 달하는 열이 1~2초간 발생하는데, 그로 인해 그 안에 있던 모든 것이 순식간에 증발한다. 거대한 불덩이는 엄청난 양의 산소를 빠른 속도로 빨아들여 태우는데, 주변의 건물들은 그 속도를 못 이겨 폭심지 안쪽으로 빨려들어가듯 붕괴된다. 전자장펄스EMP에 의해 서울과 인근 도시의 모든 전자장비는 작동을 멈춘다.

폭발 몇 초 후에는 후폭풍이 발생한다. 엄청난 양의 산소를 한꺼번에 빨아들인 핵 폭발이 이번에는 시속 1,000킬로미터로 산소를 팽창시킨다. 그것은 거대한 괴물이 산소를 모두 빨아들였다가 엄청난 속도로 내뱉는 것과 같다. 후폭풍은 진도 7 규모 지진의 파괴력으로 도시를 덮친다. 엄청난 열과 바람을 포함한 후폭풍은 차량, 인간, 건물 잔해를 2~3킬로미터 정도의 공중으로 올려보낸다. 도로의 아스팔트는 부글부글 끓고 사람은 복사열에 타거나 총알처럼 날아오는 건물 파편이나 유리 파편에 관통당한다.

그것이 끝이 아니다. 그 후에는 방사능 낙진의 피해가 기다리고 있다. 방사능 낙진은 도시에 눈처럼 쌓이거나 바람을 타고 가깝게는 인천, 수원, 용인, 동두천, 멀리는 무역풍을 타고 일본까지 날아간다.

낙진에 노출된 사람은 2주 내지 6개월 안에 사망에 이른다. 결론적으로 서울 한복판에 핵무기가 떨어진다면 직간접적인 피해로 1,000만에서 1,200만 명이 사망할 것으로 추정된다. 이러한 상황은 평양에 미국의 핵무기가 떨어져도 크게 다르지 않다.

한반도에서 전쟁이 터진다면 그것은 남과 북 모두가 공멸하는 치킨 게임이 될 것이다. 그것을 막는 방법은 사실상 하나뿐이다. 평화는 폭력적인 방법이 아니라 평화적 방법에 의해서만 이루어질 수 있음을 알고, 그것을 실천하는 것이다. 그 평화적 방법이란 늦기 전에 상대를 대화의 장으로, 협상과 협력의 장으로 끌어내는 것이다. 또한 늦기 전에 군사적 긴장을 완화하는 것이다.

04

금언복합체
시민의식의 지배자

유권자들의 지적 실태

2012년 12월에 치러진 18대 대선은 우리 정치가 새로운 국면으로 진입했음을 알려주었다. 투표율이 높으면 진보 진영에게 유리하다는 그간의 통념을 처절하게 깨버렸기 때문이다. 18대 대선 투표율 75.8퍼센트는 지난 17대 대선보다 12퍼센트나 높은 수치였고, 노무현이 당선되었던 16대 대선과 비교해도 5퍼센트 더 높았다. 심지어 문재인 민주통합당 후보의 득표 수는 역대 최다 득표로 당선된 노무현 대통령보다 260만 표나 더 많았다. 그럼에도 졌다. 이명박정부의 경제 파탄과 실정失政이 역대 최악의 수준이었음을 감안하면 이런 결과는 충격이 아닐 수 없었다.

2012년 4월에 치러진 19대 총선에서도 야당은 패했다. 그러나 그때는 투표율(54.2퍼센트)이 그리 높은 편은 아니었기 때문에 '그럴 수 있다'고 자위할 수 있었다. 그러나 이번 대선은 달랐다. 그것은 우리 정치가 '투표율이 높아도 보수를 이기기 힘든' 국면으로 진입했음을 명백히 보여주었다. 진보 진영이 '멘붕'에 빠진 것은 당연했다. 단지 이번 대선에서 졌기 때문이 아니라, 미래에 대한 희망이 보이지 않았기 때문이다. 국민이 정치에 영향을 줄 수 있는 방법은 사실상 투표뿐인데, 투표를 해도 이길 수 없다면? 아무리 생각해도 답이 안 나왔던 것이다.

선거가 끝나자 언론들은 여러 평가를 쏟아냈다. 그리고 선거 결과에 담겨 있을 국민의 정치적 메시지를 밝혀내느라 분주했다. 이럴 때, 평자評者들이 부지불식간에 범하는 오류가 있다. 유권자의 선택이 독립적이고 이성적으로 이루어졌음을 전제로 삼는 것이다. 여기에는 불가피한 면이 있다. 만약 그렇지 않다면, 그에 담긴 메시지를 해석하는 것도 부질없는 일이 되기 때문이다. 그러나 현실적으로 유권자들의 선택은 독립적이고 이성적인가? 참고로 한 시사지에 실린 글을 보자.

대선 후보 1차 텔레비전 토론이 있던 날, 바깥 볼일을 보다가 늦은 시각에 허술한 식당으로 들어갔다. 할머니 두 분이 하시는 조그만 밥집. 다른 손님은 없었다. 마침 켜놓은 텔레비전에서는 토론이 마무리 단계였다. 밥을 먹고 있는데 "박근혜 후보를 떨어뜨리려고 나왔다"는 이정희 씨의 야멸찬 말이 들려왔다. 깜짝 놀라 쳐다보는데, 할머니 한 분이 "선생님은 누구를 찍을 거예요?"라고 묻는다. 나는 별생각 없이 "가난한 사람들 형편 아는 사람 찍어야죠"라고 대답했다. 그러자 할머니는 "근

데 누가 가난한 사람 위하는지 어떻게 알아요?" 하는 것이었다. (김종철,
「성장 없는 시대의 삶」, 『시사인』, 2012년 12월 24일)

이 글은 평범한 유권자들의 정치 인식이 어떤 어려움에 처해 있
는지를 잘 보여준다. 실제로 생방송으로 진행된 이 토론에서 통합진
보당 이정희 후보가 언급한 박정희의 일본명 '다카키 마사오'는 포털
사이트 검색어 1위에 오르기도 했다. 이것은 무엇을 말하는가? 박정
희가 일본 관동군 장교로서 친일 경력을 갖고 있었다는 것은 한국 현
대사의 상식에 속한다. 그럼에도 검색어 1위에 오른 것은 이를 몰랐던
사람들이 많았음을 반증한다.

이런 무지는 무엇보다 제도 교육과 대중매체의 탓이 크다. 학교
와 대중매체는 흔히 세계를 이해하는 데 필요한 지식과 정보를 제공
하고 학습시키는 기구라고 여겨진다. 그러나 현실은 다르다. 제도 교
육과 대중매체는 기득권층의 지배가 무리 없이 유지되고 강화되도록
국민의 의식을 통제하고 관리하는 역할을 한다. 필요하다면 사실을
은폐하고 왜곡하는 것도 서슴지 않는다. 18대 대선 결과는 이를 십분
감안하지 않으면 이해되기 어렵다.

이명박의 언론 장악

언론은 세상의 모든 문제를 공론화하고 비판할 수 있다. 그러나 딱 하
나 예외가 있다. 자기 자신의 문제, 즉 언론에 대한 문제다. 자신의 치
부를 드러내 공론화하고자 하는 상업 언론은 세상에 존재하지 않는

다. 그렇다고 다른 언론을 감시하고 비판하는 '메타 언론'이 존재하는 것도 아니다. 그 결과 언론의 문제는 어디서도 잘 다루어지지 않는 성역이 된다. 대선 평가에서도 그랬다. 가장 소홀하게 취급된 것은 언론 환경이 선거에 미친 영향이었다. 주류 언론이 그에 대한 담론을 다루지 않았기 때문이다.

이명박이 집권 기간 내내 몰두했던 일 중 하나는 언론 장악이었다. 이로 인해 언론 환경은 극단적으로 우경화되었다. 개괄적으로는 알려지기는 했지만, 좀더 실감하기 위해 얼마나 많은 측근이 이명박 정부에서 주요 언론에 낙하산으로 투입되었는지를 정리한다. 그 주요 인사들은 다음과 같다.

손병두(KBS 이사장), 이병순(KBS 사장), 김인규(KBS 사장, 이병순의 후임), 구본홍(YTN 사장), 배석규(YTN 사장, 구본홍의 후임), 김재철(MBC 사장), 신용섭(EBS 사장), 손형기(한국정책방송 사장), 정국록(아리랑TV 사장), 양휘부(한국방송광고공사 사장), 임은순(신문유통원 원장), 최시중(방송통신위원장), 박정찬(연합뉴스 사장), 이몽룡(스카이라이프 사장), 서옥식(한국언론재단 이사), 최규철(뉴스통신진흥회 이사장), 이성완(아리랑TV 방송본부장), 김현일(한국방송광고공사 감사), 기세민(신문유통원 경영기획실장), 차용규(경인TV 사장), 이동관(언론문화협력대사), 김대희(방송통신위원회 상임위원) 등.

이처럼 지상파를 비롯한 수많은 방송이 이명박의 측근에 의해 장악되었다. 그것은 보통 유권자들이 이명박의 시선으로 세상을 바라볼 수밖에 없음을 의미한다. 그렇게 되면 높은 투표율이 문제가 아니다. 보수 정당이 영구집권을 꿈꾸는 것도 가능해진다. 이명박이 의도한 것은 '잃어버린 10년(김대중과 노무현의 집권기)'과 같은 실수를 되풀이하지 않기 위한 것이었다고 생각되며, 그것은 이번 대선 결과로 구현되었다. 그렇게 보면, 박근혜 승리의 최대 공로자는 단연 이명박이다.

대중매체가 다변화되기는 했지만, 여전히 여론 형성에서 TV가 차지하는 비중은 압도적이다. 여론조사기관 포커스컴퍼니가 발표한 바에 따르면, 이번 대선에서 '가장 큰 영향을 준 매체'로 응답자의 71.9퍼센트가 'TV토론'을, 55.7퍼센트가 '대선 관련 TV 방송'을 꼽았다. 반면 '인터넷 포털'은 27.8퍼센트, 'SNS'는 14.6퍼센트로 상대적으로 낮았다. 특히 종편을 비롯한 '케이블방송의 선거 유세 방송'을 꼽은 응답자도 20대에선 10.5퍼센트에 그친 반면, 50대 이상에선 17.1퍼센트를 기록했다.(노컷뉴스 편집팀, 「'朴당선 주역' 50대 물어보니… "TV 영향 받았다"」, 『노컷뉴스』, 2012년 12월 30일) 장·노년층의 박근혜 몰표를 이해할 수 있는 대목이다.

2010년 5월 미국의 외교전문지 『포린 폴리시Foreign Policy』에는 이런 내용이 발표된 적이 있다. "세상을 바꾸는 것은 트위터나 페이스북이 아니다. 80년 경력의 TV가 여전히 세상을 지배한다." TV의 영향력은 여전하다. 다른 매체보다 TV의 영향력이 큰 데에는 이유가 있다. 미국 커뮤니케이션 학자 조지 거브너에 따르면, 소비자는 책, 잡지, 영화의 소비에 있어서는 선택에 신중하지만, TV를 볼 때에는 그렇지 않다. TV 시청자는 특정 프로그램을 선택하는 것이 아니라 조건반사적으로 TV라는 미디어 자체를 시청한다. TV 시청은 보편적이고, 비선택적이며, 습관적이다. TV의 영향은 누적적이고, 간접적이며, 장기적이다. 심지어 신문기자들도 TV의 영향을 받고 그것을 보고 기사를 쓴다. TV의 영향력은 다시 네티즌에 의해 인터넷이나 SNS에 미치기도 한다.

프로그램은 부유하거나 가난하든, 똑똑하거나 멍청하든, 야성적이거나 얌전하든 상관없이 최대한 많은 사람에게 어필하도록 만들어진다. 그러므로 고통과 불쾌감만 주지 않으면 자기 취향이 아니어도 그냥 시청하게 된다. 그 결과 사람들은 진정한 만족도 느끼지 못하면서도 저항하지 못하고 TV 앞에서 시간을 보내게 된다. TV 소비는 선택의 문제라기보다는 이용 가능성의 문제다. 이용 가능성은 익숙함에 의존한다. TV의 위력은 여기에 있다. TV는 방심하는 사이, 우리의 의식을 파고든다. 비유하자면, 시청자가 TV를 통해 세상을 보는 것은 아기가 어머니의 품에 안겨 세상 풍경을 보는 것과 같다.

박근혜와 금언복합체

언론이 공론의 장으로서 사회비판 기능을 정상적으로 수행하기 위해서는 그 존재 방식이 독립적이어야 할 것이다. 특히 정계와 재계로부터의 독립성을 유지하는 것이 중요하다. 그러나 현실은 그렇지 않다. 재계와 주류 언론은 긴밀하게 융합되어 있다. 그것을 '금언金言복합체'라 한다. 금언복합체는 다시 정계와 긴밀한 유착관계를 형성해 민주주의를 배후조종하고 관리한다. 선거에서 늘 보수가 상수常數인 이유, 특별한 바람이 불지 않는 한 보수 후보가 늘 이기는 이유가 여기에 있다.

우선 대표적인 보수 신문인 『조선일보』, 『중앙일보』, 『동아일보』(이하 '조중동')의 혼맥부터 살펴보자. 『중앙일보』 홍석현 회장의 매형은 이건희 삼성전자 회장이다. 그리고 이건희의 둘째 사위가 김재열 제일모직 부사장인데, 그 형이 『동아일보』 사장 김재호다. 홍석현의 장남인 홍정도는 『중앙일보』 부사장이다. 홍정도의 여동생 홍정현의 시아버지가 허광수 삼양인터내셔널 회장이다. 허광수 회장의 딸 허유정은 방상훈 『조선일보』 사장의 장남 방준오 『조선일보』 미래전략팀장의 부인이다. 방상훈 사장과 홍석현 회장은 허광수 회장을 매개로 사돈이다. 『헤럴드경제』 홍정욱 회장(전 한나라당 국회의원)은 방준오 팀장의 사촌동서이고 정몽준 의원이 처이모부다. 이렇듯 조중동과 『헤럴드경제』는 하나의 패밀리다.

그런데 여기에서 GS그룹 계열의 허광수 삼양인터내셔널 회장이 박근혜와 친척 관계에 있다. 사촌언니인 박설자(큰아버지 박상희의 딸)가 허광수 삼양인터내셔널 회장과 사돈관계이기 때문이다. 그러므로 박근혜는 조중동 사주들뿐 아니라 삼성가와도 친척관계인 셈이다. 박근혜는 『문화일보』를 창간하고 지배하고 있는 현대가와도 친척관계다. 홍정욱을 통해서도 현대가(정몽준)와 연결되지만, 허광수의 형 허남각 삼양통상 회장을 통해서도 연결된다. 허남각이 삼표그룹 회장 정도원과 사돈관계이고, 정도원의 딸이 현대자동차그룹 부회장 정의선의 부인이기 때문이다.

박근혜의 실질적 지배하에 있는 정수장학회는 MBC 지분 30퍼센트(6만 주), 『부산일보』 지분 100퍼센트(20만 주)를 직접 소유하고 있기도 하다. 박근혜와 MBC, 『부산일보』의 관계는 오래되었다. 그 관계를 상징적으로 보여주는 예는 박근혜의 이모부 조태호(육영수의 여동생인 육예수의 남편)다. 그는 대통령 동서를 둔 덕으로 서울MBC와 부산MBC

이사와 『부산일보』 회장 등을 거쳤고 정수장학회 이사를 하다, 1988년 사망 직전까지 정수장학회 이사장을 지냈다.

케이블TV도 보수이기는 마찬가지다. 대부분 재벌 소유이기 때문이다. 케이블TV의 소유 구조는 이렇다. tvN · CGV · XTM · 내셔널지오그래픽 · 투니버스 · OCN · 슈퍼액션 · 바둑TV · 캐치원 등 36개 채널을 소유한 CJ미디어는 CJ그룹이, 다큐 Q채널 · 히스토리 · J골프는 『중앙일보』가, HCN · 엠넷은 현대가, GS홈쇼핑은 GS그룹이, 채널동아는 동아건설이 소유하고 있다. 재벌은 방송을 소유하기만 하는 것이 아니라 광고와 시장 장악력을 이용해 다른 언론들을 통제한다. 상업언론의 주수입원은 광고이기 때문이다.

그런데 박근혜는 이렇게 언론에 영향을 미칠 수 있는 재계 인사들과 친인척 관계에 있다. 앞서 언급한 기업인들을 제외한 주요 명단은 다음과 같다.

박재석(국제전기기업 회장), 박재호(동양육운 회장), 박재홍(동양철관 명예회장), 김인득(벽산그룹 창업자), 김희철(벽산그룹 회장), 허정구(삼양통상 창업자), 허남각(삼양통상 회장), 허동수(GS칼텍스 회장), 김영자(GS칼텍스 부회장), 김희용(동양물산기업 회장), 한병기(설악케이블카 회장), 한태현(설악케이블카 이사), 박영우(대유신소재 회장), 정문원(전 강원산업 회장), 박용오(전 두산그룹 회장), 정몽구(현대자동차그룹 회장), 이화림(전 동양제철화학그룹 명예회장), 이화영(유니드 회장), 김형수(동성모터스 회장), 김병주(MBK 파트너스 회장), 박성빈(사운드파이프코리아 대표), 박태준(전 포스코 명예회장), 김도근(동양고무벨트 창업자), 정영삼(한국민속촌 회장), 정원석(현 한국민속촌 소유주), 박지만(EG 회장), 홍세표(전 외환은행장), 이석훈(일신산업 회장) 등.

이런 상황에서 국민들이 주류 언론을 통해 박근혜 후보에 대한 객관적인 정보를 얻을 수 있다고 믿는 것은 순진한 생각일 것이다. 무엇보다 박근혜 자체가 금언복합체의 성격을 갖고 있다. 박근혜는 선관위에 자신의 재산을 21억 원이라고 신고했지만, 일가의 재산만 해도 1조 3,000억 원이고, 정수장학회·영남대·육영재단 등 자신이 영향을 미치고 있는 재산까지 합하면 4조 원대에 달하는 부자다.(김보협, 「민주 "박근혜 일가 재산 1조 3천억"」, 『한겨레』, 2012년 12월 2일) 박근혜는 정수장학회를 통해 언론에 영향을 미치는 수단을 갖고 있을 뿐 아니라, 자신과 혼맥으로 엮여 있는 다른 금언복합체의 비호를 받고 있다.

정계, 재계, 언론계가 서로 혼맥으로 엮이면서 우리나라는 사실상 하나의 패밀리가 지배하는 형국이 되었다. 박근혜는 그 패밀리의 일원이자 대표자로서 대선에 출마했다고 볼 수 있다. 이런 상황에서 문재인 후보가 진 것은 일어날 수 없는 일이 발생한 것이 아니다. 오히려 큰 차이 안 나는 득표로 석패한 것 자체가 대단한 일을 해낸 것이라 할 수 있다.

박정희의 언론 통제

언론이 자본과 권력에 예속되는 데 결정적 영향을 미친 것이 박정희다. 박근혜는 이러한 언론 환경의 수혜를 입고 대통령에 당선되었다. 그런 의미에서 우리는 박정희가 어떻게 언론의 체질을 변화시켰는지를 살펴볼 필요가 있다.

해방 직후 우리나라 신문들은 지금과는 성격이 많이 달랐다. 대개 소규모였고 권력과 자본으로부터도 비교적 자유로웠다. 당시 한반도에는 좌익 세력이 지배적이었으므로 언론계도 좌익이 주도했다. 그러던 것이 미군정이 들어서면서 변화를 맞기 시작했다. 미군정은 반공 정책의 일환으로 좌익 언론을 탄압하고, 우익 언론은 비호했다. 이런 정책으로 군정 말기에 이르면 우익 신문들이 주도권을 장악하게 되고, 이승만정권이 들어서면서부터는 우익 신문만 남게 된다.

방송이 정권의 도구로 기능하는 관행이 굳어진 것도 미군정 때문이었다. 미군정은 방송도 미군정청 공보부 아래 두고 군정의 홍보매체로 이용했다. 이것이 선례가 되어 이승만정권도 방송을 공보처 산하에 두고 정권의 홍보매체로 이용했다. 미군정은 방송 프로그램과 편성기법을 방송 실무자들에게 가르치기도 했는데, 그 때문에 한국방송은 계몽적이고 예술적인 유럽의 방송보다는 오락적이고 대중문화적인 미국 상업방송의 영향을 받게 된다.

언론은 정치권력을 획득·유지·행사의 실제적 수단이다. 그러므로 정치권력을 획득하고자 하는 세력은 가장 먼저 언론 기관을 장악하고 통제하지 않으면 안 된다. 언론 기관을 장악하면, 자신들의 권력 획득을 거부할 수 없는 현실로 기정사실화하고 자신들의 정치적 행위를 합리화해 선전할 수 있다. 그 선전은 반대 세력을 진압하거나 사회적 저항을 무력화시키고 협력자들을 만들어내는 데 큰 효과를 발휘한다.

1961년 5·16쿠데타로 권력을 잡은 박정희 역시 가장 먼저 조치를 취한 곳이 언론이었다. 그는 5월 23일 포고 제11호를 발표했는데, 이 조치로 언론사는 일간지 39곳, 일간통신 11곳, 주간지 32곳만 남고 무려

1,170곳이 폐쇄되었다. 명분은 '사이비 언론인 및 언론기관 정화'였지만, 실은 협조할 만한 언론만 남기고 나머지는 없애버린 것이었다. 통제를 위해서는 언론의 수를 대폭 줄이는 것이 필요하기도 했다.

박정희 군사정권은 1962년 6월 '언론을 기업으로 육성한다'는 명목으로 새로운 언론 정책을 발표했다. 새로운 언론 정책에는 채찍과 당근이 동시에 들어 있었다. 채찍으로는 신문들이 교양과 오락에 치중하게 하고, 고성능 윤전기 등 상당한 자본 규모를 갖추지 않으면 신문 발행을 못하게 하는 규제가 있었다. 당근으로는 신문 용지 수입에 따른 관세 인하와 시설 확충에 필요한 은행 융자를 대폭 지원해주는 특혜가 있었다. 또한 언론사의 신규 등록을 억제하고, 기존 언론사들의 구독료와 지면 수에 관한 카르텔 형성을 방조하여 독점적 지위를 보장해주었다. 이것이 권언유착의 시발점이었다.

1964년 박정희정권이 한일회담을 추진하자 학생, 재야, 언론은 크게 반발했다. 이에 박정희는 학원과 언론을 규제하기 위해 '학원보장법'과 '언론윤리위원회법'을 집권당 의원만으로 통과시켰다. 이에 언론계는 '언론윤리투쟁위원회'를 만들어 저항했다. 사회적 반발이 너무 거세자, 박정희정권이 '언론윤리위원회법' 시행을 전면 보류하면서 언론 파동은 마무리되었다.

그러나 한일회담을 계기로 일본에서 유입된 차관이 언론에 제공되면서, 언론 사주들은 권력의 품에 안기게 되었다. 오늘날 언론사들은 복합기업으로서 다른 사업체도 여럿 갖고 있는데, 그 원형이 생겨난 것도 이때부터였다. 일례로 조선일보는 일본으로부터 좋은 조건에 차관을 받아 코리아나호텔을 지었다. 권력에 예속된 사주들은 언론기관을 공공제로 생각하기보다는 자신의 사기私器로 여기게 되었으며, 언론 자유를 스스로 포기하고 기자들의 활동을 감시하게 되었다. 권언복합체에 대한 기자들의 저항도 없지는 않았다. 그러나 1970년대 전반기를 마지막으로 그 저항도 사라졌다.

박정희정권은 경제적 특혜를 줌으로써 언론 사주를 굴복시켰다. 그리고 언론인에게는 명예와 보수가 따르는 관직이나 의원직으로 유혹했다. 박정희는 언론을 상대로 하는 문공부 장관이나 청와대 공보수석 비서관을 비롯해 정관계의 주요 홍보직에 언론인을 앉히는 전통을 수립했다. 언론인으로 언론인을 제압하는 방식이었다. 이것은 후에 전형적인 언론인 출세 유형을 만들어냈는데, 그 루트는 이렇다. 먼저 국회의원으로 당선되거나 청와대 비서관으로 발탁되었다가, 여권 매체의 사장 등 고위직으로 언론계에 복귀해 체체 홍보 일선에서 활동한 후 문공부 장관이나 청와대 대변인 또는 청와대 공보수석 비서관으로 승진하는 것이다. 정관계와 언론계를 오가면서 언론을 정보의 홍보기관으로 전락시키는 폴리널리스트(정치politics와 언론인journalist을 조합한 조어)도 박정희정권에서 처음 생겨난 것이었다.

1979년 12·12 쿠데타로 권력을 장악한 전두환은 박정희의 언론통제 방식을 그대로 따랐다. 1980년의 언론통폐합은 박정희의 포고 제11호와 같았다. 이후 신문사 윤전기 도입에 대해 관세 인하 특혜를 준 것, 방송광고공사의 공익자금을 언론사에 무이자로 대여해준 것, 언론사의 부동산 매매에 대한 세금 면제, 각종 문화 사업, 스포츠 사업, 부동산 사업 등 다각 경영을 허용한 것도 비슷했다. 박정희가 언론 사주에게 특혜를 주는 데 집중했다면, 전두환은 언론인들에게도 대폭 경제적 수혜를 줬다는 점이 차이라면 차이였다. 전두환정권하에서 취재수당에 대한 면세, 방송광고공사 공익자금에 의한 해외연수와 여행, 언론인 금고의 주택자금 및 생활안정자금 저리융자, 자녀 학자금 지원, 문공부와 건설부의 지원하에 토지개발공사 땅을 불하받아 지은 기자아파트, 각 출입처로부터 받는 촌지까지 각종 특혜를 받은 언론인들은 부유해졌고, 비판의 날은 더욱 무뎌졌다.

이명박의 언론 장악은 박정희가 세운 보수적인 언론의 기틀 위에 깃발을 꽂은 것과 같다. 오늘날 주류 언론은 더 이상 국민의 여론을 반영하는 기구도 아니고, 정치권력과 경제권력을 감시하고 견제하는 기구도 아니다. 금언복합체는 누구의 견제도 받지 않는 무소불위의 권력이 되었다. 국민TV 설립이 추진되고 있다. 그러나 그것만으로는 충분치 않다. 금언복합체를 민주적으로 통제할 수 있는 방안을 모색해야 한다. 그렇지 않으면 대다수 국민은 앞으로도 계속 인구의 1퍼센트도 되지 않는 가벌家閥의 노예로 살게 될 것이다.

강남 좌파 논쟁과 엘리트주의

강남 좌파라는 말

마르크스는 물질적·경제적 조건이 인간의 의식과 사회의 관념체계를 결정한다고 보았다. 그에 따르면 부자들은 보수적인 것이 맞고, 실제로도 그렇다. 그런데 이런 관념을 뒤집는 것이 있으니, 이른바 '강남 좌파'다. '생활수준은 서울 강남과 비슷한데, 생각은 진보적인 사람들'을 말한다. 말하자면 고학력·고소득 진보계층을 일컫는다.

'강남 좌파'라는 용어는 2000년대 중반 학계와 언론계에 등장했다. 당시에는 보수 진영 내 386세대를 지칭하는 면이 강했다. 그 말은 학생운동권 출신의 좌파이지만 강남으로 대표되는 기득권층에 둘러싸여 그들을 위해 일하는 사람들을 진보 진영에서 냉소적으로 일컫는 말이었다. 그러나 지금은 '우리나라의 대표적인 기득권층이면서, 좌파적인 생각과 행동을 하는 사람'이라는 의미로 쓰인다.

언론에 보도되는 강남 좌파의 특징들을 정리하면 이렇다. 그들은 소비의 욕망을 즐기지만 소비의 쾌락은 경멸한다. 투자자로서의 영악함은 지녔으면서도 투자자의 탐욕을 규제해야 한다고 주장한다. 물신을 추종하지만, 물신을 숭배하지는 않는다. 가진 자에게 영혼을 팔지만, 없는 자를 위해 투표한다. 강남 좌파는 자기 모순적인 정치 지향을 상징한다. 그들이 가진 자는 보수 정당을 지지하고, 없는 자는 진보 정당을 지지하던 이분법의 시대는 끝났음을 보여준다는 것이다.

그러면 강남 좌파의 실체는 있는가? 최근 『한겨레』가 조사한 '주관적 이념 성향'에 따르면, 고소득층의 38퍼센트는 자신을 진보라고 생각하고 있으며, 18퍼센트만 자신을 보수라고 생각하는 것으로 나타났다. 이런 조사 결과를 보면, 강남 좌파의 실체가 있는 것 같기도 하다. 그러나 이것은 '자신의 정치적 성향에 대한 자신의 주관적인 판단'이다. 달리 말하면, 실제로는 보수인 데도 자신을 진보로 오해할 소지가 있다는 말이다. 문화평론가 이택광은 "강남 좌파가 요구하는 내용들을 보면, 대체로 민주주의, 복지국가 등 서구식 '정상국가'에 대한 열망"이며 "체제를 넘어선 변화가 아니라 체제의 정상적인 확립을 요구한다는 점에서 '보수주의'"라고 말했다. 일리가 있는 말이다.

좌와 우는 상대적인 개념이다. 만약 극우파가 득세하는 사회라면, 좌와 우를 나누는 눈금은 오른쪽으로 기운다. 그럴 때 다른 사회에서는 중도 우파나 합리적 보수로 분류될 만한 사람들도 좌파로 분류된다. 만약 사회적 시스템과 제도가 제대로 작동하지 못하는 상황에서 그 정상적인 기능을 요구하는 소수의 사람들이 있다면, 그들은 스스로를 좌파로 인식할 수 있다. 혹은 집권 세력이 상류층만을 위한 정책을 펴거나 사회 통념에 어긋나는 행보를 보일 때, 중산층 내부에서도 이에 대한 반발이 생길 수 있다. 그 중산층 역시 스스로를 좌파로 인식할 수 있다. 강남 좌파라는 말은 이명박정부 이후의 이러한 정치적 상황을 배경으로 하고 있다.

모든 정치인은 강남 좌파다

역사적으로 '하층민을 옹호하는 엘리트 좌파'란 사실 그리 새로울 것이 없다. 예를 들어 카를 마르크스, 블라디미르 레닌, 프리드리히 엥겔스, 로버트 오언, 표트르 크로폿킨 등 역사에 이름을 남긴 많은 혁명가은 하층민 출신이 아니었다. 그들은 모두 중산층 이상 출신의 지식인이었다. 그들은 중산층이나 상류층 출신 엘리트로서 민중을 위한 혁명에 뛰어들었다. 역사적으로 정치 혁명은 강남 좌파라 불릴 만한 사람들에 의해 주도되어왔다고 해도 과언이 아니다.

그러면 지금은 이러한 엘리트주의가 극복되었을까? 그렇지 않다. 강준만은 『강남 좌파』에서 한국의 모든 정치인이 실은 강남 좌파로 분류될 수 있다고 주장했다. 지금의 사회구조상 정치 엘리트가 되기 위해선 학벌은 물론 생활 수준까지 강남 수준이어야 할 수밖에 없는데, 그렇게 보면 모든 정치인이 강남 좌파라는 것이다. 그는 우파 정치인도 정치적 목적을 위해 포퓰리즘적인 자세를 취하기 때문에 기회주의적 좌파가 될 수밖에 없다고 설명했다. 맞는 말이다. 실제로 여야를 막론하고 정치인들의 80퍼센트 이상이 경제적으로 상위 2퍼센트에 드는 사람들이다.

물론 정치인 중에는 진보 정당에 속한 사람도 있고, 중도 좌파 정당에 속한 사람도 있으며, 우파 정당에 속한 사람도 있다. 그럼에도 불구하고 대부분의 정치인은 서민들과는 전혀 다른 계급, 주로 최상류층에 속한 사람들이다. 오늘날의 정치는 한 계급에 의해 독점되고 있다. 모든 정치인의 계급은 같다. 다만 어떤 계급과 계층을 명목적 정치 기반으로 삼느냐가 다를 뿐이다. 정치에서 동일성 내의 작은 차이를 강조하는 것이 중요해지는 것도 이 때문이다.

민주적인 정치제도 아래에서는 많은 사람의 표를 얻는 것이 중요하다. 그런데 경제적 계급의 구조는 피라미드로 이루어져 있다. 하층민이 가장 많고, 그다음이 중산층 그리고 극소수의 상류층이 있다. 그런 까닭에 좌파 정치인은 물론 우파 정치인도 하층민의 표를 의식하지 않을 수 없다. 좌우를 불문하고 모든 정치인이 '친서민'을 표방하는 이유다. 그것은 실질적인 내용을 갖고 있는 경우도 일부 있지만, 여론이나 표를 의식한 제스처에 불과한 경우가 훨씬 많다.

엘리트주의는 극복 대상

강남 좌파의 이미지는 정치인에게만 유효한 것이 아니다. 전 국민의 주목을 받는 위치에 있는 사람들, 이를 테면 스타 연예인이나 대기업 CEO도 강남 좌파처럼 행동한다. 스타 연예인들의 경제 수준은 최상류층에 속한다. 대중적 영향력과 위세에서도 정계와 재계 인사들 못지않은 파워 엘리트다. 그럼에도 불구하고 그들은 TV에서 경쟁적으로 소탈한 서민으로서의 이미지를 연출하곤 한다. 시청자들에게 '나도 당신과 다를 바 없는 사람'이라는 메시지를 전달하고, 그 친화력을 바탕으로 인기와 부를 누린다.

대기업 CEO들은 연예인처럼 서민인 척 연기할 수는 없다. 그러나 정치인처럼 '친서민적 행보'를 보일 수는 있다. 소외계층을 위해 봉사 활동을 하거나, 작은 도서관을 짓거나, 아프리카의 아이들에게 기부하는 등의 자선활동을 벌일 수 있다. 마이크로소프트 회장 빌 게이츠가 대표적이다. 자신과 같은 슈퍼 부자들에게 더 많은 세금을 거두어야 한다고 주장하는 워런 버핏, 그 자신이 투기꾼이면서도 금융 규제가 필요하다고 주장하는 조지 소로스도 우리 식으로 표현하면 강남 좌파라 할 수 있다.

강남 좌파 논쟁에서 중요한 것은 이념이 아니라 엘리트주의다. 고학력·고소득 계층이 서민에게 관심을 갖고 그들을 옹호하는 것은 나쁘다 할 수 없다. 그러나 거기에 어느 정도 진심이 있다 하더라도, 그것은 사회 진보에서 역할이 한계가 있는 경우가 많다. 왜냐하면 엘리트 자체가 기득권의 산물이기 때문이다. 자신이 누려왔던 기존의 혜택을 진정으로 비판하기가 쉽지 않다. 나아가 그렇게 살아보지 않은 사람이 서민의 어려움을 실감하기는 더욱 쉽지 않다. 대개는 더 많은 권력과 금력을 얻는 수단으로써 진보 혹은 친서민의 아젠다를 이용할 뿐이다.

지금의 민주주의 이론은 국민이 뽑아놓은 대표자가 국민을 위해 일한다는 것을 전제로 한다. 그러나 엄밀하게 말하면, 최상류층에 속해 있는 정치인은 작게는 자신과 자신이 속한 정당의 이익을 위해, 좀

더 넓게는 자신이 속한 계층(상류층)을 위해 일할 뿐이다. 민주주의 이론은 각계각층을 대표하는 사람들이 권력을 위임받아 의회를 구성하는 것으로 되어 있지만, 하층민이나 서민은 자신과 같은 계급 출신의 대표자를 갖고 있지 못한 실정이다.

민주주의가 더욱 발전하기 위해서는 엘리트주의를 극복하지 않으면 안 된다. 지금과 같은 대의 민주주의 구조 속에서 정치는 그들만의 리그가 된다. 정치판에는 기껏해야 강남 좌파와 강남 우파만이 존재할 뿐이다. 국민이 일상적으로 자신의 정치적 의견을 표현하고, 직접 정책 결정에 참여할 수 있는 직접 민주주의를 구현해나가야 한다. 그것을 어떻게 구현할 것인가가 미래 정치의 과제다.

06

현대인의 불안
세 가지 사회적 근원

불안은 영혼을 잠식한다

라이너 베르너 파스빈더 감독의 영화 중에 〈불안은 영혼을 잠식한다〉가 있다. 이 제목처럼 불안은 현대인의 영혼을 잠식해가고 있는 것으로 보인다. 의식이 매우 발달한 인간은, 다른 동물과 달리, 현재의 문제뿐 아니라 미래에 도래할 '가능성이 있는' 문제에 대해서도 불안을 느낀다. 그런 까닭에 인간은 불안을 극대화시킬 가능성이 상존한다.

그러나 그런 점을 십분 감안하더라도 현대인의 불안은 이전과는 차원이 다른 것으로 보인다. 그것은 특정한 몇 가지 문제들로부터 비롯된 것이 아니라 전면적이고 총체적인 문제 때문이라는 느낌을 동반한다. 현대인은 정치, 경제, 사회, 문화, 생태, 과학 등 거의 모든 분야에서 생존을 위태롭게 하는 현상들이 동시다발적으로, 더욱 심각하게 발생하는 것을 목도하고 있다.

본래 생물학적으로 불안은 생존에 필요한 일종의 보호장치이자 경보장치다. 불안은 생존을 위협하는 요인들에 대비하게 만든다. 그러나 인간 사회는 인간의 이성을 마비시키는 선전과 지배적인 이데올로기를 내재하고 있다. 그것들은 무수한 권위를 동원해 지금의 문명과 체제가 정당하고 별 이상 없다고 안심시킨다. 그로 인해 사람들은 불안을 직감할지라도 머리로는 '설마 어떻게 되겠어? 괜찮겠지' 하고 자위하게 된다.

불안은 정체 모를 대상 때문에 일어나는 감정이다. 지금 우리가 겪는 불안도 언뜻 보면 그렇다. 그러나 엄밀하게 말하면, 그 불안은 원인이 모호해서 생겨나는 것이 아니다. 원인을 잘 알 수 없는 느낌이 드는 것도, 그것이 너무 근본적이고 거대한 문제에서 비롯되기 때문이다. 원인을 안다고 해도 문제는 남는다. 그야말로 근본적이고 거대한 문제에서 비롯된 것이기 때문에 내 의지와 힘으로 극복할 수 있으리라는 확신이 들지 않는다. 무기력과 불안이 가중되는 이유다.

세계화와 불안

오늘날의 세계는 세계화된 세계다. 현대인은 모두 세계경제 체제에서 살고 있다. 우리의 경우 정치적으로는 4,000만 분의 1로 살고 있지만, 경제적으로는 65억 분의 1로 살고 있다. 그것은 평범한 개인이 65억 분의 1만큼의 경제권력을 갖고 있다는 말이다. 65억 분의 1, 그것은 경제권력이 없는 것과 같다. 우리에게 주어진 4,000만 분의 1이라는 정치권력만 해도 별 느낌이 없는데, 65억 분의 1은 더 할 것이다. 세계가 심각한 경제 위기에 처해 있는 데도 우리가 할 수 있는 일이 아무것도 없다는 느낌을 받는 것도 이 때문이다.

세계화는 지역과 국가가 독립성을 유지한 채로 서로 연결되어 있는 것이 아니다. 세계화는 지역과 국가의 독립성을 파괴하고 상호 의존성을 강화시킨다. 그러므로 세계화가 진전될수록 지역, 국가, 개인의 불안정성이 증가한다. 세계화의 주체는 극소수의 초국적 자본과 그에 영합한 정치권력들이다. 평범한 개인들은 세계의 영향을 받기만 할 뿐, 그에 영향을 미칠 수 없다. 그것은 나의 의지와 무관하다. 개인들은 세계 도처에서 발생한 문제들이 언제 어떻게 내 인생을 망칠지 모른다는 불안감에 떨어야 한다.

이를 테면 미국의 리먼 브러더스라는 금융회사가 파산했다는 소식이 들려온다. 나는 그 회사에 관심도 없고, 잘 알지도 못한다. 그래서 덤덤할 뿐이었다. 그런데 이 일을 계기로 미국에서 금융위기가 발생하더니, 얼마 후 내가 회사에서 정리해고 당하는 사태가 발생한다. 이런 일들은 실제로 아무렇지도 않게 벌어진다. 오늘날에는 내가 먹고 쓰고 입는 모든 것이 우리 주변에서 생산된 것이 아니다. 세계 도처에서 (주로 먼 곳에서) 생산된 것들을 소비한다. 우리는 누가 어떻게 생산했는지 모르는 상품들을 소비하면서 살아간다. 그 복잡한 사회경제적 네트워크 속에서 무엇 하나만 잘못되어도 나에게 어떤 악영향을 미칠지 모른다.

세계화된 세계에서 생겨나는 문제는 지엽적인 문제가 아닌 전체의 문제다. 오늘날 우리가 접하는 경제 위기, 생태계 파괴, 이상 기후,

유해한 먹거리, 전염병 창궐 등은 모두 세계적인 원인에 의한 것이다. 세계적인 문제는 세계적인 대응을 필요로 한다. 그러나 세계에는 이런 문제를 해결할 의지와 힘이 존재하지 않는다. 세계화는 그 자체로 개별 국가의 힘을 약화시킨다. 그러므로 세계 각국이 합의하여 통일적 행동을 취한다는 것도 불가능하다. 거대한 사회 규모 속에서 개인과 국가는 갈수록 무기력해지고 있다.

미디어와 불안

거대한 사회 규모는 인간의 감각 범위를 넘어선다. 그러므로 우리는 세계에서 무슨 일이 벌어지는지 알 수 없게 된다. 신문·방송과 인터넷이 있지 않느냐고? 그렇다. 그것들이 세계를 개괄해준다. 그러나 그것들은 있는 그대로의 세계를 보여주지 않는다. 대부분의 미디어는 극소수의 거대 자본에 장악되어 있으며, 그것들은 주로 거대 자본의 이익에 도움이 되는 메시지를 생산하고 유통시킨다.

정보의 세계적인 유통과 그로 인한 비등한 여론은 그 자체로 불안과 긴장을 유발한다. 사람들은 불안할수록 미디어와 새로운 정보에 더욱 집착하는 경향을 보인다. 발 빠른 정보의 습득이 자신의 안전을 지켜준다고 생각하기 때문이다. 그러나 그럴수록 거대 기업의 메시지를 자발적으로 내재화하는 과정이 된다. 그것은 수용자가 의도하는 세계의 객관적 구성과는 거리가 멀다.

대부분의 미디어는 광고 수입에 의존한다. 실제로 미디어에서 유통되는 정보들 대부분이 직간접적인 광고다. 그런데 이 광고가 불안을 제도화한다. 광고는 사람들에게 남편·아내·자식의 욕망에 제대로 대응하지 못하고 있다는 것, 아무렇게나 옷을 입고 있다는 것, 맛좋은 커피를 즐기고 있지 못한다는 것, 혹은 자신의 입 냄새, 펑퍼짐한 엉덩이, 건조한 피부를 자각하게 한다. 그리고 그 때문에 성공적인 사회생활이 안 된다고 느끼게 한다. 광고는 끊임없이 자기 검열을 강요하고 자신에 대한 불만을 조장한다.

마셜 매클루언은 『미디어의 이해』에서 "전기 테크놀로지가 처음으로 우리에게 미친 영향은 불안"이었다고 말했다. 전자 매체는 인간의 정서를 차갑게 하고, 사람을 수동적으로 만들며, 불안감에 빠지게 한다. 전자 매체와 불안은 상호 촉진 관계에 있다. 불안한 사람들은 전자 매체를 통해 게임, 폭력물, 외설물에 탐닉함으로써 그것을 잊으려 한다. 그러나 게임, 폭력물, 외설물은 사람을 중독시킴으로써 또 다른 불안감을 얻을 뿐이다.

금융자본주의와 불안

인간의 불안은 본래 자본주의가 발달함에 따라 점증되어왔다. 자본주의는 신분 상승의 욕구와 신분 하락에 대한 불안을 조장한다. 물질 중심의 세계는 정서를 불안하게 만들고 불안한 정서는 다시 물질적인 과시를 추구하는 악순환을 낳는다. 분절되어가는 노동 과정, 상존하는 고용 불안, 빈부 격차의 심화, 타인과 집단으로부터의 소외, 상실된 정신적 가치, 반자연적인 환경이 만들어내는 스트레스, 공동체 파괴도 불안을 심화시킨다.

현재의 금융자본주의는 이런 불안을 극대화시키는 체제다. 산업자본주의 시대의 자본 축적은 주로 상품의 생산과 판매라는 물리적 차원에서 진행되어왔다. 그러나 금융자본주의 체제는 그러한 물리적 과정마저 자본 축적의 걸림돌로 여기고 그것을 거세해버렸다. 그리고 투기를 자본 축적의 주된 수단으로 삼았다. 그 결과 자본 축적 속도는 무제한으로 빨라지게 되었다. 그것은 서민의 입장에서 보면 경제적 갈등으로 인한 불안이 빠르게 증가함을 의미한다.

금융자본주의 체제는 투기를 향한 강한 사회적 압력을 갖는다. 그럴 때 노동의 목적은 도박에 참여할 판돈을 모으는 것이 된다. 그런데 도박에 참여하는 것은 심각한 불안을 동반한다. 게임의 참여자는 조그마한 외부 충격에도 민감하게 반응하는 바늘이 되어 시시때때로 변화무쌍하게 등락하는 주가, 외환 가격, 부동산 가격, 원자재 가격을 체크하고 그에 반응해야 한다. 도박에서 이기기 위해서는 미래에 대한 예측만으로는 부족하며 예측에 대한 예측을 병행해야 한다. 그것은 예민한 심리 상태를 만들고, 종종 신경증과 강박증으로 이어진다.

불안은 거대한 에너지를 형성한다. 그것은 아랍권의 민주화 운동처럼 진보적인 방향으로 나아갈 수도 있다. 그러나 그것이 필연은 아니다. 불안이 극대화되면 사람들은 방향감각, 자아, 주위 세계에 대한 현실적 판단력을 상실한다. 그럴 때 사람들은 무력감에 대한 보상으로써 파시즘적인 지도자를 갈망할 수도 있고, 전쟁으로 나아갈 수도 있으며, 인종 테러처럼 엉뚱한 희생양을 필요로 할 수도 있다.

현재 세계는 거대한 불안으로 들끓고 있다. 세계사적으로 매우 위험하고도 중대한 시기를 맞고 있는 것으로 보인다. 불안의 원인을 무엇으로 보느냐, 각자가 불안에 어떻게 대응하느냐, 그 집단적 불안의 에너지가 어느 쪽으로 유도되느냐에 따라 역사의 진로가 결정될 것이다. 위기에 대응할 때 이성적 전망의 역할은 매우 중요하다. 만약 이성적 전망 없이 불안 상태가 지속된다면 사회적 재앙은 일파만파로 확산될 것이다. 불안 에너지를 건강한 방향으로 유도하기 위해서 우리는 새로운 미래에 대한 논의를 서두르지 않으면 안 된다.

07

대학이 기업화되는 근본적인 이유

등록금 시위와 스태그플레이션

이명박은 결국 자신의 대선 공약이었던 '반값 등록금'을 실천하지 않고 퇴임했다. 실제로 우리나라 대학 등록금은 과도하게 비싼 편이다. 물가상승률을 초과해 꾸준히 오른 결과, 지금은 세계 두 번째로 비싼 지경에 이르렀다. 미국 다음이다. 그러나 많은 사람이 이렇게 대학 등록금에 불만을 갖게 된 데는 다양한 경제적 이유가 있다. 그 이유들은 이렇다.

첫째, 세계적인 경제 위기의 문제다. 경제 위기로 높은 등록금을 감당하기 어렵게 되었다. 이것이 등록금에 관심과 불만을 유발한다. 둘째, 질 낮은 대학 교육 서비스의 문제다. 지금 대학 교육의 질은 높은 비용에 비해 얻는 것은 매우 적다. 셋째, 취업의 문제다. 예전에는 대학을 졸업하면 취직하는 데 큰 어려움이 없었다. 그러나 지금은 다르다. 대학 진학률이 이미 80퍼센트를 넘어섰다. 대부분이 대학을 간다는 이야기다. 취직할 때 대학 졸업자의 특권이 사라짐에 따라 대학원 진학이나 외국 유학의 필요성이 늘었다. 그에 따라 더 많은 교육 비용을 감당해야 한다. 넷째, 높은 사교육비 문제가 있다. 사교육비는 대학 입학 전에만 들어가는 것이 아니다. 취업 경쟁이 심해짐에 따라, 대학을 다니면서도 스펙과 자격증을 위해 많은 사교육 비용이 들게 되었다. 다섯째, 급등하는 물가의 문제가 있다. 용돈, 식비, 교통비, 통신비, 교재비에 다른 지방 출신 학생의 경우에는 월세 비용까지 오르고 있다. 그 때문에 많은 대학생이 아르바이트를 하지 않으면 안 되는 상황에 처하게 된다. 그러나 아르바이트를 하면 대개 최저임금에도 못 미치는 돈을 벌면서, 시간 부족으로 공부를 제대로 못하게 된다. 학업 때문에 아르바이트를 하는 것인데, 그 때문에 학업을 제대로 할 수 없는 모순에 빠지는 것이다.

대통령이 공약을 지키지 않는 것은 당연히 잘못된 일이다. 그러나 대통령이 공약을 지키지 않는 것은 안타깝게도 드문 일이 아니다. 교육의 질에 비해 과도하게 높은 등록금 역시 문제다. 그러나 만약 지금이 경제 호황 국면이어서, 임금이 오르고, 장사가 잘되고, 취직도 어렵지 않다면, 등록금은 큰 문제가 되지 않았을 것이다. 그랬다면 사람들은 다른 물가도 다 오르는데(호황기에는 원래 물가가 오른다), 등록금이 오르는 것도 당연하다고 생각했을 것이다. 실제로 과거 등록금 상승률은 늘 물가 상승률을 웃돌았지만, 호황기에는 크게 문제가 된 경우는 거의 없었다.

그러나 지금은 스태그플레이션stagflation의 시기다. 주류 경제학에 따르면 불황기에는 물가가 떨어져야 맞다. 그러나 스태그플레이션은 경제가 불황임에도 물가가 오히려 오르는 것을 말한다. 스태그플레이션이 닥치면 사람들은 호주머니는 비어가는데, 높은 물가를 감당해야 하는 이중 고통에 시달리게 된다. 반값 등록금 문제는 이러한 경제적 고통이 정치적으로 분출된 것이라 할 수 있다.

기업이 되어가는 대학

대학생들을 경제적으로 힘들게 하는 원인을 하나만 꼽으라면? 바로 '대학의 기업화'다. 오늘날의 대학생들은 제자가 아니라 소비자다. 캠퍼스 곳곳에 헬스장, 서점, 편의점, 카페, 문구점, 베이커리, 은행, 영화관 등 상업적 시설물들이 들어서는 것은 그 변화를 단적으로 보여준다. 캠퍼스는 복합 쇼핑몰로 변하고 있다. 주로 대기업에 의해 운영되는 상업 시설물들은 캠퍼스 내에서 사실상 독점적 성격을 띠게 된다. 학생들은 가격이 비싸도 이용하지 않을 수 없다.

상업 시설만 그런 것이 아니다. 요즘은 교육 시설도 대기업의 돈으로 지어진다. 건물명도 삼성관, LG-포스코관, 하나스퀘어빌딩 같은 식이다. 이러한 변화는 대학생의 의식에도 큰 영향을 미친다. 학생들은 기업의 이념이 구현된 건물에서 공부하고 세미나하면서 기업 의식을 내면화하게 된다. 그것은 88만 원 세대가 사회구조의 대표적인 희생양이면서도 적극적으로 저항하지 않는 이유를 일부 설명해준다.

기업이 아예 대학을 운영하는 경우도 있다. 예를 들어 성균관대는 삼성, 중앙대는 두산, 울산대와 울산과학대는 현대중공업, 연암공대와 연암대는 LG 소유다. 재벌 소유가 아닌 대학도 분위기가 크게 다르지 않다. 대학 이사장, 이사, 총장 자리를 차지하고 있는 사람들은 대개 기업 고위 관료 출신이거나 재계와 연줄이 있는 인물이다. 교육자로서의 경험이 아니라 상업적인 노하우를 얼마나 아는지, 얼마나 많이 기업의 후원을 끌어 모을 수 있는지가 대학 운영자들을 발탁하는 기준이 되었기 때문이다.

대학의 기업화가 낳는 문제들은 많다. 열거하면 이렇다. 등록금 급등, 국공립대의 법인화, 산학 협력 프로젝트가 많아지고 거기에 재정 지원이 집중되는 것(대학의 특허권 소유를 위한 것), 시간 강사와 대학원생 조교에 의한 교육(그로 인해 낮아지는 교육의 질), 인문학과의 통폐합(혹은 이윤 목적에 따른 인문학 종속), 실용 학과 증설, 교수에 의한 친기업적·친정부적 논리 생산(교수들의 사회 비판 실종), 홍보 효과가 있는 유명 교수 영입(같은 목적에 의한 유명 연예인이나 스포츠 선수의 장학생 영입), 대학의 이미지를 좋게 하는 현란한 광고, 기업인이나 정치인에 대한 명예박사학위 수여 남발(그 자녀들의 특혜 입학), 각종 전문 과정과 세미나 장사, 대학 기금에 의한 금융 투기와 부동산 투기, 대학 언론 통제, 민주적 의사결정 과정 실종 등.

점점 거세지는 시장의 힘은 대학의 심장부까지 침투했고, 대학은 민간영리기업처럼 변했다. 이를 두고 미국의 저널리스트 제니퍼 워시번은 '대학 주식회사'라 이름 붙였다. 그는 동명의 저서 『대학 주식회사』에서 사회의 미래를 담당할 시민을 길러내는 기관이자, 국민의 세금으로 운영되는 기관이며, 객관적인 연구를 생산해낼 수 있는 유일한 독립적 기관인 대학이 이처럼 사유화되는 것이 정당한지를 물었다.

자본축적의 위기와 공공 부문의 시장화

독일의 사상가 카를 빌헬름 훔볼트는 대학을 '자유롭고 평등한 학문 공동체'로 규정했다. 대학은 상아탑ivory tower이라 불리는데, '현실과 거리를 둔 정신적 행동의 장소'라는 뜻이다. 그러나 오늘날의 대학은 학문공동체도, 현실로부터 독립적인 정신적 행동의 장소도 아니다. 대학은 교육과 학문의 공공성을 잃어가고 있다.

　　대학이 기업화됨에 따라, 교수들은 학생 지도보다는 정부와 기업이 지원하는 연구프로젝트를 받아내는 일에 더 열심이다. 지원을 받기 위해 계획서를 쓰고, 지원을 받았기 때문에 연구하고 보고서를 쓴다. 교수들은 자신의 지위 보전과 이익을 보장받는 대신 학문의 자유를 잃고 있다. 대학원생들도 그런 '수익 사업'에 직간접적으로 동원됨으로써 학문하는 자로서의 정체성을 잃고 있다.

　　대학이 기업화되는 데에는 근본적인 이유가 있다. 기본적으로 자본주의 사회는 더 많은 자본축적을 지향한다. 그런데 지금은 경제 위기로 그 한계가 노정되고 있다. 경제 위기는 그 자체로 자본축적의 위기를 의미한다. 신자유주의 체제가 이 위기를 극복하기 위한 돌파구로 삼고 있는 것이 이제까지 시장 영역으로 편입되지 않았던 분야, 즉 교육과 같은 '공공 부문의 시장화'다. 대학의 기업화는 이러한 흐름의 일환이다.

　　대학의 기업화는 대학에 단기적 이윤을 높여줄 수 있다. 그러나 장기적 관점에서 좋은 일이 아니다. 왜냐하면 대학 스스로 공공의 위상을 저버리는 것이기 때문이다. 기업은 본래 그 존재 이유가 이윤 추구에 있지만 대학은 그렇지 않다. 대학은 시장보다 더 큰 범주인 '사회'에 복무하는 기관이다. 그러므로 대학은 이윤이 보장되지 않더라도 공공을 위해 사회적 투자가 필요하면 해야 한다.

정부와 기업이 지원하는 연구 프로젝트를 따내는 것에만 열심인 대학 구성원들에게 독립적인 사고와 자유로운 비판이 사라지는 것은 당연하다. 그것은 사회 발전이라는 측면에서도 치명적이다. 독립적인 사고와 자유로운 비판은 학문의 발전 요건일 뿐 아니라 사회 발전의 원동력이라는 것을 알아야 한다.

08

무상급식 논쟁
선택적 복지냐, 보편적 복지냐

과잉 복지 논란

2010년 말 초등학교 무상급식 문제를 놓고 서울시의회와 서울시장이 충돌한 바 있다. 당시 시의회에서 다수의 의석을 차지하고 있는 민주당 의원들은 모든 초등학생에게 무상급식을 실시하자는 입장이고, 한나라당 오세훈 시장은 그에 반대하는 입장이었다.

무상급식을 반대하는 오세훈의 주장은 이랬다. "무상급식은 부자 학생들에게도 밥을 주자는 것이다. 진정으로 서민을 위한 복지라면, 경제적으로 어려운 학생들을 대상으로 한 것이어야 한다." 이런 논리는 당시 김황식 국무총리의 발언에서도 발견된다. 그는 65세 이상의 노인이면 누구에게나 제공되는 지하철 무임승차 제도가 "과잉 복지"라고 주장하면서 부자 노인은 지원 대상에서 제외해야 한다고 말했다.

알다시피 보수정당인 한나라당은 주로 부자와 기득권층의 이해를 대변한다. 그런데 여권 인사들이 왜 이런 발언을 하는 것일까? 더 이상한 점은 이런 말에 부자나 기득권층의 반발이 거의 없다는 것이다. 그런 말은 서민들도 혼란스럽게 한다. 서민들은 이렇게 생각할 수 있다. '모든 사람이 복지 혜택을 보는 것도 나쁘진 않다. 그러나 그들 말대로 부유한 학생이나 노인들까지 혜택을 주는 것은 낭비 아닌가? 막말로 그 몫을 떼어서 환경이 어려운 사람들에게 몰아주는 것이 더 좋지 않나?'

이렇게 생각하다보면, 무엇이 더 좋은 것인지 헷갈린다. 어찌 보면, 여야 모두 서민 복지를 위해 노력하는데, 그 방법만 조금 다른 것 같기도 하다. 그러나 선택적 복지와 보편적 복지는 단지 방법상의 차이가 아니다. 그것은 복지를 바라보는 근본적인 가치관의 차이에 따른 것이다.

오 시장과 김 총리의 주장은 간단히 말해 복지 혜택의 대상을 전체가 아닌 일부(주로 빈민, 저소득층, 장애인)에 국한하자는 것이다. 그것을 선택적 복지라 한다. 반면 무상급식이나 노인 지하철 무임승차 제도처럼 누구에게나 복지 혜택을 제공하는 것을 보편적 복지라 한다. 거칠게 구분하자면, 보수 진영은 주로 선택적 복지를 옹호하고, 진보 진영은 보편적 복지를 옹호한다.

선택적 복지가 낳는 문제들

보편적 복지와 선택적 복지는 수혜자의 입장에서 그것은 매우 큰 차이가 있다. 보편적 복지 제도 속에서 수혜자는 당당하다. 보편적 복지는 사회 구성원이면 누구나 혜택을 받게 되어 있으므로 수혜자는 수치심을 느낄 필요가 없다. 그러나 선택적 복지 제도 속에서 수혜자들은 자신이 복지의 대상이 되었다는 것 자체에 수치심과 굴욕감을 느끼게 된다.

급식 문제만 해도 그렇다. 선택적 복지 제도에서는 급식비를 낼 형편이 못되는 학생들을 선별해야 한다. 그럴 경우 학생은 담임에게 생활의 가장 내밀한 측면을 모두 말해야 한다. 그런 과정은 수혜자의 마음에 상처를 입힌다. '공짜 밥'을 먹는다는 사실이 급우들에게 알려지면 수치심은 더하다. 그럴 때 복지는 공짜가 아니다. 그것은 수치심과 굴욕감의 대가로 주어지는 것이다.

선택적 복지 제도에서 수혜자는 감시의 대상이 된다. 그는 어린 애처럼 취급되고, 자유를 박탈당한다. 지출, 가구, 의복, 음식, 생활 방식은 관료들에 의해 주의 깊게 통제된다. 사생활은 건강, 위생, 교육 전문가들의 예고 없는 방문에 침해당한다. 규칙은 대상자가 실패한 시민이라는 가정 위에 서 있다. 그는 자신의 자유를 실행할 수 없는 자이며, 신중하지 못하고 자신의 행동을 스스로 제어할 수 없는 자로 여겨진다.

보수 진영이 선택적 복지를 선호하는 데는 중요한 정치적 이유가 있다. 선택적 복지 제도 속에서 보수 진영은 납세자들을 향해 '당신은 무능한 자들에게 착취당하고 있다'고 호소할 수 있다. 무능한 자들이 당신이 낸 세금을 '가만히 앉아서 빼먹고 있다'고 공격하기 쉬운 것이다. 그럴 때 수혜자는 공적 재원을 갉아먹는 '사회적 짐', '기생충', '도덕적 해이에 중독된 게으름뱅이'라는 오명을 뒤집어쓰게 된다. 이런 논리가 먹혀들면, 복지 수준은 더욱 낮아진다.

　　그런 논리를 접한 서민들은 소외 계층과 그들을 먹여살리는 복지 체제를 적대시하게 된다. 그럴수록 사회적 약자의 편에 서 있는 진보 진영의 정치적 입지는 좁아진다. 복지 논쟁은 단지 복지 차원에 머물지 않는다. 선택적 복지 제도는 보수 진영의 입지를 강화시켜주는 기반이 된다. 보수 진영이 선택적 복지 제도를 옹호하는 이유가 바로 여기에 있다.

보편적 복지와 사회정의

선택적 복지는 사회적 낙오자에게 약간의 혜택을 주는 개념이다. 선택적 복지는 '낙오'의 책임이 그 개인에게 있다고 본다. 그러므로 수혜자에게 야박하게 대할 수밖에 없다. 반면 보편적 복지는 낙오를 사회구조적인 문제로 본다. 또한 복지를 국민의 안정적인 삶을 가능케 하는 토대로 여긴다.

　　보편적 복지는 임금 상승과 더불어 분배정의를 실현하는 수단이기도 하다. 경제성장을 추구하는 과정에서 정부는 여러 가지 방법(세금 감면, 보조금 지급, 규제 완화 등)으로 기업에 혜택을 주게 된다. 그 과정에서 대기업과 부자들이 많은 이익을 보게 된다. 그것은 무엇을 말하는가? 복지의 수혜자가 대기업과 부자들이라는 말이다. 그렇게 보자면, 보편적 복지란 한쪽으로 치우친 복지를 바로잡아 그 균형을 회복시키는 일이라 할 수 있다.

선택적 복지를 주장하는 인사들은 부자들에게는 '복지가 필요 없다'며 서민의 대변자처럼 행세한다. 그러나 실은 반대다. 예를 들어 오세훈이 추진했던 주요 사업들을 보면 무상급식에 반대하는 내막을 짐작할 수 있다. 그 사업들은 수조 원의 비용이 들어가는 대규모 토목 공사(반포인공분수 설치, 서해뱃길사업, 한강 예술섬 조성공사 등)다. 그 사업으로 가장 많은 이득을 보는 이는 누구일까? 바로 대형 건설업체다. 오세훈 전 서울시장은 복지 비용을 줄여, 그 돈을 대기업에 갖다준 것이다.

선택적 복지는 복지 제도를 불쌍한 사람에게 작은 온정을 베푸는 일 정도로 격하시킨다. 그러나 보편적 복지는 복지를 시민이면 누구나 요구할 수 있는 기본권으로 여긴다. 보편적 복지는 복지를 인권과 사회정의에 기반해 국민의 인간다운 삶을 보장하는 수단으로 본다. 사회적 관점에서 좋은 사회란 결국 시민의 복지 수준이 얼마나 높은가를 기준으로 삼는다. 우리는 선택적 복지에서 보편적 복지로 나아가지 않으면 안 된다.

09

'기업의 사회적 책임' 다시 보기

CSR에 대한 긍정 여론

기업의 사회적 책임Corporate Social Responsibility, CSR에 대한 관심이 높아졌다. 이에 대한 우리 사회 언론의 입장은 좌우를 막론하고 우호 일색이다. 여기에는 이유가 있다.

우선 우파에게 CSR은 '주주의 권리'를 의미한다. 주주는 경영자 개인이 아니므로 주주의 이익에 복무하는 것은 기업 본연의 사회적 책임을 이행하는 것이 된다. 특히 우리 사회처럼 대기업 운영이 사주 일가의 이익 복무에 집중될 경우, 주주에 대한 책임은 더욱 긍정성을 갖게 된다. 반면, 좌파가 생각하는 CSR의 범주는 훨씬 넓다. 주주에 대한 책임을 넘어 직원, 협력업체, 소비자, 지역사회, 나아가 회사의 활동으로 영향을 받는 모든 사람으로 개념을 확대시키고자 한다. 그러므로 역시 CSR에 긍정적이다.

사실 기업은 태생적으로 공적인 성격을 갖고 있다. 국가는 오래 전부터 기업의 탄생과 유지에 도움을 줘왔다. 국가는 기업의 생산과 판매 활동에 필요한 산업 기반 시설을 제공할 뿐 아니라 기술보증기금, 산업은행, 수출입은행, 무역투자진흥공사, 무역보험공사 같은 기관을 통해 기업의 설립과 활동, 회생 등을 지원한다. 특히 수출과 해외 진출이 국가 경제를 살린다는 이유로 대기업에 대한 사회적 지원과 혜택은 더욱 커져왔다.

원론적으로 모든 기업은 사회적 기업이다. 그러므로 사회적 책임을 함께 지는 것은 당연하다. 그러나 현실은 다르다. 대기업들은 불법과 부도덕을 넘나들면서까지 사익 추구에만 몰두해왔다. 기업의 유일한 존재 목적은 사익 추구이고, 그것은 제도적으로 보장되어 있다. 그러므로 공적 수혜는 받고, 의무는 지지 않아도 지탄의 대상이 되지 않는다. 반면 그 수혜에 한참 못 미치는 작은 자선이라도 베풀라치면 칭찬과 격려가 쏟아진다. 제도적으로만 보면, 하지 않아도 될 선행을 한 셈이기 때문이다.

넘쳐나는 CSR 광고들

요즘에는 특정 상품이 아니라 기업 자체를 홍보하는 이미지 광고가 많다. 그것을 보고 있노라면 세상의 착한 일은 기업이 다하는 것 아닌가 하는 착각마저 든다. 이를 테면 삼성은 섬마을에 보건진료소를 세워 주민을 돌보고, 가난한 대학생이 학업에 전념할 수 있도록 장학금을 준다. 포스코는 의료 구호 단체 의사들이 아프리카 오지까지 기차를 타고 들어가 봉사할 수 있도록 '소리 없이 세상을 움직인다.' 유한킴벌리는 시니어 채용에 앞장선다. '시니어가 자원'이기 때문이다. 모두 CSR을 강조한 광고들이다.

이러한 광고의 효과는 생각하는 것 이상으로 크다. 2008년 참여연대가 주최한 'CSR 노동지표 개발을 위한 토론회'에서 임운택 교수가 발표한 'CSR에 대한 노동자 의식' 조사 결과에 따르면, 응답자 1,100명 중 58.7퍼센트가 '사회적 책임 활동을 많이 하고 있는 기업'으로 삼성을 꼽았다. 알다시피 삼성은 '무노조 경영'을 철학으로 삼고 있다. 그럼에도 이런 결과가 나온 것은 오로지 광고 때문이다. 삼성은 CSR 광고의 덕을 톡톡히 보고 있는 셈이다.

포스코 광고는 아전인수 격이다. 포스코가 아프리카에서 철도를 깐 것은 봉사 차원에서 한 일이 아니다. 그것은 그냥 해외 수익 사업일 뿐이다. 광고처럼 그 철도가 있어 아프리카 오지 환자들이 의료 구호 단체 의사를 만나 치료를 받을 수도 있을 것이다. 그러나 그것은 부수적인 일일 뿐이다. 철로는 의료 구호를 위해 깔린 것이 아니다. 유한킴벌리 광고도 마찬가지다. 유한킴벌리는 작년에 요실금 팬티를 출시하면서 본격적으로 시니어 시장에 뛰어들었다. 유한킴벌리는 제품의 판매 촉진 인력에 시니어를 채용해 맡기기로 했다. 그러나 유한킴벌리가 시니어를 채용하기로 한 것은 무엇보다 판매와 임금 면에서 유리했기 때문이다.

무료 봉사로 이루어지는 CSR

우리가 흔히 보는 홍보물 중에는 기업들이 후원하는 자원봉사 영상도 있다. KT의 'IT 서포터즈', SKT의 '써니', LG전자의 'Let's Go 봉사단' 같은 대학생 자원봉사 영상들이 그렇다. 기업은 이들의 봉사활동을 자사 이미지 개선에 활용한다. 그러나 어떤 직원이 '사회적 책임을 이행하는' 기업을 위해 평균 이하의 급여를 받고 일하거나 어떤 대학생이 무임금으로 일한다면, 그것은 직원이나 대학생의 박애주의이지, 기업의 박애주의가 아니다. 오히려 직원이나 대학생이 기업에서 '사회적 책임을 구매' 하는 것으로 봐야 한다.

그런데도 현실은 적반하장이다. 기업은 프로그램에 참가하는 학생들에게 오히려 시혜를 베푸는 양 행세한다. 그도 그럴 것이 이런 프로그램에 지원자가 넘쳐난다. 무료로 봉사하겠다는 데에도 높은 경쟁률을 뚫어야 하는 형편인 것이다. 요즘에는 자원봉사도 취직을 위한 스펙으로 여겨지기 때문에 학생들은 울며 겨자 먹기로 자신의 노동력을 공짜로 써달라고 애원하게 된다. 이마저도 퇴짜당하는 현실을 무어라 설명해야 할까.

기업이 후원하는 대학생 자원봉사 프로그램들이 많아지는 데에는 좀더 중요한 이유가 있다. 높은 청년 실업률, 경제 양극화가 사회 불안을 야기한다는 것은 정설이다. 특히 기득권, 부자, 대기업에 대한 적대감이 커진다. 그것은 기업의 활동 여건이 악화된다는 의미이기도 하다. 사실 높은 청년 실업률과 경제 양극화 문제에는 기업의 책임도 있다. 그것은 철저하게 이익 극대화를 목표로 움직이는 기업 활동의 산물이기도 하기 때문이다.

　사회적으로는 이러한 불안 요인을 관리할 필요성이 생기게 된다. 대학생 자원봉사 프로그램도 이러한 차원에서 해석될 수 있다. 대학생 자원봉사 프로그램은 높은 실업률과 그로 인한 불만을 기업 활동의 틀 안에서 완화시키는 역할을 한다. 프로그램에 참여하는 학생들은 부지불식간에 친기업적 정서와 사고를 내면화하게 된다. 높은 실업률에도 청년들이 변변한 사회적 저항을 하지 않는 것은 이 같은 프로그램도 한몫하고 있다.

10

빌 게이츠의 창조적 자본주의
거대한 기만

철인 자본가 시대

사마천은 『사기』의 「화식열전貨殖列傳」에서 이렇게 썼다. "무릇 사람들은 자기보다 10배 부자에 대해서는 헐뜯지만, 100배가 되면 두려워하고, 1,000배가 되면 그의 일을 해주고, 1만 배가 되면 그의 노예가 된다." 이 글은 빈부 격차가 심화될수록 사람들의 태도에 어떤 변화를 불러일으키는지를 잘 보여준다. 지금은 빈부 격차가 사상 최대로 벌어진 시대다. 그에 따라 부자들에 대한 사람들의 태도도 노예처럼 변했다.

영국 작가 새뮤얼 버틀러가 1872년에 발표한 소설 『에레혼erehwon』에도 거부巨富에 대한 외경이 표현되어 있다. 미지의 세계인 에레혼에 사는 사람들은 어떤 사람이 한 해 2만 파운드 이상을 벌어들이면 예술의 경지에 이른 것이라고 여겼다. 그리고 생각했다. '사회가 그렇게 많은 돈을 줬을 때에는 그가 사회를 위해 얼마나 헌신했겠는가? 그들의 사업 조직은 너무 장대해서 하늘에서 떨어진 것처럼 보인다. 그것은 신의 은총이 아니면 불가능한 일이며, 속俗에 속하는 일이 아니라 성聖에 속하는 일이다. 그러므로 세금도 걷어서는 안 된다.'

현대인은 에레혼 사람들처럼 부자들을 추앙하고 숭배한다. 종교는 부자들이 신의 축복을 받은 사람들이라 주장하고, 그들의 성공은 학교, 언론, 인터넷, 방송, 출판물을 통해 신화화되어 유포된다. 대자본가들은 그냥 돈만 많은 사람들이 아니라 세상을 구할 영웅, 구세주, 구도자, 현인으로 취급된다. 그들의 성공은 '도덕과 철학의 승리'다. 그들은 '철인哲人'이고, 그들의 사업은 '철인 경영'이다. 대표적인 예로 스티브 잡스의 성공은 '인문학의 승리'이고, 투기꾼인 워런 버핏은 '오마하의 현인'이다.

글로벌 자본가나 금융투기꾼들에게 존경과 찬사를 보내는 것은 노예들이 자신을 착취하는 주인을 경배하는 꼴이다. 사회에는 더 성실한 노예가 되기 위하여 자기계발서를 탐독하는 사람들로 넘쳐난다. 글로벌 자본가는 성공 모델을 넘어 정신적, 지적으로도 존경하고 따라야 할 전범이 되었다. 대자본가에 대한 부러움과 흠모는 늘 있었다. 그러나 그들이 지적·도덕적 권위까지 갖게 된 것은 확실히 우리 시대의 특징이다.

그들은 무엇을 원하는가

자본주의 시대가 개막된 이래 '부에 대한 정당화' 시도는 늘 있었다.

근대 이후 '노동의 윤리'는 국가의 이데올로기가 되었고, 몇천 년간 '부정한 도둑질'로 낙인찍혀온 부는 정당화의 논리를 얻게 되었다. 막스 베버가 『프로테스탄티즘의 윤리와 자본주의 정신』에서 주장한 것처럼 개신교는 부를 금욕과 노동, 직업 소명 의식의 결과로 인정해주었다. 그럼에도 신자유주의 시대가 본격화된 1980년대 전까지만 해도 부자는 그저 돈 버는 수완이 좋은 사람 정도로 여겨졌다. 부가 '도덕과 철학의 산물'로 인정되지는 않았다. 지금은 동서고금의 철학자나 현인들이 모두 자본의 편에 서 있는 것처럼 포장된 '기업인문학' 서적들이 쏟아진다. 중세의 스콜라 철학이 종교의 시녀였듯, 인문학은 자본의 시녀가 되었다.

오늘날의 자본가들은 사회적 패러다임을 제시하는 사상가이기도 하다. '창조적 자본주의'를 주창하는 빌 게이츠와 '열린사회 프로젝트'를 주장하는 조지 소로스가 대표적이다. 이전에도 자본가들은 막대한 자금력을 바탕으로 학계를 통제하고 동원함으로써 사회적 담론이나 이데올로기의 생산과 유포에 영향력을 행사했다. 그러나 그럴 때에도 외견상 그 주체는 학자였다. 지금처럼 자본가가 직접 이데올로기로 활동하는 경우는 없었다. 이유가 뭘까? 설마 먹이사슬의 최상층에서 부와 권력을 누리고 있는 글로벌 자본가들이 사상가로서의 명예까지 노리는 것은 아닐 것이다.

혹자는 이러한 현상을 1997년의 동아시아 외환위기와 2008년의 미국발 금융위기로 표면화된 신자유주의 경제 위기를 '방어'하기 위한 것이라 설명한다. 그러나 그런 목적이라면 주류 학계와 미디어 조직을 동원해 이데올로기적 공세를 펴는 것만으로도 충분할 것이다.

여기에는 보다 적극적인 이유가 있어 보인다. 그것은 직업적인 정치인들을 후원하고, 조종하고, 동원하는 '수렴청정垂簾聽政'이나 '대리정치' 이상을 원하는 것 아닌가 하는 것이다.

글로벌 경제권력의 친정 체제

CSR 요구에 대해 기업들은 오랫동안 소극적이었다. 이윤 추구에 별도움이 안 되었기 때문이다. 그러나 20세기 말부터 글로벌 자본가들을 중심으로 태도가 변했다. 1997년 빌 게이츠, 워런 버핏, 조지 소로스 등 글로벌 자본가들은 '책임지는 부자'라는 단체를 결성하더니, 놀랍게도 상속세와 주식 배당소득세 폐지 반대, 근로자들의 최저임금 인상, 경영자들의 연봉과 혜택 축소를 주장하며 기업과 부자들의 사회적 책임을 촉구했다.

　이에 화답하듯, 1999년 다보스포럼에서는 코피 아난 유엔사무총장에 의해 '유엔 글로벌 콤팩트(기업들이 자발적으로 사회적 책임을 이행하겠다는 약속)'가 제안되고, 이듬해 채택되었다. 그리고 2008년 다보스포럼에서 빌 게이츠는 창조적 자본주의를 공식 주장했다. 내용을 요약하면 이렇다. "자본주의의 시장과 혁신은 인류 복지의 수준을 높여왔다. 그러나 그 혜택이 모든 사람에게 돌아가지는 않았다. 세계적인 경제 불평등을 개선하는 데에는 정부보다 기업이 효율적이다. 기업들이 기부와 자선 활동, 시스템 개선에 나설 것이니 그 대가로 '사회적 인정'을 달라."

　지금의 경제 위기는 신자유주의의 위기다. 역사 이래 최대로 벌어진 빈부 격차와 그로 인한 기층의 불만은 세계적으로 점증하고 있다. 신자유주의의 위기는 그 최대 수혜자인 글로벌 자본가들의 위기이기도 하다. 이런 상황에서 제시된 것이 창조적 자본주의다. 그러나 이것은 논리적 모순이다. 신자유주의의 최대 수혜자들이 신자유주의로 인해 생겨난 비극을 해결하겠다고 나선 꼴이기 때문이다.

이미 충분한 명예와 경제권력을 갖고 있는 이들이 사회적 인정을 요구하는 이유는 무엇일까? 그것은 '지금의 경제 위기로 인한 고통에서 당신을 구해줄테니, 그 대가로 우리가 공공연하게 정치권력을 행사할 수 있는 권한을 달라'는 것으로 보인다. 말하자면 이런 것이다. 이제까지 경제권력은 정경합일政經合一(정치권력과 경제권력이 한 몸)이라는 비판이 두려워 전문 정치인이라는 하수인(혹은 협력자)을 통해 대중을 지배해왔다. 그러나 이제는 글로벌 경제권력이 정치권력의 전면에 나서서 직접 세계시민을 지배하는 친정親政 체제를 구축하겠다는 것이다.

지금 세계는 급격한 빈부 격차와 그를 바탕으로 한 금권정치로 인해 민주주의가 위험에 처해 있다. 이런 상황에서 글로벌 경제권력은 사회권력을 모두 자신들에게 넘겨달라고 요구하고 있다. 그것이 바로 빌 게이츠가 제안한 창조적 자본주의의 실체인 것으로 보인다. 그것은 사실상 정치와 민주적 과정의 소멸과 기업 독재, 자본 독재를 의미한다. 우리는 이러한 논리에 속아넘어가서는 안 된다.

아무리 세계 최고의 부자들이라 하더라도 정치 전면에 나서려면 기호와 상징을 조작하는 사람이어야 한다. 그래야 대중의 의식을 지배하고 그들의 자발적 지지와 복종을 얻을 수 있다. 내 예상이 틀릴지도 모르겠다. 그러나 앞으로도 자본가들이 사상가의 얼굴을 하고 나타나는 일이 많아진다면, 우리는 자본가가 경제권력과 정치권력을 모두 독점하는 자본 독재 시대의 도래를 의심해봐야 한다.

5장
·
일상의 문화
잘 보이지 않는 것들

소풍문화의 어제와 오늘

소풍이 즐거운 이유들

한겨울 메마른 가지를 보면 화려했던 꽃과 무성했던 잎이 헛된 영화였음을 알게 된다. 그러나 사람들의 총애를 받든 말든, 때가 되어 여지없이 다시 피는 꽃을 보노라면, 그조차도 인간이 자기 좋을 대로 생각한 것 아닌가 싶다. 봄이 되면 사람들의 마음도 봄이다. 예쁜 꽃 보고 좋아하는 것은 인지상정일 터. 김밥 사고, 돗자리 하나 둘러메고 가까운 곳에 소풍이라도 가고 싶은 마음이 든다.

소풍逍風은 '바람 속을 거닌다'는 말이다. 참 멋진 말이다. 바람이 이리저리 부는 것처럼 목적 없이 자유롭게 걷는 것, 그것은 누구나 누릴 수 있는 소박한 자유다. 소풍은 말하자면 짧은 '무목無目 여행'이다. 특별한 목적이 없으니 구애받을 것도 없다. 잠시 다녀오는 것이니, 대단한 계획도, 거창한 준비도 필요 없다. 그냥 훌쩍 다녀오면 된다.

　프랑스의 철학자 에마뉘엘 레비나스는 『시간과 타자』에서 이렇게 썼다. "인간은 먹고, 놀고, 일하고, 산책하기 위해서 산다. 다른 목적 때문이 아니라." 인생에 대해 겸손하게 마음을 비우면, 우리는 이 말에 충분히 동의할 수 있을 것이다. 이 중에 '먹고, 놀고, 산책하는 것'이 포함된 것이 소풍이다. 그러니 어찌 즐겁지 않으랴.

　소풍은 자연 속에 자신을 놓아두는 것이다. 문명 생활에 어지간히도 익숙해진 현대인은 콘크리트 숲에서도 잘사는 것처럼 보인다. 그렇다고 자연을 떠나 살 수 있는가? 그렇지 않다. 주말이면 산과 들을 향해 길게 늘어선 차량 행렬을 보라. 자연을 향한 인간의 근원적인 열정을 느낄 수 있다. 자연은 여전히 인간의 고향이다. 자연 속에서 인간은 휴식과 건강, 마음의 평화를 얻는다.

　소풍이 주는 또 다른 즐거움은 친밀함이다. 평소 좀처럼 친해지기 어려운 사람들이라도 함께 소풍을 가면 가까워지기 쉽다. 자연이 사람들 사이의 소통과 공감을 돕기 때문이다. 햇살, 꽃, 나무, 별, 풀벌레 소리, 새 소리, 풀 냄새, 흙 냄새, 맑은 공기가 몸과 마음을 여유롭게 만든다. 자연은 인간의 마음을 말랑말랑하게 하고, 부드럽게 만들어준다. 자연을 접하는 사람은 마음이 느슨해지고, 타인에 대한 긴장감도 풀어지게 마련이다.

　소풍 간 사람들은 별것 아닌 대화를 나누면서도 즐거워한다. "어머, 이 꽃 좀 봐요", "공기가 참 좋네요", "저 다람쥐 좀 봐" 같은. 우리는 여기에서 자연의 중요한 사회적 기능을 본다. 본래 중간에 무엇이 끼어들수록 사람과 사람 사이는 멀어진다. 그러나 자연만은 예외다.

자연은 사람과 사람의 마음을 연결시켜준다. 자연은 누구나 쉽게 공감대를 형성할 수 있는 기초 자료다.

인류는 그것을 일찍이 알았다. 그리고 그것을 사회적 연대에 이용해왔다. 이를 테면, 소개팅으로 처음 만난 남녀는 "오늘 날씨 참 좋네요" 하며 날씨에 대한 이야기로 운을 뗄 수 있다. 상대방이 하늘을 쳐다보며 "그러네요. 구름 한 점 없고"라고 답한다면, 그것만으로도 서로를 대하는 분위기가 한층 부드러워지는 것을 느끼게 된다. 그것은 일종의 '말로 하는 털 손질'이라 할 수 있다. 이런 대화는 그 자체로는 별 의미가 없을지라도, 서로의 마음을 열게 하는 데에는 유용하다.

동물도 인간관계에 긍정적인 역할을 한다. 이를 테면, 안내견을 데리고 다니는 시각장애인은 그렇지 않은 시각장애인들보다 사람들과의 관계에 한결 부드러움을 느낀다. 사람들은 안내견에게 관심을 보이며, "참 착하게 생겼다. 얘 몇 살이에요" 하는 식으로 시각장애인에게 쉽게 말을 걸어온다. 안내견이 시각장애인에게 사람들과의 관계를 원활하게 해주는 것이다. 안내견은 시각장애인의 물리적 불편 해소에만 도움을 주는 것이 아니다. '사람들 사이의 고립'이라는 정서적 불편의 해소에도 도움을 준다.

동물과 식물, 좋은 공기와 맑은 물은 인간의 사회적 유대에 도움을 준다. 그런데 소풍을 가면 이 모든 것이 풍부하다. 그리고 그것을 만끽할 수 있다. 소풍은 사람의 마음을 여유롭게 하고, 사람과 사람을 가깝게 만든다. 소풍은 갈등하는 사람과 사람을 화해시킨다. 그리고 사람에게 사유의 시간을 제공한다. 그러니 어찌 즐겁지 않겠는가.

소풍의 기억들

내가 어릴 때 만해도 학교 소풍은 단순한 이벤트가 아니었다. 소풍 날짜가 정해지면 며칠 전부터 '몇 밤만 자면 가나?' 하고 세고 또 셌을 정도로 기다려지는 이벤트였다. 미리부터 용돈을 받아 구멍가게에서 산 껌, 과자, 빵, 사이다가 주머니 많은 소풍 가방에 채워지는 것을 보노라면, 그 자체로 마음이 설레었다.

지금은 김밥집들이 많아져 간단하고 저렴하게 먹을 수 있는 음식이 되었지만 당시만 하더라도 김밥은 학교 소풍 때나 먹을 수 있는 매우 귀한 음식이었다. 시금치, 오이, 당근, 단무지, 소시지, 계란 지단 등을 넣고 참기름 바른 김에 정성스럽게 싼 어머니의 김밥은 정말 별미였다. 거기에 간식으로 먹을 삶은 계란까지. 모두가 만족스러운 것이었다.

소풍 장소는 주로 걸어서 두 시간 정도면 도착할 수 있는 거리의 야산이나 저수지였다. 수백 명의 학생들이 긴 행렬을 이루며 소풍 가는 광경은 장관이었다. 소풍을 가는 동안, 학생들은 서로 이야기도 하고, 함께 노래도 불렀다. 간혹 서로 장난치다가 싸움이 되어 선생님의 꾸중을 듣는 친구들도 있었다. 장기 자랑에 쓸 요량으로 휴대용 카세트를 가져온 친구도 있었는데, 스피커에서는 흥겨운 가요나 팝송이 흘러나왔다.

소풍은 교사와 학생들만 가는 것이 아니었다. 담임의 도시락을 든 반장이나 부반장 같은 간부 학생의 어머니들과 빵이나 음료수 같은 간식거리와 장난감을 파는 장사꾼들까지 합류해 소풍 장소는 일대

혼잡을 이루었다. 삼삼오오 몰려 앉아 점심을 먹고 나면 보물찾기가 시작되었다. 교사들이 바위 밑이나 나뭇가지 사이에 숨겨놓은 도장 찍은 쪽지를 찾으면 부상으로 연필이나 공책 같은 학용품이 주어지는 놀이였다.

보물찾기는 소박한 자연 탐험이었다. 학생들은 쪽지를 찾아다니 라 바위 밑이며 나무 구멍을 뒤질 수밖에 없었는데, 그러다 보면 곤충 이나 개구리, 뱀 같은 것을 만나기도 했다. 보물찾기 시간은 유일하게 학생 통제가 느슨한 시간이었다. 그 틈을 타 어른 흉내 내기 좋아하는 학생들은 선생님의 눈에 띄지 않는 곳에 모여 술과 담배를 즐기기도 했다. 아주 심한 문제를 일으키면 모를까, 선생들도 그날만은 심하게 단속하지 않는 경우가 많았다.

소풍의 하이라이트는 뭐니뭐니 해도 장기자랑 시간이었다. 재주 많은 친구들은 춤이나 노래, 개그를 선보였다. 그중에는 선생님의 어 투와 행동을 흉내 내는 친구들도 있었는데, 풍자의 대상이 된 선생님 은 아무리 화가 나도 그날만은 웃으며 넘어갈 수밖에 없었다. 장기자 랑 시간은 자기 재주를 전교생들 앞에서 뽐낼 수 있는 유일한 무대였 다. '학교 명물'이 탄생하는 것도 바로 이때였다.

시대에 따른 소풍의 변화

소풍이 모두에게 즐겁기만 한 것은 아니었다. 학생들 중에는 김밥을 싸오지 못할 정도로 가난한 친구도 있었다. 그런 학생들은 그냥 맨밥 에 김치를 싸오거나, 싸구려 빵을 사왔다. 삼삼오오 모여서 먹는 점심

시간에 그들은 자신의 도시락을 내놓기 부끄러웠다. 배려심 많은 친구가 자기 도시락을 같이 먹자고 해도 마음 내키지 않기는 마찬가지였다. 그렇게 소풍은 수치심과 상처를 안겨주기도 했다.

예전의 수치심이 '도시락'에서 비롯되었다면, 지금은 옷이나 신발 같은 것에서 비롯된다. 요즘 아이들은 소비적인 지표들에 성인보다 훨씬 민감하다. 그런 까닭에 평소 입었던 옷을 또 입고 소풍 가는 것, 유행하는 브랜드의 옷을 못 입는 것이 수치심의 원인이 된다. 학생들은 또래 집단의 일원으로서 유사한 스타일을 갖추면서도 무리에서 튀는 개성을 드러내야 한다. 그 절호의 기회가, 교복 대신 사복을 입고 가는 소풍이다.

소풍도 시대상을 반영한다. 1970~1980년대 군사문화가 지배적일 때, 고교생들은 학교에서 군사훈련 받을 때 입는 교련복을 입고 행군해서 소풍을 갔다. 예전에는 많은 학생이 모일 수 있는 자연 공간이면 어디나 소풍 장소가 되었지만, 지금은 놀이공원이나 위락시설로 소풍을 간다. 요즘은 오락시간에도 오락반장이 아니라 레크리에이션 강사가 짠 프로그램에 따라 논다. 점심도 싸오지 않고, 그냥 용돈으로 사먹는다. 소풍 장소까지 걷지도 않는다. 전철이나 버스를 타고 그냥 '도착한다.' 과정이 생략된 소풍이라 할 수 있다.

요즘은 '현장 체험학습'이 소풍을 대신하기도 한다. 그에 따라 유적지나 박물관 혹은 명문대로 견학 가기도 한다. 실제로 지방 학생들이 서울의 명문대를 견학하고 돌아오면 학업 분위기가 훨씬 좋아진다고 한다. 예쁜 캠퍼스와 자유롭고 멋있어 보이는 대학생들을 보면 '나도 이런 대학에 와야겠다'는 욕구가 동하기 때문이다. 소풍이 이렇게 현장 체험학습으로 변한 것도 공부에 대한 사회적 압력이 거센 탓이다.

　　인생은 어찌 보면, 추억 만들기다. 좋은 추억을 많이 간직한 사람은 어떤 난관에 봉착해도 그것을 이겨나갈 힘을 갖게 된다. 소풍에서 중요한 것은 결과가 아니라 과정이다. 무엇을 하느냐가 아니라 무엇을 하지 않느냐다. 소풍은 목표를 향한 돌진이 아니라 목적 없는 거닒이다. 그럴 때 인간은 온전히 자신과 마주할 수 있고, 재충전할 수 있다. 골치 아프거나 갈등되는 일이 있는가? 혹은 가슴이 답답하고 마음이 조급한가? 그렇다면 간단히 도시락 싸서 소풍을 가라. 자연과 바람이 당신에게 여유와 위안을 줄 것이다.

상하관계에서의 예의 그리고 조화

기능적 관계와 인간적 관계의 조화

전 HP 회장 칼리 피오리나는 이런 말을 남겼다. "상사는 부하를 한 사람의 인간으로 보지 못한다. 마찬가지로 부하들도 상사를 한 인간으로 보지 않는다. 그 사람 자체보다 직위를 보기 때문이다." 직장인이 서로를 '한 사람의 기능인'이 아니라 '한 사람의 인격체'로 보고 대하는 것이 얼마나 어려운지를 드러내는 말이다. 직장인들은 서로를 부장·과장·신입사원으로만 보거나, 디자이너·경리·운전사로만 본다. 그러다 보니 인간적인 관계를 형성하는 것이 쉽지 않다.

각종 언론매체에는 직장 생활 실태에 관한 설문조사 결과가 자주 발표된다. 그것들을 보고 있노라면 부하 직원들이 가장 싫어하는 상사의 유형이 대개 비슷하다는 것을 알 수 있다. 그 유형은 주로 독선적인 상사, 비인격적으로 부하 직원을 대하는 상사, 모멸감을 주는 상사다. 예를 들어 부하 직원들은 "그것도 몰라, 말이 안 통하네", "시키면 시키는 대로 해", "이걸 일이라고 했나", "튀지 마, 가만 있으면 중간이라도 가지" 등 명령조의 말, 비아냥거리는 말, 인격을 무시하는 말을 하는 상사를 싫어한다.

여기 직장인의 이중적인 심리를 엿볼 수 있는 재미있는 조사 결과가 있다. 2007년 강원지방경찰청의 설문조사 결과에 따르면, 경찰 하급자는 '인간적인 상사'를, 상급자는 '업무에 충실한 부하'를 좋아하는 것으로 나타났다. 즉 상급자들은 '일 잘하는 부하직원'을 가장 선호한 반면 하급자들은 '능력 있는 상사'보다는 '인간적인 상사'를 더 좋아하는 것으로 나타났다. 이것은 무엇을 말하는가? 그것은 자신이 부하였을 때는 상사가 인간적으로 대해주기를 바라지만, 대개는 상사가 되면 부하를 기능적으로 평가하는 경향이 있음을 보여주는 것이다.

회사는 일하는 곳이고, 직장인들은 각기 맡은 역할과 지위가 있다. 그런 까닭에 서로를 어느 정도 기능적으로 평가하는 것은 불가피한 일이다. 그러나 직장인도 인간이다. 그런 점에서 직장생활에서도 인간적인 욕구를 충족시키려 하고 인간적인 관계를 추구하는 것 역시 불가피하다. 만족스러운 직장 생활이 되기 위해서는 기능적 관계와 인간적 관계가 서로 조화를 이루어야 한다는 말이다.

예의는 부하만 지켜야 한다?

상사들이 가장 싫어하는 부하의 유형은 무엇일까? 바로 '예의가 없는 사람'이다. 상사들은 인사를 잘 안 하거나 자기 체면을 손상시키는 부하를 가장 싫어한다. 그러나 따지고 보면, 부하들이 싫어하는 '모멸감을 주는 상사'의 문제도 결국은 '예의의 문제'다. 부하들이 상사를 향해 '예의' 운운할 수 없어 인간적인 상사를 좋아한다는 식으로 에둘러 말하는 것일 뿐, 결국 핵심은 예의의 문제인 것이다.

흔히 예의는 아랫사람이 윗사람에게 지켜야 할 덕목으로만 생각한다. 그러나 그렇지 않다. 흔히 예礼 하면 떠오르는 인물이 공자다. 공자는 고리타분하고 보수적인 인물로 알려져 있지만, 『논어』를 읽어보면 오히려 그가 매우 혁신적인 사람이었음을 알 수 있다. 예의 문제도 그렇다. 그는 윗사람이 아랫사람에게 강요하는 덕목으로써 예를 강조하지 않았다. 『논어』에는 공자가 수차례 예를 강조하는 내용이 나오는데, 대부분은 당대 최고 권력자들에게 한 말이었다. 즉 아랫사람이 아니라 주로 윗사람에게 '예의를 지키라'고 강조했던 것이다.

예를 들어 공자가 살던 노나라의 군주인 정공定公이 "임금은 신하를 부리고 신하는 임금을 섬겨야 하지 않겠습니까?" 하고 물었을 때 공자는 이렇게 답한다. "임금이 신하를 예로써 부려야 임금을 충심으로 섬길 것입니다."(『논어』, 「팔일」 19장) 정공의 말은 '내가 지위가 높으니 아랫사람을 부리는 것은 당연하고, 아랫사람은 윗사람인 나를 받드는 것이 당연하다'는 것이다. 즉 아랫사람의 예의를 강조한 말이다. 그러나 공자의 대답은 반대였다. '윗사람이 아랫사람을 부리되, 예의를 지켜서 부려야 아랫사람이 진심으로 받들 것'이라는 말이었다.

공자가 등장하기 전까지 예는 윗사람이 아랫사람에게 일방적으로 강요할 수 있는 권리 같은 것이었다. 군주에게는 하늘과 선왕을 받드는 예만 있었을 뿐 신하나 백성을 받드는 예는 없었던 것이다. 그런데 공자가 등장하면서 그 개념이 바뀌게 되었다. 예가 아랫사람이 윗사람에게 행해야 하는 것만이 아니라 서로 행해야 하는 개념으로 바뀐 것이다. 예에 대한 혁신적인 발상의 전환이었다.

예의는 조화를 추구한다

예절의 대표적인 것은 '인사'다. 인사 잘 안 하는 사람은 '예의가 없다'라는 말을 듣기 쉬울 정도로 인사가 예의에서 차지하는 비중은 크다. 인사는 남에게 머리를 조아리는 것이다. 인사를 한다는 것은 나를 낮춤으로써 상대를 높이는 것이다. 그것은 일종의 형식이다. 그러나 형식만이 아니다. 인간의 행위와 의식은 서로 영향을 주고받기 때문이다. 우리는 남을 존경하는 마음에서 머리를 조아리기도 하지만, 먼저 머리를 조아림으로써 상대방을 존중하는 마음을 가꿀 수도 있다.

우리가 어릴 때 서로 인사하는 법을 배우는 것도 같은 이치다. 어린아이에게 무슨 존경심이 있겠는가? 아직 그런 마음은 없더라도, 우선 몸을 낮추는 법을 배우고, 그것을 실천하는 것이 중요한 것이다. 그러면 다른 사람들을 존중하고 공경하는 마음이 생겨난다. 그것은 쌀알들은 일정한 모양이 없지만, 대나무에 쌀을 넣고 찌면 곧은 대나무 모양의 밥이 되는 이치와 같다.

공자는 "예는 사치스러운 것보다는 소박한 것이 낫다"(『논어』, 「팔일」 4장)고 했다. 소위 인사치레로 비싼 선물을 한다든가 하는 것이 예의는 아니라는 말이다. 예를 차릴 때는 소박한 마음으로 해야 하고, 상대방도 그런 마음으로 받아들일 수 있어야 한다. 만약 화려한 인사치레를 바라는 사람이 있다면 그것도 예가 아니다. 또한 '과공비례過恭非禮'라는 말처럼 '과도하게 공손한 것도 예가 아니다.' 친밀하면서도 서로 지킬 것은 지키는 중용적인 태도가 중요하다는 말이다.

예의를 차린다는 것은 상사의 말에 무조건 복종하는 것을 의미하지는 않는다. 반대로 상사가 부하를 관대하게 대하는 것만이 예의인 것도 아니다. 부하나 상사는 서로 일에 대한 견해가 다를 수 있고, 어떤 부탁을 거절할 수도 있다. 그러나 그럴 때 무엇보다 서로 예의를 지키는 것이 중요하다. 그래야 부하는 상사의 체면을 훼손하지 않을 수 있고, 상사는 부하가 상처받지 않게 할 수 있다.

『논어』를 보면 공자가 '예악禮樂'이라는 말을 자주 사용하는 것을 알 수 있다. 이 말은 본래 예가 무엇을 지향하는지를 잘 보여준다. 이것은 사람과 사람이 예를 통해 조화로운 사회를 이루는 모양이 하나하나의 음계가 모여 아름다운 음악을 이루는 모양과 같다는 의미다. 공자는 예를 음악적 행위예술로 보았다. 악을 이루는 개개의 음과 가락은 그 총합보다 크고 웅장한 힘을 발산하듯, 조화로운 사회는 평화롭고 인간을 행복하게 만든다.

스펙보다 스토리가 힘이 세다

폴 포츠와 인순이

2007년 영국 ITV의 오디션 프로그램 〈브리튼스 갓 탤런트〉에 참가했던 한 남자가 큰 이슈가 된 적이 있었다. 휴대전화 판매원이었던 37세의 남자는 작은 키에, 불룩 나온 배에, 엉망인 치열에, 못생긴 얼굴을 하고 있었다. 그 프로에서 소개한 바에 따르면, 그는 학교 다닐 때 친구들로부터 심한 괴롭힘을 당했고, 불운하게도 교통사고를 당하고 종양을 앓은 적도 있었다. 그런 탓인지 매우 소심하고 자신감이 없어 보였다. 그러나 그는 푸치니의 오페라 〈투란도트〉에 나오는 아리아 〈공주는 잠 못 들고Nessun Dorma〉를 멋지게 불렀고, 그것을 보던 시청자들은 감동에 휩싸이고 말았다. 그가 바로 '폴 포츠'다.

만약 그가 멋진 외모에, 남부러울 것 없는 가정 출신으로, 좋은 음악 교육을 받은 사람이었다면 어땠을까? 그랬다면 감동의 무게는 많이 달랐을 것이다. 왜냐하면 그 노래의 울림은 그의 열악한 조건과 어두운 삶의 이력과 대조되어 극대화될 수 있었기 때문이다. 그의 노래는 아름다웠다. 그러나 감동은 노래에서 나온 것이 아니었다. 엄밀하게 말하면, '노래'라는 텍스트와 그의 '스토리'라는 텍스트 사이에서 생겨난 '콘텍스트(맥락)'에서 나온 것이었다.

한 가지 예를 더 들어보자. 우리가 잘 아는 〈거위의 꿈〉이라는 노래가 있다. 이 노래는 가수 인순이가 불러서 유명해졌지만 원래는 이적이 만들고 불렀던 것이다. 그러면 이적이 불렀을 때는 안 떴던 노래가 왜 인순이가 불렀을 때는 히트가 된 것일까? 그것도 스토리의 차이다. 이적은 잘 알려진 것처럼, 엘리트 부모에게서 태어나 서울대를 나온 싱어 송 라이터다. 그는 가정 좋고, 학벌 좋고, 재능 많은, 소위 엄친아의 이미지를 갖고 있다.

그러나 인순이는 어떤가? 지금은 많은 사람에게 사랑받는 가수가 되었지만, 그녀가 매우 힘든 삶을 살아왔다는 것은 알 만한 사람은 다 아는 이야기다. 지금도 우리나라는 인종차별이 심한 편인데, 예전에는 훨씬 심했다. 더구나 그녀는 흑인의 피가 섞인 혼혈아였다. 혼혈아들은 '튀기'로 불리며 온갖 냉소와 차별을 감수하며 살아야 했다. 그런 삶의 스토리를 가진 인순이가 〈거위의 꿈〉을 불렀을 때, 사람들은 노래의 진정성에 비로소 공감했던 것이다.

결핍도 무기다

요즈음 젊은이들은 소위 '스펙 6종 세트(학벌, 학점, 토익, 인턴십, 자격증, 봉사활동 경력)'를 갖추느라 바쁘다. 이들이 스펙 쌓기에 몰두하는 것은 극심한 취업난 때문이다. 그런데 이로부터 하나의 역설이 발생한다. 너도나도 취업난 때문에 스펙 쌓기에 열중하다보니, 스펙이 상향 평준화되고, 그런 까닭에 큰 변별성이 없어지는 것이다. 모두가 스펙 쌓기에 몰두하다보니 천편일률적이 되어 그 가치가 줄어들고 있는 것이다.

최근 기업들에서 스펙이 적힌 이력서보다 자기소개서와 면접을 중시하게 된 이유가 여기에 있다. 자기소개서와 면접에서는 개인적인 스토리가 드러난다. 스토리에는, 스펙에는 없는 장점이 있다. 스토리를 보면 그 사람이 얼마나 창의적인지, 얼마나 지혜로운지, 인간성이 어떤지, 어떤 정서와 가치관을 갖고 있는지를 알 수 있다. 그것을 알기 위해 기업들은 스토리를 요구한다.

스펙보다 스토리가 중요하다고 말하면, 구직자들은 그조차도 스펙처럼 억지로 만들어내야 하는 것으로 여긴다. 예를 들어 '스토리를 만들기 위해 남들이 잘 가지 않는 곳으로 해외여행이나 해외봉사라도 다녀와야 하나?' 하고 생각하는 것이다. 여기에서도 난센스가 발생한다. 스펙과 구별하기 위해서 스토리를 요구하는 것인데, 그 스토리조차 스펙과 다를 바 없게 되어버리는 것이다.

다양한 경험이 여러 가지 생각을 하게 할 수는 있다. 그러나 반드시 특별한 경험을 해야만 스토리가 생기는 것은 아니다. 스토리에서 중요한 것은 경험을 바탕으로 한 '자기 해석'이다. 경험에서 '무엇을 느끼고 깨달았는가'가 중요한 것이다. 그것은 철학적인 사유 역량의 문제다. 특별한 경험이 있어도 철학적인 사유 능력이 없다면 진부한 인식에 머물 것이다. 그러나 철학적 사유 능력이 있다면, 평범해보이는 일상에서도 얼마든지 의미 있는 메시지를 발견해낼 수 있을 것이다.

스펙은 완벽함 혹은 충분함을 요구한다. 그러나 스토리에서는 결핍도 얼마든지 무기가 될 수 있다. 예를 들어 열악한 환경과 조건에서 자란 사람이 자신이 어려움을 극복해온 이야기를 한다 하자. 그런 사람이 자신의 열정, 시행착오, 문제 해결 능력, 자신의 비전과 목표 의식을 어필한다면 어떨까? 그 열의는 더욱 높이 평가될 가능성이 높다. 좋은 조건에서 잘해오기란 쉽지만, 어려운 조건에서 잘해오기란 어렵다는 것을 모르는 사람은 없기 때문이다.

스토리에서는 심지어 실패도 장점이 될 수 있다. 실패로부터 어떤 교훈을 얻었다면, 그것은 단순한 실패가 아니다. 그것은 '유예된 성공'이다. 사람이 어떤 역량을 갖추는 것은 하루아침에 이루어지는 것이 아니다. 그것은 실패를 거듭하는 과정을 통해서 생겨나는 것이다. 자신의 실패가 갖는 의미를 스토리를 통해 잘 전달할 수 있다면, 실패는 오히려 장점으로 부각될 수 있다.

나의 스토리를 갖는 것

사람들은 흔히 영화, 소설, 드라마를 보면서 감동한다. 그것은 그 작품들이 스토리로 이루어져 있기 때문이다. 스토리는 아리스토텔레스가 『수사학』에서 말한 설득의 3요소, 로고스(이성적 판단), 파토스(정서적 호소), 에토스(인격과 윤리성) 중에서 파토스에 의지하는 측면이 크다. 이것을 스펙과 스토리에 적용하면 이렇다. 스펙은 사람을 이성적으로 판단하게 하지만, 스토리는 정서적 공감을 불러일으킨다.

스펙은 결과만 알려주지만, 스토리는 과정을 보여주는 데 충실하다. 이것은 사람을 이해하는 데도 큰 차이를 낳는다. 예를 들어 우리는 소설에서 '비호감형 주인공'을 만났다 하자. 그는 우리가 현실에서 만났다면 도저히 이해되지 않고, 이해하기도 싫은 그런 유형의 사람이다. 그러나 그런 사람이라도 소설의 주인공으로 등장하면 어떤가? 우리는 그를 십분 이해하게 된다. 그가 왜 그렇게 유별난 성격을 갖게 되었고, 이상한 행동을 하는지를 알게 된다. 심지어 그를 연민과 애정 어린 눈으로 바라보게 된다.

우리는 이런 저런 현실적 필요성 때문에 자신의 스토리를 어필해야 한다. 그러나 나의 스토리를 갖는다는 것, 나의 스토리를 만들어나간다는 것은 실용적인 요구를 뛰어넘는다. 그것은 매우 실존적인 문제다. 좋은 스토리를 만들어 나간다는 것은 자기 내면의 욕구가 무엇인지를 잘 들여다보고, 그에 충실하게 살아가는 것을 말한다. 그것은 온전하게 자신의 삶을 꾸려가는 일이다. 문제는 그것이 말처럼 쉽지 않다는 것이다. 많은 사람은 남이 원하는 것과 똑같은 것을 원한다. 그것을 자신의 욕구라고 생각한다. 그러므로 진정한 나의 욕구가 무엇인지를 섬세하게 돌아보는 것이 중요하다. 자기 성찰이 중요하다.

키덜트 문화
점점 어려지는 성인들

늘어나는 '아이 같은 성인'

살면서 '내가 나이를 먹었구나' 하고 느낄 때가 있다. 전철 같은 데서 군인을 볼 때가 그렇다. 나 어릴 때에는 학교 숙제로 '군인 아저씨'에게 위문편지를 보내곤 했다. 그랬던 군인 아저씨가 이제는 '애'처럼 보인다. 그러나 다시 생각해보면 내 나이 때문만은 아닌 것 같다. 요즘의 이삼십대는 확실히 예전의 이삼십대보다 어려보인다. 외모만 그런 것이 아니다. 생각, 말투, 행동 등 모든 면에서 예전보다 어려졌다.

아이들의 전유물로만 여겨지던 프라모델, 레고, 피규어, 게임, 애니메이션, 인형, 밀리터리 장난감, 만화에 몰두하는 성인들이 요즘에는 적지 않다. 읽는 책도 별 차이가 안 난다. 예를 들어 『해리포터』 같은 책은 초등학생도 보지만, 대학생도 본다. 그뿐인가. 〈1박 2일〉이나

〈무한도전〉 같은 TV 프로들은 서른이 넘은 연예인들이 나와서 아이처럼 유치하게 서로 놀리고, 말장난하고, 게임하고, 쫓아다니며 장난친다. 이런 프로가 최고의 인기를 누리는 것은 아이들뿐 아니라 성인도 주된 시청자이기 때문이다.

내가 어릴 때를 돌아보면, 고등학생 형이나 누나 들만 해도 매우 어른스러워보였다. 집안일에서나 마을 일에서나 성인 한 명의 몫을 해내는 경우가 많았고, 마을 어른들도 성인으로 대우해주곤 했다. 그러나 지금은 이삼십대 성인이 청소년과 같은 책을 보고, 같은 게임을 한다. 청소년들이 손윗사람을 잘 존경하지 않는 것도 이와 관련이 있어 보인다. 존경심은 내가 갖지 못한 성숙한 면을 보았을 때 생겨나는 법이다. 그런데 나와 다를 바 없는 행동을 하는 어른들이 점점 늘어간다. 어떻게 존경할 수 있겠는가?

언젠가 텔레비전에서 서울대 가정의학과 유태우 교수가 하는 말을 들었다. 내용은 이랬다. "제가 의대에서 학생들을 가르칩니다. 그런데 요즘 학생들 중에는 일종의 '정신 지체 현상'을 겪는 학생들이 많습니다. 예를 들어 평소 별문제 없어 보였던 학생이 갑자기 저를 찾아와서 휴학하고 싶다고 합니다. 이유를 물어보면, 의사가 되는 것이 내 길인지 확신이 안 들어 생각을 정리할 시간이 필요하다거나 여행이라도 다녀왔으면 한다는 겁니다. 심지어 레지던트 과정에 있는 학생도 이런 경우가 있습니다. 레지던트는 예과 2년, 본과 4년, 인턴 1년을 마친 후 밟는 마지막 과정인데, 이것만 끝내면 의사가 됩니다. 그런데 그러고 있습니다. 사실 이런 고민은 사춘기에 했어야 하는 것입니다. 그런데 그것을 이제야 합니다. 서른이 다 되거나 넘은 나이에. 요즘은 이런 젊은이들이 많습니다."

이런 말은 오늘날 이삼십대가 처한 정신적 상황을 단적으로 드러
낸다. 예전 같으면, 어른들 말마따나 '아이 두엇은 낳아 키울 나이'인
데도 이렇다. 왜 이렇게 '아이 같은 성인'이 많아지는 것일까?

키덜트 산업과 키덜트 문화

아이 같은 성인을 일컫는 신조어가 있다. 바로 아이를 뜻하는 키드kid와
어른을 뜻하는 어덜트adult의 합성어인 키덜트kidult다. 이 말은 2000년
대 초반부터 쓰인 것으로 알려져 있지만, 문화적 기반은 그 이전부터
있었다. 그 기반을 만든 계기는 1998년부터 시작된 김대중정부의 일
본 문화 개방이었다. 그 후, 일본의 문화 상품들이 대거 유입되었다.

일본은 만화, 애니메이션, 캐릭터, 게임 산업이 매우 발달한 나라
다. 일본에서는 성인층도 이런 문화 상품의 주된 소비층으로 편입된
지 오래였다. 일본의 문화 상품들이 쏟아져 들어오자, 우리나라에서
도 같은 현상이 발생했다. 성인들이 만화, 애니메이션, 캐릭터, 게임에
몰두하기 시작한 것이다. 이런 현상을 일컫기 위해 키덜트라는 말이
사용되었다. 그러나 당시만 해도 이런 현상은 일시적이고, 일부 마니
아층에 국한될 것이라는 의견이 지배적이었다.

결론적으로 그것은 틀렸다. 모든 성인이 키덜트는 아니라도, 키
덜트화되고 있다고는 말할 수 있을 만큼 키덜트 문화는 대중적 현상
이 되었다. 키덜트화가 이렇게 촉진된 것은 산업의 이해와 관련이 깊
다. 잘 알다시피 모든 산업은 이윤을 추구한다. 이윤이 커지기 위해서

는 소비층이 대폭 확산되어야 한다. 만약 아이와 청소년, 성인이 동시에 소비하는 상품을 생산할 수 있다면, 그만큼 기업의 이익은 커질 것이다. 키덜트 상품, 키덜트 마케팅의 이점이 바로 여기에 있다.

어린 시절은 모든 인간에게 해당되는 보편적 영역이다. 키덜트 마케팅은 그 어린 시절의 감성과 추억을 상품화한 것이다. 어릴 때부터 전자 대중매체를 접하며 자란 세대의 향수는 더 이상 고향의 아름다운 자연이나 사람이 아니다. 그것은 TV나 영화로 접했던 만화, 애니메이션, 캐릭터, 노래, 광고 들이다. 그에 기초한 키덜트 상품들은 조건반사처럼 부모의 품에서 보호받던 어린 시절의 포근함을 연상시키게 된다. 키덜트 상품들이 요즘처럼 경제가 어려울 때 더 잘 팔리는 이유다.

길어지는 청소년기와 키덜트 현상

오늘날의 젊은 세대들은 과거 어느 때보다 길게 부모 밑에서 의존하는 생활을 한다. 사회학자들 중에는 '청소년기는 과연 끝이 있는가, 없는가?' 하고 반문하는 사람도 있을 정도다. 예전에는 보통 고등학생까지를 청소년으로, 대학생 이상은 성인으로 보았다. 그러나 지금은 청소년기와 성인기를 구분하는 것 자체가 무의미해지고 있다.

청소년과 성인을 구분하는 가장 큰 기준이 무엇일까? 나이? 아니다. 경제적 독립 여부다. 경제적으로 독립할 수 있어야 가정과 사회에서 성인으로 인정받는다. 그런데 지금은 대학이나 대학원을 졸업해도 '노동시장으로의 진입'이 잘 안 된다. 설사 취직이 된다 해도 불안한 고용 상태에 처하게 된다. 그에 따라 젊은이들은 '아르바이트 → 실업

교육기관→비정규직→수험생→실업' 같은 패턴을 반복한다. 부모에게 의존하는 기간이 길어질 수 밖에 없다.

그러면 이렇게 노동시장으로의 진입이 어려운 가장 큰 이유는 무엇일까? 현재가 금융자본주의 시대이기 때문이다. 금융자본주의는 산업자본주의와 달리 많은 고용이 필요하지 않다. 산업자본주의가 공장을 짓고, 노동자를 고용하고, 물건을 생산해서, 그것을 팔아 이윤을 남기는 구조라면, 금융자본주의는 자본(주식, 펀드, 채권, 외환, 기업 M&A 등) 자체를 사고팔면서 이득을 남기는 체제다. 금융자본주의는 간단히 말해 도박 경제, 투기 경제다. 도박이나 투기에는 많은 고용이 필요 없다. 이로 인해 가장 큰 피해를 보고 있는 것이 지금의 청년층이다.

청년층은 독립할 나이가 되었음에도 독립할 수 없는 '부자유' 상태인 경우가 많다. 그러나 길어지는 의존 생활은 의존적 관성을 강화하기도 한다. 젊은이들은 빨리 부모로부터 독립했으면 좋겠다고 열망하면서도, 다른 한편으로는 좀더 부모에게 의존하고 싶어 한다. 취직을 하기 위해서는 더 많은 공부가 필요하고, 그를 위해서는 더 많은 부모의 지원이 불가피하며, 부모에게 그런 지원을 당연하다는 듯 요구하게 된다. 부모는 부모대로 더 공부시키지 않으면 안 된다는 필요성, 그를 위해 더 많이 벌어야 한다는 의무, 더 오래 부양하는 만큼 자식을 어린아이처럼 지배할 권리가 있다는 생각이 혼재한다. 그렇게 해서 키덜트가 양산된다.

키덜트 현상의 또 다른 심리적 이유는 현실도피다. 취업난과 고용 불안은 높은 경쟁과 그로 인한 스트레스를 양산한다. 그런 상황에서 청년들은 어린 시절로 회귀하려고 하게 된다. 부모의 보호를 받았던 어린 시절을 떠올리거나 동심의 세계에 빠져 있으면 불안과 스트레스를 잠시 잊거나 줄일 수 있기 때문이다. 이런 이유로 키덜트 현상은 더욱 강화된다. 결론적으로 말하자면, 키덜트 현상은 우울한 우리 시대의 자화상이 아닐 수 없다.

한국인의 독서 문화

전자매체, 독서를 가로막는 제1요인

요즘 사람들은 책을 잘 안 읽는다. 예전에는 전철을 타면 독서하는 사람들이 그래도 백에 예닐곱 명은 있었던 것 같은데, 요즘에는 한두 명도 찾아보기 힘들다. 전철에서 책을 읽어본 사람은 알 것이다. 전철만큼 독서가 잘 되는 곳도 없다는 것을. 나도 오로지 독서하기 위해서 전철을 탄 적도 있으니까. 그런데 그런 전철에서도 사람들은 더 이상 독서하지 않는다.

그러면 사람들은 무엇을 하고 있는가. 열에 아홉은 스마트폰을 들여다보고 있다. 사람들은 스마트폰으로 인터넷, 텔레비전, 문자, 게임, 영화, 만화를 즐긴다. 그 풍경은 가히 전체주의적이다. 스마트폰은 현대인의 일상적인 풍경, 생활 습관만 획일화하는 것이 아니다. 그것은 우리의 두뇌 활동을 마비시키고 있다. 오늘날 '스마트폰의 두뇌 습격'은 일상적인 일이 되었다. 현대인의 독서를 가로막는 가장 큰 장애물 하나만 꼽으라면, 단연 전자매체다.

틈만 나면 스마트폰을 들여다보는 사람에게 독서할 시간은 없다. 전자매체는 성찰과 사유할 시간도 삼켜버린다. 성찰과 사유는 독서의 동기 유발에 있어서 중요하다. 성찰하고 사유할 시간이 있어야 사람들은 '이런 것을 몰랐다'거나 '이런 면이 부족하다'는 것을 깨닫고 '이런 책을 읽는 것이 필요하다'는 생각도 하게 된다. 그런데 많은 사람이 스마트폰 때문에 생각할 시간 자체를 갖지 못한다. 이것은 지적·정신적 측면에서 치명적인 일이다.

오늘날에는 어떤 호기심이나 궁금증이 생긴다 해도 그것이 독서로 잘 이어지지 않는다. 궁금한 것이 생기면 인터넷 검색으로 해결하려 하기 때문이다. 인터넷 검색을 하면 정보가 뜬다. 그러나 그것은 피상적이고 단편적인 정보다. 그것은 하나의 주제에 대해 자세하고, 깊이 있게, 체계적으로 알려주는 책과는 분명 차이가 있다. 그것은 지식과 지식 사이, 정보와 정보 사이의 맥락을 약화시킬 뿐 아니라 사고의 박약을 낳는다.

전자매체에 중독된 사람이 책을 읽지 않는 다른 이유도 있다. 전자매체는 자극적인 영상, 수동적인 쾌락, 즉각적인 피드백을 제공하는데 그에 익숙한 사람은 책에 관심이 가지 않는다. 기호(문자)로 이루어진 책은 전자매체에 비해 단조롭고 느리고 지루하다. 게다가 독서는 독자가 적극적으로 해독하고 상상할 것을 요구한다. 이 과정이 피곤하게 느껴지는 것이다. 그래서 더욱 독서하지 않게 된다.

베스트셀러만 읽는 한국인

미국의 문학평론가이자 컬럼비아대학 영문과 교수인 레이먼드 위버에게 한 여대생이 책 한 권을 들어 보이며 물었다. "교수님, 이거 요즘 베스트셀러인데 읽어보셨어요?" "처음 보는 책인데?" "어머, 출판된 지 석 달이나 된 책인데 모르세요? 빨리 읽어보세요." 이번에는 위버 교수가 물었다. "자네는 단테의 『신곡』을 읽어보았나?" "아뇨, 아직요." "쯧쯧, 그 책은 나온 지 600년이 넘었으니 빨리 읽어보게."

이 일화는 베스트셀러 중심의 독서에 대해 다시 생각하게 만든다. 어느 나라나 베스트셀러는 있다. 그러나 우리나라만큼 쏠림 현상이 심한 곳이 있을까 싶다. 나는 출판사 편집장을 지낸 적이 있는데, 그 경험을 토대로 말하면 출판업은 도박과 같다. 펴낸 책 10권 중 한 권만 베스트셀러가 되어도 떼돈을 벌지만, 그렇지 않으면 운영이 힘든 것이 출판업이다. 출판사들의 경영 구조가 전반적으로 불안정한 것, 출판사들이 베스트셀러 만들기에 목숨을 거는 것은 모두 쏠림 현상이 심한 탓이다.

베스트셀러 중심의 독서는 다양하게 읽지 않는다는 의미 이상이다. 그것은 지적 수준이 낮다는 것을 반증한다. 이유는 이렇다. 오늘날 베스트셀러는 대부분 광고와 마케팅의 산물이다. 좋은 책이 입소문이 나서 베스트셀러가 되는 경우는 거의 없다고 보면 된다. 베스트셀러 독서 비중이 높다는 것은 그만큼 광고와 마케팅에 잘 휘둘린다는 의미다. 그것은 자기 내적 욕구가 아니라 외부의 자극에 반응해 수동적으로 독서한다는 것이며, 주체적으로 책을 선택할 수 있는 기준과 역량이 부족하다는 말이다.

베스트셀러는 대개 쉽다. 출판사들이 베스트셀러로 '미는 책'은 남녀노소가 모두 볼 수 있는 책일 수밖에 없다. 어렵고 딱딱한 책들은 아무래도 시장이 작아 베스트셀러를 노리는 것이 어렵다. 달리 말하면, 베스트셀러를 중심으로만 읽으면 '초급 독자' 수준을 벗어나기 어렵다는 말이다. 어려운 책이 모두 좋은 책이라는 말은 아니다. 그러나 어느 정도 깊이가 있는 책은 어느 정도 어렵다는 것을 알고, 베스트셀러 중심의 독서를 과감히 벗어나야 한다.

자율적인 독서 습관을 가져야 한다

독서에는 세 가지가 있다. 첫째, 심심풀이 독서. 쉽고 재미있는 소설이나 에세이, 만화, 명언집을 보는 것이 이에 해당한다. 옛날에는 심심풀이 독서가 많았지만, 지금은 전자매체가 제공하는 오락거리에 많이 밀렸다. 그럼에도 압도적 다수가 여전히 이 단계에 머물러 있다. 심심풀이 독서 시장은 베스트셀러의 주된 타깃이기도 하다. 심심풀이 독자가 신중하게 책을 선택하는 경우는 드물다. 책을 고를 때 운에 맡기는 경우도 많고, 광고나 마케팅에 휘둘리기도 쉽다. 그래서 유혹하거나 배후에서 조종하기도 쉽다.

둘째, 의무적인 독서. 의무적인 독서는 '읽지 않으면 안 될 것 같은 강박' 속에서 이루어진다. 성적 향상·취직·사회생활·재테크를 위한 책, 교사나 부모가 추천해준 책을 보는 것이 이에 해당한다. 의무적인 독서는 성적이 떨어질 것 같고, 사회에서 생존하거나 성공하기 어려울 것 같고, 어디 가서 무식하다는 소리 들을 것 같아 읽는 것이다. 그것은 사회적 압력에 따른 수동적인 독서다.

셋째, 자율적인 독서다. 자율적인 독서는 '내가 진정으로 궁금해하는 것, 관심이 있는 것이 무엇인가?'를 진지하게 돌아보고, 책을 스스로 찾아 읽는 것이다. 이렇게 읽으면, 독서가 재미있다. 왕성한 호기심이 먼저 존재하고, 그것을 충족시키기 위해 책을 읽는 데 왜 재미가 없겠는가? 호기심과 관심은 모든 이해의 전제다. 호기심과 관심이 크면, 책이 다소 난해하다 하더라도 그것을 돌파한다. 왕성한 호기심과 관심은 지적 이해의 동력이다.

세 가지 독서가 명확히 구분되는 것은 아니다. 예를 들어 어릴 때에는 심심풀이 독서와 자율적인 독서가 혼재될 수 있다. 그러나 성인이 되어서도 심심풀이 독서에만 머물러 있다면 그것은 독서 수준이 정체되어 있다는 증거다. 심심풀이 독서에는 진지함이 결여되어 있기 때문이다. 의무적인 독서도 특정 주제에 대한 관심을 촉발시켜 자율적인 독서로 이어질 가능성이 있다. 그러나 대개 의무적인 독서는 책에서 멀어지게 만드는 주된 요인이다. 호기심과 관심이 생기기 전에, 억지로 지식을 자신의 머릿속에 우겨넣는 것은 지겨운 일이기 때문이다. 그것은 '자기소외의 독서'다.

지적 성취를 위해서는 심심풀이 독서나 의무적인 독서를 넘어 자율적인 독서를 해야 한다. 독서는 흔히 생각하듯 인내심을 시험하는 과정이 아니다. 인간은 본래 호기심이 왕성한 동물이다. 책은 세상의 모든 비밀이 들어 있는 보물상자다. 책을 제대로 읽기 위해서는 우선 자신의 진정한 내적 욕구에 귀를 기울여야 한다. 그리고 그 욕구에 맞

게 책을 선택해 읽어야 실존적 충만감과 지적 발전을 만끽할 수 있을
것이다.

06

남자도 때로는 언니가 있었으면 좋겠다

희생과 봉사의 아이콘, 큰언니

'언니'라는 호칭은 여자들 사이에서 쓰인다. 그러나 본래부터 그랬던 것은 아니다. 언니는 동성의 손위 형제를 이르는 말로 본래는 남녀 가리지 않고 쓸 수 있는 순우리말이었다. 유학자들은 한글을 암글, 언문 등으로 비하했고, 그런 까닭에 언니라는 말은 신분 낮은 하층민 또는 자매들 사이에서 쓰였다. 그러다가 지금처럼 여자들 사이에서 주로 쓰이게 된 것이다. 우리는 그 흔적을 드라마 〈추노〉에서 볼 수 있다. 이 드라마에서는 초콜릿 복근을 자랑하는 추노패들이 남자 손윗사람에게 언니라고 부른다. 〈졸업식 노래〉에도 이런 가사가 있다. "빛나는 졸업장을 타신 언니께/ 꽃다발을 한 아름 선사합니다/ 물려받은 책으로 공부를 하며/ 우리는 언니 뒤를 따르렵니다." 여기에서의 언니도

'형'을 포함한 말이다.

예전에는 '맏딸은 살림밑천'이라는 의식이 지배적이었다. 그래서 누구보다 큰언니의 고생이 컸다. 남존여비男尊女卑의 문화 속에서 남자 형제는 오빠든 동생이든 상관없이 대개 귀한 대접을 받았다. 여동생도 어리다는 이유로 그나마 배려를 받을 수 있었다. 그러나 큰언니는 달랐다. 큰언니는 어릴 때부터 살림을 도맡아야 했고, 동생들을 돌봐야했다. 성인이 된 후에도 취직해서 번 돈으로 동생들을 공부시키고 결혼시키는 경우가 흔했다. 사실상 가정 내에서 준準어머니의 역할을 했다. 그런 까닭에 기성세대들 중에는 큰언니(큰 누나)에 대해 각별한 애정과 그리움을 가진 사람들이 많다.

권정생의 『몽실언니』는 큰언니의 전형을 잘 보여주는 작품이다. 단발머리에 하얀 저고리와 검정 치마를 입고, 검정 고무신을 신은 채 갓난아이를 등에 업은 주인공 몽실이. 한국전쟁이라는 야만적 환경 속에서도 몽실이는 아버지가 다르거나 어머니가 다른 동생들을 살뜰히 보살핀다. 무엇보다 힘겨운 삶을 이어가면서도 동생들이 '사람다운 마음'을 잃지 않게 하려고 분투하는 몽실이의 모습이 감동적으로 그려진다. 이처럼 큰언니의 희생과 봉사는 흔히 미덕으로 여겨진다. 그러나 희생과 봉사가 사회구조적으로 강제되면 심리적인 문제를 낳을 수 있다.

'맏딸 콤플렉스'라는 말이 있다. 큰언니는 맏딸로서의 의무감을 느끼는 동시에 기대에 부응하지 못하면 자책감에 시달리기 쉽다. 동생들에게 모범이 되어야 한다는 관념은 맏아들에게도 부여될 수 있기는 하다. 그러나 맏딸은 맏이면서도 딸이라는 이유로 장남만큼 대우를 받지 못한다. 누릴 수 있는 권리나 지위는 없지만, 희생과 봉사는 무한정으로 강요되기 쉽다는 것, 그것이 맏딸 콤플렉스를 낳는다. '장남 콤플렉스'라는 말도 있기는 하지만, 그 강도는 맏딸 콤플렉스에 미치지 못한다.

언니나 형, 둘 다 동생이 의지할 수 있는 버팀목이 될 수 있다. 그러나 친근감은 확실히 언니 쪽이 강하다. 언니는 친밀하면서도 형처럼 권위적이지 않다. 형은 자신이 존경받기를 원하는 경우가 종종 있지만, 언니가 그런 경우는 거의 없다. 언니는 친구 같은 존재가 될 수 있다. 언니에게는 속 이야기나 비밀도 쉽게 털어놓을 수 있을 것 같다. 그러나 형에게는 그러기 힘들다. 남자들에게는 위계와 서열이 중요하다. 그것이 일정한 정서적 거리감을 만든다. 형이 동생의 지지자가 되어주는 것도 대개는 그 권위를 침해하지 않는 한도 내에서다. 그 권위를 침해하면 돌변하는 형들을 주변에서 흔히 볼 수 있다.

언니라는 말의 친근감

남자들은 사회에서 만난 사람이 손위라도 존경할 만한 사람이 아니면, 좀처럼 형이라 부르지 않는다. 형이라 부르는 것은 자신이 아래 서열임을 인정하는 것이다. 그러나 언니에는 그런 느낌이 없다. 여자들이 만난 지 얼마 안 된 사이인데도 쉽게 언니라고 부르는 것도 그 때문이다. 여자들은 별 뜻 없이 그냥 친근감의 표시로 그렇게 부른다.

여자 고객은 미용실, 백화점, 옷 가게, 식당의 여주인이나 여점원에게도 거리낌 없이 언니라고 부른다. 그럴 때의 호칭은 나이와도 상관없다. 심지어 자신보다 어려보이는 여주인이나 점원에게도 언니라 부른다. 남자들도 단골 술집이나 식당에서 친근감의 표시로 이모라는 호칭을 쓰곤 하지만, 그것은 나이와 무관하지 않다. 이모는 젊은 손님이 나이든 여주인에게 하는 말이다. 자신보다 나이가 어린 여주인에게 이모라 부르는 경우는 거의 없다.

언니라는 호칭이 주는 친근감은 상행위에도 많이 이용된다. 예를 들어 옷 가게나 액세서리 가게, 화장품 가게의 여주인이나 여점원들은 지나가는 여성들을 언니라 부르며 호객하곤 한다. 언니라는 말이 주는 친근감을 남자 호객꾼들이 이용하는 경우도 있다. 나이트클럽의 남자 호객꾼들이 그렇다. 그들은 번화한 밤거리에서 지나가는 젊은 여자들을 언니라고 부르며 거침없이 손을 잡아끈다. 이럴 때 언니라는 말이 갖는 효용은 명확하다. 만약 젊은 남자 호객꾼들이 '아가씨!' 라고 부르며 처음 본 여자의 손을 잡아끈다고 생각해보라. 호객 행위에 성공하기는커녕, 함부로 스킨십을 하는 추행범으로 몰리기 십상일 것이다.

그들은 언니라고 부르면서 여자 호객꾼처럼 행세한다. 그를 통해 낯선 남자의 접근이 불러일으킬 공포와 경계심을 허무려 한다. 그럴 때 언니가 의미하는 것은 이것이다. '나의 접근(심지어 당신의 손을 잡는다고 해도)은 순전히 호객 행위 이상의 의미가 없다. 나는 남자로서 당신에게 접근한 것이 아니다.' 이러한 접근법에는 묘한 부수적인 효과도 낳는다. 그들은 언니라는 호칭을 쓰기는 하지만, 엄연한 남자다. 그들의 스킨십에도 이성적 느낌이 남아 있다(그 때문에 그러한 스킨십에 불쾌감을 느끼는 여성들도 적지 않을 것이다).

그러나 역설적으로 호객꾼의 스킨십은 나이트클럽이 제공하는 즉석 미팅에 대한 기대와 설레임을 유발할 수도 있다. 남성으로서의 그들의 스킨십은 '그곳에 가면 뭔가 재밌는 일이 벌어질 것 같다'는 느낌의 예고편 역할을 할 수 있다.

가정생활과 사회생활의 멘토

나에게는 여동생이 둘 있다. 이 둘의 삶은 많이 닮았다. 어릴 때부터 막내가 언니를 따라 했기 때문이다. 초등학교 시절 언니가 밴드부 활동을 하자 막내도 밴드부에 들어갔다. 언니가 미대를 가자, 막내도 미대를 갔다. 언니가 속도위반으로 시집을 가자, 막내도 그렇게 했다. 심지어 결혼한 후 막내가 둘째 늦둥이를 낳자, 이번에는 그것을 본 언니가 '너무 귀엽다'며 자신도 늦둥이를 가졌다. 이런 과정을 지켜보며 나는 자매 관계는 남매나 형제 관계보다 특별하다고 느꼈다. 여동생에게 언니는 질투의 대상이면서 추종의 대상이다. 남동생도 형을 추종할 수 있지만, 일반적으로 그 강도는 훨씬 약한 것 같다.

여자들에게 '보고 배울 언니'가 있다는 사실은 결혼 후 더욱 중요해진다. 싱글 여성에게 언니는, 남동생이 느끼는 형과 별 차이가 안 날 수도 있다. 싱글 여성들의 삶은, 남성과 마찬가지로 경쟁적이고 개인주의적이어서 여자라는 이유만으로 공통점을 찾기는 어렵다. 그러나 결혼한 후 살림, 임신, 출산, 육아 문제에 맞닥뜨리게 되면 상황이 달라진다. 이미 이것을 경험한 언니는 동생의 물음에 꼼꼼히 답해주는 카운셀러, 생활에 필요한 것들을 소소히 챙겨주는 든든한 지원자, 자신의 시행착오로부터 얻은 교훈을 전해주는 멘토가 된다(친정엄마도 이런 역할을 할 수는 있지만, 그 효과는 언니에 미치지 못한다. 세대 차가 그 효용을 반감시키기 때문이다).

한 남자의 아내이자 한 집안의 며느리이고 아이를 길러야 한다는 운명은 여성들에게 동지애와 공동체적 감정을 불러일으킨다. 이것이 언니에게 형과는 다른, 특별한 지위와 역할을 부여한다. 공통의 운명은 공통의 관심사, 공통의 고민, 공통의 화제를 낳는다. 이제 막 결혼한 신참 주부에게 그런 공통의 경험을 먼저 겪은 언니는 소중하다. 동네 주부들이 서로 언니 동생 하면서 곧잘 인간관계를 맺고 지내는 이유, 삼삼오오 모여서 수다를 떠는 일이 잦은 이유, 인터넷에서도 가장 활발한 참여가 이루어지는 공간 중 하나가 여성 커뮤니티인 이유가 여기에 있다. 여성 커뮤니티 공간에는 신참 주부들의 물음에, 특별한 계산속 없이 생활에 유익한 팁을 알려주고 여러 가지 고민을 들어주고, 그에 공감해주고 응원해주는 언니들이 넘쳐난다.

여자들에게는 사회생활에서 만나는 선배 언니도 소중하다. 여성의 사회 활동이 많이 늘기는 했지만, 여전히 사회는 남성 중심으로 돌아간다. 국정감사자료에 따르면 2010년 6월 기준 고위공무원단 1,342명 중 여성은 36명으로 2.6퍼센트에 불과하다. 10대 대기업 팀장급 이상 여성 간부는 199명으로 전체의 1.3퍼센트다. 세계경제포럼의 2009년 성평등지수 기준으로 한국은 134개국 중 115위다. 성평등에 관해서는 후진국 중 후진국이다. 이런 상황에서 여자 선배가 있다는 것, 특히 중간급 간부 이상의 여자 선배를 만난다는 것은 그 자체로 행운이다.

남성 중심의 사회 생활에서 여성들은 미지의 개척자와 같은 고독한 상황에 빠지기 쉽다. 실제로 성공한 여성들 중에는 막내 시절 힘든 일이 있거나 의논 상대가 필요할 때 카운슬링해줄 마땅한 여자 선배가 없어 사무쳤던 경험을 가진 사람들이 많다. 그래서 일정한 지위를 갖게 되면, 자신이 여자 후배들의 롤 모델이 되어야 한다는 책임감을 느끼는 경우도 많다. 또한 싹이 보이는 여자 후배들이 있다면, 먼저 챙기고 이끌어주어야 한다는 마음도 갖게 된다. 물론 그중에는 배울만하지 않은 여자 선배들도 있을 것이다. 그러나 반면교사도 교사. 남성 중심의 사회에서 선배 언니의 존재는 어떤 식으로든 배울 것을 제공한다고 할 수 있다.

여자들만의 공동체적 정서

한 남자의 아내이자 한 집안의 며느리이고 아이를 길러야 한다는 여성의 운명은 흔히 족쇄로 여겨진다. 그러나 그것은 여자들 특유의 공동체적 정서와 친밀감을 형성하는 기반이기도 하다. 처음 보는 여자들이라도 살림과 육아에 대한 이야기를 하다보면 금세 공통점을 발견하게 된다. 같은 문제에 직면한 사람들이 똘똘 뭉치는 것은 자연스러운 이치다. 공통의 문제를 해결해야 하는 벗으로서 얘기를 들어주고, 도움을 주고, 조언을 하는 것에는 특별한 이해관계가 포함되어 있지 않다. 여자들은 순수한 인간관계를 형성하기 쉽고, 그를 통해 공동체적 정서를 유지하기 쉽다.

이것은 성인 여자들에게만 해당되는 이야기가 아니다. 여자들은 어릴 때부터 엄마가 작은 이모나 큰 이모와 친밀하게 지내는 것을 본다. 혹은 이웃 아주머니나 자기 친구의 엄마와 언니 동생 하면서 친하게 지내는 것을 본다. 그것은 여자들끼리는 쉽게 친해질 수 있다는, 친밀함에 있어서 동성 친구나 언니에 대한 기대를 가져도 좋다는 학습효과를 낳는다. 그렇게 여자들끼리의 친밀성은 문화적 유산이 되어 여자아이에게 상속된다. 여성의 공통의 운명은 그렇게 성인 여자뿐만 아니라 여자아이들끼리의 친밀함에도 영향을 미친다.

여자들끼리의 공동체적 정서가 정신 건강에 미치는 긍정성은 말할 필요가 없다. 나는 여자들의 수명이 남자보다 긴 이유가 이 공동체적 정서의 유지에도 있다고 생각한다. 여자들끼리의 정서적 친밀함은 심리적 안정을 주고, 모여서 떠드는 수다는 그 자체로 스트레스를 해소시키는 역할을 한다. 그것은 정서적 '사회안전망' 구실을 한다. 남자들도 인간관계를 갖기는 하지만 사회생활을 통해 이루어지는 인간관계의 비중이 압도적이다. 그 인간관계는 여러 이해로 얽혀 있다. 달리 말하면 순수하지 않다는 말이다. 그나마 은퇴하면 그 인간관계마저 끊어지는 경우가 많다. 남자들의 인간관계는 여자들에 비해 훨씬 불안정하다.

남자들은 은퇴 후, 지위 상실과 외로움에 시달린다. 사회적으로나 가정적으로 존재 의미가 퇴색되고, 소외감을 느낀다. 실제로 그것은 남자들의 수명을 갉아먹는다. 그러나 나이든 여자들은 다르다. 그들에게는 오랫동안 정서적으로 생활적으로 밀착해 서로에 대한 우정과 신뢰를 쌓아온 동성 친구들이 있고, 언니들이 있기 때문이다. 물론 요즈음에는 직장에 다니는 여성들이 많아진 만큼, 여자들끼리의 인간관계도 남자와 다를 바 없다고 생각할 수 있다. 그러나 여자들은 사회

생활을 하면서 만난 관계라 하더라도, '같은 여자'로서 느끼는 공감과 동질감이 은연중에 오버랩되어 있는 경우가 적지 않다.

남자들은 흔히 '여자들이 모여서 수다나 떤다'고 핀잔을 준다. 그러나 남자들도 때로는 언니가 있었으면 좋겠다. 무슨 얘기를 해도 들어주고, 맞장구쳐주고, 조언해주고, 별것 아닌 물건들을 서로 주고받으면서 기뻐하는 소박한 인간관계. 특별한 일이 없어도 일상적으로 정을 나눌 수 있는 언니와 동생 관계. 어떠한 이해관계도 없는 그 순수하고도 친밀한 인간관계. 그런 인간관계를 성인이 되어서도 아무렇지도 않게 맺을 수 있는 여자들. 남자들도 때로는 그런 여자들이 부럽다.

07

사회적 관점에서 본 거짓말

선의의 거짓말

칸트는 이렇게 말했다. "진술의 참됨은 우리가 회피할 수 없는 것이다. 진실을 말함으로써 자기 자신이나 다른 사람이 커다란 해를 입는다 해도 그 의무는 지켜야 한다." 한마디로 어떤 경우에도 거짓말은 안 된다는 것이다. 그러나 이 같은 태도는 너무 나이브하다. 왜냐하면 비도덕적이라고 비난하기 힘든 거짓말도 있기 때문이다.

예를 들어 강도가 들어와 "집에 예물 있지?" 하고 물었을 때 "없다"고 거짓말한 사람을 비난할 수 있을까? 그러기는 힘들 것이다. 혹은 일제시대에 일본 순사가 찾아와 독립운동가의 행방을 묻는다면? 마찬가지로 거짓말을 했다고 해서 비난하기 힘들다. 그럴 때 우리는 프랑스 철학자 뱅자맹 콩스탕의 말처럼 "우리는 진실을 말할 권리가 없다." 이런 거짓말들은 부당한 폭력으로부터 개인과 사회를 지키기 위한 것으로 정당하다고 할 수 있다.

우리는 거짓말을 하지 말라고만 교육받았다고 생각한다. 그러나 그것은 사실이 아니다. 있는 그대로 말하는 것이 예의에 어긋날 때는 반대로 교육받는다. 예를 들어 어린아이가 화상 환자를 보고 "징그럽다"고 하거나 할아버지에게 "냄새난다"고 한다면, 양식 있는 부모는 아이에게 사실대로 말해선 안 된다고 가르칠 것이다. 그렇게 말하는 것이 예의가 아니기 때문이다.

엄밀히 말하면, 거짓말하지 않고 사는 것은 불가능하다. 우리는 약속 시간에 늦고서 "길이 막혔다"라고 하거나, 싫어하는 직장 상사에게 미소 지으며 "좋은 아침입니다!" 하고 인사한다. TV를 보면서 "전지현이 더 예뻐, 내가 더 예뻐?" 하고 묻는 아내에게 "당연히 당신이 더 예쁘지!" 하고 대답하거나 상대방이 준 선물이 마음에 들지 않아도 "뭐, 이런 걸 다, 정말 고맙습니다!" 하며 감사의 말을 전한다. 이런 거짓말들은 불필요한 갈등을 줄이는 역할을 한다. 일상생활은 이런 작은 거짓말들을 흔히 요구한다.

권력에 의한 거짓말

거짓말은 권력에 의해서도 행해진다. 일례로 자본권력이 옹호하는 '수요와 공급의 법칙'은 공공연한 거짓말이다. 그들은 자신의 시장권력을 이용해 얼마든지 수요를 창출할 수 있고, 가격을 마음대로 조종할 수 있음을 알고 있다. 그럼에도 시장이 순전히 수요와 공급의 법칙에 의해 돌아가는 것처럼 말한다. 이렇게 말하는 데에는 이유가 있다. 그것은 '시장 기율'의 신화가 자신들의 부당한 이득 수취를 은폐함과 동시에 정당화하기 때문이다.

정치권력에 의한 거짓말도 있다. 실제로 정치 이론에서 통치자의 거짓말은 필수 요건처럼 여겨진다. 플라톤은 거짓과 속임수를 충분히 활용하는 것이 주권자의 특권이라고 했다. 그러나 통치자 외 다른 사람이 거짓말하는 것은 국가를 해치고 위태롭게 하는 것이므로 처벌해야 한다고 했다. 마키아벨리에 따르면, 유능한 정치인의 요건은 자신이 하는 거짓말을 스스로 믿는 것이다. 정치인은 거짓말을 신념화해 확신에 찬 어조로 남을 설득할 수 있어야 한다.

마키아벨리의 주장은 정치인이 '자기기인自欺欺人(자신도 속이고 남도 속인다)'의 경지에 올라야 한다는 것을 말해준다. 우리는 여기에서 이성적인 동물인 인간이 가진 딜레마의 극단을 발견할 수 있다. 인간은 이성을 동원해 세계를 탐구할 수도 있고 남의 의식을 조종할 수 있다. 그러나 이성을 가진 인간은 스스로를 속일 수도 있다. 그렇게 스스로를 속이는 것이 반복되면? '속인 자신'이 '자신'이 된다. 그렇게 되면 자기 내부에서 진실과 거짓의 경계는 붕괴된다.

자기 내부에서 거짓말이 진실이 되는 과정은 이렇다. 인간이 정상적으로 존재하기 위해서는 "자아상self-image이 반영된 신념"이 필요하다. '거짓말을 하고 있다'는 것이 의식되면 자아상과 신념 간의 부조화가 발생한다. 부조화가 발생하면 인간은 불안해진다. 그러면 불안을 줄이고 자존감을 유지하기 위해 '부조화 줄이기'라는 자동조절장치가 작동한다. 이 장치가 바로 자기 정당화 혹은 자기 합리화다.

정당화나 합리화 과정에서 튀어나오는 거짓말은 근본적으로는 자기 개념self-concept과 자기 가치self-worth를 보존하려는 본능에서 나온다. 예를 들어 아이들 중에는 자기 것과 남의 것을 구분하는 능력이 다소 늦게 발달하는 아이가 있다. 그런 아이는 마음이 가는 물건을 주인의 허락 없이 그냥 가져올 수 있다. 이에 대해 부모가 정색하면서 "그것 어디서 났느냐?"고 다그치는 경우, 스스로를 방어하기 위해 "누가 줬다"거나 "버려진 것을 주워왔다"고 거짓말 할 수 있다.

그러나 개인이 아닌 권력 차원에서 행해지는 거짓말은 자기 보호 본능 이상이다. 그것은 대개 권력자의 이익 혹은 권력자가 주도하는 기득권 집단의 이익을 얻기 위한 것이다. 권력의 거짓말로 인한 악영향은 개인의 거짓말로 인한 악영향과는 비교할 수 없이 크다. 그런 만큼 더욱 통렬한 자기 성찰이 요구된다. 그러나 현실은 반대다. 자기 합리화가 조직적인 관료 시스템에 의해 행해지고 거창한 사회적 명분이 동원되는 만큼 오히려 별 저항감 없이 쉽게 이루어지게 된다.

사회적 압력에 의한 거짓말

사회는 개인에게 자기 의지에 반해 거짓말하도록 강요기도 한다. 15세기 말에서 18세기 말까지 유럽에서 발생한 마녀사냥이 그랬다. 당시는 중세의 세계관이 붕괴되고 원시 자본주의가 도래하던 시대였다. 가치관의 혼란, 인구 급증, 물가 상승, 흑사병, 계층 분화, 공동체 해체, 내전과 반란, 흉년과 기아로 사회적 불안과 긴장이 극에 달해 있었다. 과도한 사회적 불안과 긴장은 공격 욕구를 팽창시켰고, 그것을 해소시킬 희생양을 요구하고 있었다.

더구나 구교(가톨릭)와 신교(프로테스탄트)는 종교전쟁 중이었다. 두 교파 간의 충돌은 악마에 대한 이상 과열을 만들어냈다. 한쪽을 완전히 궤멸시킬 수 없었던 두 교파의 칼은 곧 방향을 바꿔 토착 민중 신앙을 향했다. 교회는 '사회적 위기를 초래한 것은 신이 만든 세상의 질서를 뒤엎으려는 악마의 소행이다. 그 악마의 수하들이 비밀리에 농촌에 잠입해 재앙을 뿌리고 있다'고 주장했다. 토착 민중 신앙은 미신으로 매도되었고, 특히 그것을 믿는 가난한 여성들이 공격 타깃이 되었다.

이러한 마녀사냥을 시작한 것은 가톨릭이지만 박해를 증폭시킨 것은 프로테스탄트였다. 루터와 칼뱅은 마녀와 주술에 대해 확신하면서 마녀는 화형에 처해야 한다고 주장했다. 여성이 희생된 데는 그리스도교의 왜곡된 인식이 큰 몫을 했다. 그리스도교에서 여성은 이브로 대변되는 타락녀의 이미지와 성모마리아로 대변되는 순결한 이미지로 양분되어 있었다. 그런 이분법은 시대적 상황이 요구하는 선과 악의 이분법과 맞아떨어졌다.

마녀사냥은 대부분 연쇄 고발의 결과였다. 먼저 재판을 받은 마녀가 동료 마녀의 이름을 대면, 그 동료들이 재판에 회부되어 유죄 판결을 받고, 이들은 다시 동료의 이름을 대도록 강요받았다. 집단적 히스테리 속에서 공포에 휩싸인 여인들은 자신이 마녀가 아니라는 것을 증명하기 위해 가까운 친구나 이웃을 마녀로 지목했다. 여인들은 친구나 이웃이 하늘을 날아다니거나 사바트(마녀 집회)에 참석하는 것을 보았다고 거짓 증언했다. 그렇게 해서 수십만 명이 마녀로 몰려 처형

되는 끔찍한 일이 발생했다.

자신도 모르게 하는 거짓말

거짓말 중에는 자신도 모르는 사이에 하는 것도 있다. 이를 테면 자서전을 쓸 때 그렇다. 어떤 사람이 자서전에 이렇게 썼다. "이승만 대통령이 부정선거로 전국적인 시위가 격화되자, 자기를 불러 '어떻게 했으면 좋겠느냐' 물어서, 조심스럽게 '하야下野하시는 도리 밖에 없다고 생각한다'고 말했다. 며칠 후 과연 대통령이 하야했다." 이런 글을 쓰는 사람의 심리는 무엇일까? 그것은 자신이 4·19혁명을 완성시킨 주역이라는 것, 그러므로 자신이 우리나라 민주주의 발전에 큰 공을 세웠음을 강조하고 싶은 것이다.

이승만은 한 나라의 대통령이다. 생각해보면, 주변에 조언을 구할 사람이 이 사람만 있지 않았을 것이다. 이승만은 이 질문을 열 사람 혹은 스무 사람에게 했을 수 있다. 그런데도 이 사람은 이승만이 자신의 말을 듣고 하야한 것처럼 적고 있다. 이것은 거짓말인가, 아닌가? 굳이 말하자면, 미필적 고의에 의한 거짓말이라고 할 수 있다. 이승만이 자신에게 이러한 조언을 구했다는 것도 사실이고, 자신이 하야를 권한 것도 사실일 것이다. 그러나 그렇다고 해도 이승만이 자신의 말만 듣고 하야했다는 것은 사실이 아닐 가능성이 높다.

자서전은 대개 성공한 사람들이 쓴다. 자서전들의 가장 흔한 콘셉트는 자신은 어릴 때부터 비범했다는 것(예를 들어 자서전의 주인공들은 자신이 태어나기 전, 그의 어머니가 태몽을 꿀 때부터 비범하다)이다. 이렇게 자서전을 쓰는 이유는? 자신이 본래부터 탁월하고 비범했으며, 미래의 성공이 예정되어 있었음을 말하고 싶은 것이다. 엄밀하게 말하면, 그것은 거짓말이다. 세상에 어릴 때부터 자신이 미래에 성공할지 말지를 아는 사람이 어디 있단 말인가? 자서전이란 필자가 놓여 있는 현재 위치에 따라 과거 자신이 한 언행에 대한 상황적 채색을 불가피하게 만든다. 자서전이 진실되기가 얼마나 어려운지를 알 수 있다.

이런 식의 모호한 거짓말은 역사서에서도 흔히 볼 수 있다. 성공한 국가들은 자국의 역사를 장엄한 민족 웅비의 역사로 쓴다. 대부분의 국사는 기원전 몇천 년 전으로 거슬러 올라가고, 그때부터 자민족의 탁월함이나 비범함이 엿보이기 시작한다는 식으로 기술한다. 그러나 이 역시 거짓말이다. 무엇보다 '민족 웅비의 역사'라는 말 자체가 거짓이다. 왜냐하면 '민족'이라는 개념이 근대의 산물이기 때문이다. 세계 대부분의 민족사는 근대국가가 형성된 이후에 만들어진 것이다.

인간이 거짓말을 하지 않고 살 수 있다는 것은 '거짓말에 대한 거짓말'이다. 모든 거짓말이 불량한 양심에 의해 행해진다는 것도 사실이 아니다. 세상에는 악의에 의한 거짓말도 있지만, 선의에 의한 거짓말도 있다. 물론 선의를 가장한 악의의 거짓말도 있다. 자본권력이나 국가권력이 행하는 거짓말이 그렇다. 일반적으로는 개인에 의한 거짓말보다 권력에 의한 거짓말이 더 악하다. 우리는 거짓말하는 것도 개인의 양심 차원을 넘어 사회적 차원에서 볼 필요가 있다.

6장

낭만 없는 시대
인간적으로 산다는 것

낭만의 소멸
인간성 파멸의 징후

낭만의 사회적 조건들

어느 시대나 전형典型이라는 것이 있다. 사람에게도 그 시대에 맞는 전형적 모습이라는 것이 있다. 우리 시대의 전형적 인간은 어떤 모습일까? 아마 이해타산적이고, 여유가 없고, 강퍅한 인간이 아닐까 싶다. 개인차는 있겠지만, 현시대를 사는 사람들 누구에게나 이러한 면이 어느 정도 있음을 발견하게 된다.

현대인이 이렇게 된 데에는 무엇보다 과학기술과 경제 제도 탓이 크다. 지금의 과학기술은 스피디한 생활 패턴을, 신자유주의 경제체제는 무한경쟁을 유발하고 있다. 이런 상황에서 낭만적 감성이 생겨나기란 쉽지 않을 것이다. 낭만적 감성이란 기본적으로 마음의 여유와 관련이 있다. 그런데 오늘날처럼 시간적 여유가 없고, 경제적 삶이

팍팍한 상황에서는 마음의 여유도 생기기 어렵다. 여유 없는 마음은 시공간적 지각과 물리적 감각에 대한 자각을 둔화시킬 뿐 아니라 자신과 세계에 대한 성찰을 가로막는다.

오늘날 낭만은 매우 귀한 것이 되었다. 소멸해가고 있다고 해도 과언이 아니다. 그런 까닭에 어떤 사람이 "당신은 낭만적이에요" 하고 말했다면, 긍정적인 의미로 해석할 수 있다. 그것은 '로맨틱하다', '인생의 멋을 안다'는 의미, 혹은 풍부한 정서적 에너지를 갖고 있음에 대한 칭찬인 것이다. 오늘날은 낭만이 귀한 시대인데, 그럼에도 불구하고 낭만적인 면을 간직하고 있는 '당신은 대단하다' 혹은 '당신의 그러한 점이 부럽다'는 뉘앙스를 풍기기 때문이다.

그러나 이 말은 현실적 이유 때문에 반대로 냉소나 비판으로 해석될 수도 있다. '현실을 모르고 기분만 내려 한다'는 부정적인 의미로 해석될 수 있는 것이다. 오늘날의 신자유주의 체제에서는 센티멘털한 기분에 빠져 있는 것 자체가 나이브한 태도로 여겨지는 경우가 많다. 삶과 정신, 정서가 실존적으로 현실에 깊이 뿌리내려 있어야 하는데, 낭만적인 것은 어딘가 모르게 들떠서 부유하는 것으로 여겨진다. 그것은 현실에 대한 도피이고, 현실에 대한 무지이며, 철이 없는 것이 된다.

현대사회의 낭만은 '소비 능력'과 밀접한 관련이 있다. 낭만은 분위기 좋은 술집이나 아름다운 음악이 흐르는 카페에서 여유를 즐기는 것, 여행을 떠나는 것, 경치 좋은 교외 식당에서 맛있는 음식을 먹는 것, 멋진 공연이나 영화를 보는 것, 전람회나 음악회를 가는 것, 레저 스포츠를 즐기는 것, 파티를 즐기는 것, 멋진 전원주택에서 자연친화적으로 사는 것과 관련이 있다. 이것들은 모두 경제력을 요구한다. 빈자가 낭만적으로 사는 것은 매우 힘들다. 그것은 사치로 여겨진다. 낭만은 불평등한 경제구조가 분배하는 수혜적 체험들과 연관된다.

그러나 경제적 여유만 있다고 모두 낭만적으로 살 수 있는 것은 아니다. 부는 대개 낭만성을 불허하는 세계를 적극적으로 수용하고 그에 적응함으로써 축적되기 때문이다. 경제적인 성공은 비인간적인 경쟁에 뛰어들어 승리함으로써 주어진다. 그 과정에서 대개는 낭만적이지 못한 사람이 성공하거나, 본래 낭만적이었던 사람도 그것을 소멸시키면서 성공하게 된다. 소위 유한계급leisure class 중에서도 낭만을 즐길 줄 아는 자는 소수다. 인간의 마음과 정신을 충족시키는 미적인 것, 예술적인 것에 특별한 관심과 노력을 쏟는 사람만이 진정으로 낭만을 즐길 수 있게 된다. 경제적 여유는 낭만의 필요조건이지만 충분조건은 아니다.

아날로그 시대의 낭만

우리는 경험하지 못한 미래를 추억할 수 없다. 그것은 불가능한 일이다. 추억의 재료가 되는 것은 결국 과거일 수밖에 없다. 과거가 낭만의 재료가 되는 또 다른 이유도 있다. 인간은 죽지 않는 한 살아야 하고, 살아야 하는 한 삶의 의지를 북돋을 필요가 있다. 그 필요성은 인간의 의식과 무의식에 작동한다. 그래서 과거의 고생이나 고통은 시간이 지날수록 탈색되고, 거기에 낭만의 빛깔이 덧씌워진다.

물론 모든 고통이 낭만화되는 것은 아니다. 그렇지 않은 고통도 있다. 낭만적으로 변하지 않는 고통의 기억, 이것은 트라우마다. 그러나 웬만한 과거는 다소 고통스러웠다 하더라도 시간이 지나면, 낭만화되는 경향이 있다. 만약 과거의 고통들이 잊혀지지 않고 기억 속에 계속 축적된다고 생각해보라. 인간은 정상적인 삶을 영위할 수 없을 것이다. 정상적인 삶을 유지하기 위해서라도 과거의 고통을 잊거나 낭만화할 필요가 생기게 된다. 인간의 기억은 이러한 유기적 요구에 부응한다.

사람들이 과거에서 낭만을 찾는 또 다른 이유는 아날로그에 대한 그리움 때문이다. 우리가 낭만적 감상의 대상으로 삼는 것은 디지털 문화가 보편화되기 이전의 경험 혹은 다분히 아날로그적인 경험들이다. 예를 들어 어릴 적 골목길에서 친구들과 몸을 부딪치며 뛰어놀던 일, 삼촌이 손수 만들어준 연과 팽이, 고향의 아름다운 자연, 좋아하는 소녀에게 설레는 마음으로 밤새 쓰던 연애편지, 바닷가에서 친구들과 기타치고 노래 부르며 놀던 일, 첫사랑이 손수 떠준 목도리 같은 것이다.

낭만적 합일감은 주로 어떤 대상과의 직접적인 접촉을 통해서 생긴다. 그것은 자신을 행복하게 만드는 장면을 떠올려보아도 알 수 있다. 아마 개인마다 떠올리는 장면은 조금씩 다르겠지만, 그럼에도 거기에는 '따뜻하고 감각적인 접촉'이라는 공통점이 있음을 알 수 있다. 그 접촉 대상은 타인일 수도 있고, 개나 고양이 같은 동물일 수도 있으며, 산이나 바다 같은 자연일 수도 있다. 그 접촉은 다분히 아날로그적이다. 인간은 직접적인 접촉을 욕망한다. 어떤 대상과의 아날로그적 접촉은 인류가 출현한 이후 오늘날까지 대부분의 시간 동안 지속되어 온 방식이다. 그 익숙한 방식을 통해 인간은 느끼고 인식하고 깨달았고, 진화하고 발전해왔다.

노동할 때도 직접 접촉은 매우 중요하다. 전통적으로 인간은 자연을 직접 접하고, 그것을 자신의 손을 이용해 용도에 맞게 변형시키는 과정을 통해 만족을 느껴왔다. 그러나 IT 혁명 이후 이런 물리적 과정들이 사라져버렸다. 지금의 노동은 컴퓨터와 인터넷을 통해 이루어지는 경우가 많다. 그로 인해 노동의 추억이 사라져버렸다. 일상생활 속에서도 접촉이 사라지는 현상이 두드러지고 있다. 아이들은 더 이상 부모와 대화하지 않고 디지털게임에 몰두한다. 상품 구매도 물건을 직접 보는 과정과 점원과 대화하는 과정 없이 인터넷으로 주문한다.

경제 위기와 과거의 낭만화

지금은 세계적인 경제 위기다. 이렇게 경제가 어려워질 때마다 반복되는 트렌드가 있다. 바로 복고풍의 유행이다. 과거, 유년시절, 고향, 아날로그에 대한 향수를 자극하는 상품들과 패션, 노래, 영화, 드라마, TV 쇼 프로그램 등이 늘어나고, 그것이 대중적 인기를 누린다. 신경숙의 소설 『엄마를 부탁해』가 국내외적으로 큰 성공을 거두었던 것도 이런 차원에서 해석할 수 있다. 그것은 1997년 우리나라가 외환위기를 맞았을 때, 김정현의 『아버지』가 크게 히트한 것과 같은 맥락이다. 경제 위기에 '따뜻한 부모의 품에 대한 그리움'을 자극하는 책을 내면 베스트셀러가 될 확률이 높다는 것은 출판계의 오랜 정설이기도 하다.

독일의 소설가 장 파울은 이렇게 말했다. "우리들이 쫓겨나지 않아도 되는 유일한 낙원은 그리움이다." 현실이 힘겨울 때 과거는 일종의 방어기제로 작용한다. 이럴 때 과거는 에너지 충전소이자, 안식처이자, 도피처가 될 수 있다. 과거 우리는 젊거나 어렸다. 중장년층에게 과거는 어떠한 어려움도 젊은 혈기와 패기로 극복할 수 있었던 젊음을 떠올리게 한다. 젊은 시절을 떠올리는 것만으로도 중장년층은 다시 힘이 솟는 느낌을 받게 된다. 청년층에게 과거는 부모의 따뜻한 품에서 절대적인 보호를 받았던 유년시절을 떠올리게 한다. 유년시절은 포근한 안식처가 될 수도 있지만, 현실에 대한 도피처가 될 수도 있다.

추억이란 '지나간 일을 돌이켜 생각하는 것'이다. 위기는 과거를 돌아보게 한다. 일이 술술 잘 풀릴 때, 과거를 돌아보는 일은 드물다. 오히려 그럴 때는 앞만 보고 달려가는 경우가 많다. 그러나 위기와 실패가 닥치면 '왜 이런 일이 나에게 생겼나?', '내가 과거에 잘못한 일은 없는가?' 하고 돌아보게 된다. 과거를 추억하는 일은 '허무의 환기'일 수도 있지만, '새로운 도약'일 수도 있다. 혹은 둘 다 일 수도 있다. 인생의 허무함을 깨달을 때, 새로운 도약을 하는 경우도 있기 때문이다.

낭만과 행복감

낭만이란 한마디로 "존재와 미, 자연과의 합일에 대한 노스텔지어"다. 인간은 타인(특히 사랑하는 사람)과 미, 자연과 자신이 '하나가 되었다'고 느낄 때 생기를 얻고 실존감을 극대화시킨다. 인생을 살면서 이런 낭만적인 기분을 느끼는 것은 매우 중요하다. 낭만적인 추억이 많은 사람, 낭만적인 정서가 풍부한 사람은 행복하다. 낭만적인 분위기가 충만한 사회와 시대, 그 속에서 사는 사람들도 행복하다. 반면 낭만이 소멸한 시대는 불행하다. 낭만적인 감정은 생동감을 줄 뿐 아니라, 인생을 살 만한 것으로 만든다.

낭만적인 정서와 열정은 상호 되먹임 관계에 있다. 낭만적인 정서는 열정을 낳고, 열정은 낭만적인 정서를 강화한다. 낭만적인 기분에 젖어 있는 사람은 설사 힘든 상황에 처해 있어도 좌절하지 않는다. 낭만적 정서는 온갖 고난, 심지어 죽음의 공포도 이겨낼 만큼 강력하다. 체 게바라 같은 혁명적 낭만성을 가진 전사를 상상해보라. 그에게는 배고픔도, 고질적 질병인 천식도, 죽음도 공포의 대상이 될 수 없었다. 오히려 혁명을 위해 싸우다 죽는 것, 그것이야말로 최고로 멋진 일이었다.

낭만은 희망을 만들기도 한다. 내 후배의 예를 들어보겠다. 대학 시절부터 알고 지낸 후배는 결혼 후 남편의 외도로 고통받고 있었다. 그 후배는 이혼까지도 생각했지만 어린 딸을 생각하면 쉽게 결정이 내려지지 않는다며 눈물을 훔쳤다. 그러다 이런 말을 했다. 하루는 남편이 출근한 후 멍하게 거실에 앉아 있었는데(후배는 전날 저녁에도 남편과 크게 다투었다) 라디오에서 노래 한 곡이 흘러나오더란다. 푸치니의 오페라 〈잔니 스키키〉에 나오는 〈오, 사랑하는 나의 아버지〉였다. 그것을 듣고 있노라니, 갑자기 울컥하면서 눈물을 주체할 수 없더란다. 후배는 그렇게 한참을 울고 나니, 절망 속에서도 삶의 의지가 생기는 것 같더라고 말했다.

이렇듯 인간이 낭만적 감정에 빠질 때 슬픔은 온전히 슬픔만이 아니게 된다. 그것은 슬픔을 예술적으로 고양시켜준다. 고양된 낭만적 감정은 현실과의 교감에서 생기지만, 현실에 갇히지는 않는다. 그러므로 현실의 절망을 이기는 데 도움을 준다. 낭만성은 뇌의 중추신경이 만들어낸 것으로, 원숭이 같은 동물과 달리 의식이 발달한 인간만이 가질 수 있다. 어떤 사람·어떤 사회·어떤 시대에 낭만성이 농후하다는 것, 그것은 이상理想과 희망이 있다는 증거다. 인간과 사회의 낭만성에 중요한 것은 이 때문인지도 모른다.

디지털 시대의 낭만

첨단 과학기술의 발달, 특히 디지털 커뮤니케이션 미디어의 출현으로 인해 인간의 정서는 최대 위기를 맞게 되었다. 대상과의 접촉은 휴대전화로 통화하거나 문자보내기, 인터넷으로 게임하기, 멀뚱하게 TV 바라보기, 노래방에서 화면 보며 노래하기로 대체되었다.

전자 기기를 통한 접촉은 간접적이다. 간접적인 접촉은 교감의 질을 떨어뜨리고, 따뜻하고 아름다운 느낌도 소멸시킨다. 현대인이 하루 중 디지털 기기를 접하는 시간 비중은 압도적으로 증가하고 있다. 그에 따라 누군가와 전화 통화, 채팅, 문자 교환, 온라인 게임을 했던 일이나 게임 캐릭터나 자신의 아바타, TV에서 본 드라마나 광고 내용을 추억의 대상으로 여길 것을 요구받고 있다. 그러나 그럼에도 불구하고, 이런 것들은 좀처럼 추억거리로 여겨지지 않는다. 이유는 그 간접성 때문이다.

대상과의 합일감은 '느낌'을 필요로 한다. 직접 보고, 듣고, 만지고, 냄새를 맡고, 맛보고, 그 감각을 통해 인지하고 깨닫는 과정, 그를 통해 합일감을 느끼는 것은 시간을 필요로 한다. 그런데 디지털이 요구하는 것은 '속도'다. 디지털 매체가 등장하면서 속도에 대한 압력은 급증해왔다. 매체 이론가 폴 비릴리오에 따르면, 매체의 발전에 따른 속도의 변화를 다음 네 단계로 분류할 수 있다.

1단계는 신진대사적 속도의 단계다. 선사시대부터 19세기 초반까지, 인류 역사의 대부분을 차지하는 단계로 동물의 속도와 자연의 속도에 의존했다. 이용한 것은 당나귀, 말, 배 등이었다. 2단계는 최초의 질주학적 혁명의 단계다. 기차, 자동차, 비행기 등의 운송수단이 발명되면서 기술적 속도가 창출되었다. 3단계는 전자소통매체 시대의 단계다. 20세기 후반에 전화, 텔레비전, 인터넷의 대중화로 두 번째 질주학적 혁명이 발생했다. 4단계는 마지막 혁명일 것으로 추정되는 단계로 인간의 육체가 기계에 의해 정복당하는 단계다. 우리는 지금 3단계를 살고 있다. 오랫동안 형성되어온 인간적인 정서와 현대 문명이 요구하는 정서의 간극은 역사상 최대치로 벌어졌다. 그 간극은 앞으로 더 급격히 벌어질 것이다.

인간의 본성은 다른 동물과 달리 문화의 영향을 많이 받는다. 낭만적 감수성도 마찬가지다. 문화가 변하면 낭만적 감수성도 변한다. 예를 들어 현대인은 여행을 동경하고, 여행을 낭만과 동일시한다. 여행 그 자체는 과거와 마찬가지로 여전히 아날로그적이다. 그러나 여행자들은 스마트폰, 노트북, MP3, 태블릿 PC, 디지털 카메라 등 첨단 디지털 기기로 무장해 있다. 그런 까닭에 외국 도시의 카페에서 노트북으로 일을 처리하고, 디지털 카메라로 풍경을 담고, MP3로 음악을 들으며 이동하는 것을 낭만에 포함시키고 있다.

이런 모습을 낭만적인 것으로 떠올리게 된 것은 순전히 미디어 때문이다. 우리는 이런 장면이 낭만적으로 연출된 것을 TV, 인터넷, 영화, 드라마, 광고를 통해 수도 없이 보아왔다. 디지털 상품은 자연, 여행 같은 기존의 낭만적 요소들과 섞여 제시됨으로써 낭만적으로 포장된다. 인간의 낭만적 감수성은 디지털 시대의 문화 산업에 부응해 변화할 것을 강요받고 있다. 현대사회의 낭만은 문화 산업에 포위되었고 문화 산업에 근거해 왜곡, 변형, 창조되고 있다.

프랑스의 사회학자 필리프 브르통은 인터넷에 대한 열광이 일종의 종교적인 형태를 띠고 있으며, 인간은 정보를 활용하는 것이 아니라 정보 장치에 흡수되고 있다고 경고했다. 디지털 세대에게 혼자서 화면을 보면서 지내는 시간은 압도적이다. 이런 추세가 강해진다면, '삶은 있지만 추억은 없는 세대'가 출현할 수도 있다. 그것은 끔찍한 일이다. 변화된 기술 환경에 적응하려는 사람들의 노력은 흔히 긍정적으로 평가된다. 그러나 이러한 노력 때문에 인간의 감성은 파탄을 맞이할 수도 있다. 인간적 감성의 파탄의 궁극적 귀결은 인간성의 파멸일 것이다. 우리는 낭만의 소멸을 그 징후로 읽어야 한다.

편지 쓰지 않는 시대

낭만적인 직업, 우편배달부

우편배달부는 본래 낭만적인 직업이었다. 그는 타지에서 공부하는 자식을 위해 어머니가 보낸 반찬을 전달하는 사람이었고, 보고 싶은 고향 친구의 안부를 전달하는 사람이었으며, 연인의 사랑의 밀어와 부부 간의 그리운 정을 전달하는 사람이었다. 그런 까닭에 우편배달부는 환영받는 사람이었다. 인적이 드문 시골의 우편배달부는 더욱 그랬다.

시골 우편배달부는 편지나 소포를 전달하는 것에 그치지 않고, 글을 모르는 사람들에게는 그 우편물이 누구에게서 온 것인지, 그 내용은 무엇인지를 설명해주거나 읽어주어야 했다. 그러다 보면 불가불각 집안의 내력을 훤히 꿸 수밖에 없었다. 누구네 아들이 도회지에 나가 무슨 사고를 쳤는지, 누구네 딸이 어디로 시집가 잘 살고 있는지, 심지어 누구네 집이 은행에 얼마나 빚을 지고 있는지도 알게 된다. 그런 만큼 우편배달부는 누구보다 마을 사람들을 이해하고 그들과 동고동락하지 않을 수 없었다.

시골 우편배달부는 몸이 불편한 노인들의 잔심부름도 해주곤 했다. 노인들의 생필품을 읍내에서 대신 구입해 전달해주곤 했던 것이다. 그러면 노인들은 그게 또 미안해서 밥 한 끼라도 먹고 가기를 청했다. 우편배달부는 읍내와 도시의 소식을 알려주는 소식통이기도 했다. 이번 오일장에 어떤 놀이패가 들어온다는 소식, 읍내에 큰 마트가 들어설 것이라는 소식, 어디까지 신작로가 놓이고 마을버스가 들어올 것이라는 소식, 어디에서 무엇을 하는 아무개가 이번에 읍장이 될 것 같다는 소식이 그를 통해서 전해졌다. 그는 외딴 마을과 세상을 연결시켜주는 끈이었다.

그러나 전자 매체가 발달한 오늘날 우편배달부는 더 이상 낭만적인 직업이 아니다. 사람들은 더 이상 편지를 쓰지 않는다. 사람들은 TV나 인터넷을 통해 세상을 접하고, 이메일이나 휴대전화 문자를 통해 서로 연락한다. 소식을 주고받는 데 우편배달부는 더 이상 필요한 존재가 아니다. 우편배달부는 전기세나 수도세 같은 공과금 내역서나 신용카드 사용 내역서나 은행의 경매 처분 계고장 같은 고지서, 아니면 기업이 보낸 홍보물을 전달하는 사람으로 전락한 지 오래다. 이제 우편물에는 정서적이고 인간적인 요소가 포함되어 있지 않다. 그에 따라 사람들은 더 이상 우편배달부를 기다리지도 반기지도 않는다.

편지를 쓴다는 것

휴대전화도 이메일도 없던 시절, 사람들은 연애편지를 많이 썼다. 연애편지는 아무래도 밤에 쓰기 마련이다. 낮에 연애편지를 쓰는 사람은 거의 없다. 세상의 온도가 떨어지는 밤이 되어야 상념과 감상에 몰입하기 좋은 상태가 되고, 자신의 감정에 충만한 상태가 된다. 연애편지를 쓰기 위해서는 자신의 마음과 상대방의 마음에 대한 깊은 관심과 몰두가 필요하다. 그럴 수 있는 시간은 밤이다. 밤은 사랑의 감정을 증폭시킨다.

연애편지를 쓰는 사람은 자신이 상대방을 사랑하므로 편지를 쓴다고 생각한다. 그러나 연애편지를 쓰는 것은 그 자체로 사랑의 감정을 증폭시키는 경향이 있다. 연애편지를 쓰는 과정이 상대방을 향한 자신의 마음을 돌아보고 확인하고 키워나가는 과정이 되기 때문이다. 그는 들뜬 마음으로, 그러나 고뇌 속에서 밤새 글을 썼다 지웠다 하면서 파지破紙를 늘려간다. 편지를 쓰는 것은 단어 하나하나에 대한 신중한 고려와 선택, 자신의 마음을 온전히 담을 수 있는 정련된 문장을 요구한다. 그리고 그에 대한 탐색은 지적 고뇌를 동반한다. 그 과정 속에서 그는 힘겹게 텍스트의 내적 질서를 발견해나간다.

상대방을 향한 거대한 정념, 차분함을 요구하는 지적 고뇌. 그 둘이 만들어내는 마음의 유동. 그 카오스적 상태를 우연의 요소들이 파고든다. 이웃에서 들려오는 라디오 음악 소리, 가로등 아래를 지나가는 행인들, 나뭇가지를 스치는 바람 소리, 멀리 가늘게 떨리는 별빛, 거실에서 들려오는 가족들의 대화 같은 일상적인 것들이 낭만적이고 의미 있는 것이 되어 편지에 스며든다. 상대방의 마음을 얻어야 한다는 한줄기 집요한 목표. 그것이 우연적 요소들에 내적 질서를 부여한다.

자, 이제 가슴과 머리의 합작품인 연애편지가 완성되었다. 이제 우체통에 편지를 넣기만 하면 된다. 그러나 여전히 난관이 남아 있다. 루이제 린저는 『따뜻한 모래』에서 이렇게 썼다. "취소할 수 없는 대화가 바로 편지 쓰기입니다. 대개 편지를 쓰면 그 즉시 우체통에 넣지 않습니다. 아침에 다시 한 번 읽어보고 보내게 됩니다." 아침에 다시 편지를 읽어보면, 지난밤 어둠 속에 화려하게 빛나보였던 감상적 텍스트는 어느새 밝은 햇살 속에 초라하게 바래 있다. 그 유치함, 어색함, 섣부름, 창피함이라니. 그러나 다시 쓴다고 해서 더 잘 써진다는 보장도 없다. 그는 눈을 질끈 감고 우체통에 편지를 던져 넣는다.

요즈음에는 속달速達이라는 것이 있지만, 예전에는 그런 것도 없었다. 편지를 보내면 빨라야 3일, 늦으면 5일 정도 걸려 전달되었다. 수신자가 곧바로 답장을 해주는 것도 아니다. 그는 통상 일주일 넘게 답장을 기다릴 수밖에 없다. 편지를 기다리는 시간은 은은한 긴장감으로 채워진다. 빌렘 플루서는 『디지털 시대의 글쓰기』에서 이렇게 썼다. "'우편 철학'이라는 말이 쓰인 적이 있는지 잘 모르겠다. 그것은 아마 기다림에 대한 분석으로부터 시작해야 할 것이다. 편지는 우리가 기다리는 어떤 것이다." 답장은 빨리 올 수도 있고, 늦게 올 수도 있다. 혹은 오지 않을 수도 있다. 답장의 내용만이 대답인 것은 아니다. 무응답도 대답이고, 답장이 오는 데 걸리는 시간도 대답의 일부다.

현대인은 지인들에게 휴대전화로 문자를 보내고, 이메일을 보낸다. 그러나 거기에는 편지만큼의 신중함과 진지함이 결여되어 있다.

루이제 린저는 위의 책에서, 내용에 직접적인 표현으로 나타나 있지 않더라도 모든 편지는 이런 메시지를 담고 있는 경우가 많다고 했다. "그대 거기 있는가. 나는 이토록 애타고 터질 것만 같은 마음을, 고독을 주체할 길 없다. 나는 허공에 대고라도 말하고 싶고, 외치고 싶고……내 얘기에 귀 기울여달라. 그리고 대답해달라. 나의 기다림을 외면하지 말라." 현대인은 더 이상 편지를 쓰지 않는다. 그에 따라 편지를 보낼 상대도 사라졌다. 자신의 실존적 절박함을 진지하게 전달할 통로도 잃어버렸다. 불행한 일이 아닐 수 없다.

손 편지의 맛

손으로 편지를 쓰려면 시간과 정성이 필요하다. 그러므로 수신인은 편지를 받는 것 자체로 '내가 상대방에게 소중한 존재'라는 느낌을 받게 된다. 또한 편지의 느린 작성 속도는 사유와 성찰의 여유를 제공한다. 연애편지를 쓰고서도 보낼까 말까를 고민하는 사람의 망설임, 그것도 소극적인 태도만을 의미하지 않는다. 느리게 이루어지는 사랑은 진득하고 깊이 있고 안정적인 관계를 만들어낸다. 뚝배기 같은 사랑은 빨리 뜨거워지고 빨리 식는 냄비 같은 사랑과는 다르다. 망설임과 지연은 미래에 대한 투사의 조건으로써 창조적 현재를 만들어가는 요인이다. 그것은 헛된 것이 아니다.

이메일이나 휴대전화 문자는 버튼을 눌러 작성하지만, 편지는 손으로 쓴다. 손 글씨로 쓰인 편지는 실존적 개성을 담고 있다. 손 글씨는 세상에 하나밖에 없는 서체다. 고유한 필체로 이루어진 편지는 그 사람을 증명하는 일련의 사인sign과도 같다. 그것은 서예와 마찬가지로 쓴 사람의 인격, 정서, 정신, 심리, 미적 감각을 오롯이 반영한다. 편지를 받는다는 것은 이 모든 것을 받는다는 것을 의미한다. 지금은 버튼을 눌러 컴퓨터에 저장된 서체로 글 쓰는 것을 당연하게 생각한다. 그러나 본래부터 그랬던 것은 아니다. 이라 플래토의 『인간의 삶을 뒤바꾼 위대한 발명들』에는 이런 이야기가 실려 있다.

글 쓰는 기계가 처음 발명된 것은 1714년 영국의 발명가 헨리 밀에 의해서였다. 그 후 100종이 넘을 정도로 많은 기계가 개발되었다. 1870년대 시장에 처음 타자기가 나왔을 때, 1분당 최대 75타의 속도로 타이핑할 수 있다는 사실에 사람들은 놀라워했다. 사람들은 그 신기한 기계를 구경하려고 줄을 섰다. 그러나 사지는 않았다. 손으로 글을 쓰는 사고방식이 보이지 않는 장벽이었다. 당시 사람들은 손으로 글을 쓰는 것이 가장 완벽한 교신이라고 생각했다. 편지에 묻어 있는 쓴 사람의 필체나 글 쓰는 방식에는 그 사람의 비밀이 담겨 있었다. 타자기로 편지를 쓰는 사람은 자신의 편지가 조소를 받으며 거절당할 위험을 감수해야 했다.

실제로 타자기로 고객에게 편지를 보낸 텍사스의 한 보험대리인은 고객에게서 자신이 왜 프린트되고, '전단지처럼 만들어진' 편지를 받아야 하는지 모르겠다는 불평이 담긴 답신을 받았다. 타자기로 쓰여진 글은 수신자가 글을 잘 읽지 못함을 전제한다는 의미로 받아들여졌다. 그것은 모욕적인 것이었다. 게다가 편지가 날조되었을지 어떻게 알겠는가? 타자기는 이런 이유들로 잘 팔리지 않았고, 진열대에 재고로 쌓여 있었다. 그러다가 사무실의 장부 정리용으로 판매되면서

비로소 빛을 발하기 시작했다. 장부 원장은 타이핑되든 손으로 쓰든 상관없었기 때문이다. 능률만 높으면 그만이었다. 타자기는 개인 용도가 아니라 비즈니스 용도로 전환되었을 때 판매될 수 있었다.

손 글씨는 육화된 개성을 간직하고 있다. 현대인은 손으로 쓰나 기계로 쓰나 글을 작성하는 방식만 다를 뿐 내용은 별 영향을 안 받을 것이라 생각하기 쉽다. 그러나 기계의 빠른 작성 속도는 그 자체로 사유할 시간을 빼앗고 조급한 정서를 만들어낸다. 기계가 인간의 정신과 심리에 영향을 미치는 한 글의 내용도 영향을 받지 않을 수 없다. 이메일이나 휴대전화 문자로 글을 쓰는 경우 글이 작성되는 과정만이 아니라 그것이 전달되는 과정도 전자적으로 빠르게 처리된다. 그 역시 사람들의 글에 대한 태도에 영향을 미친다. 글의 위엄은 빠르게 사라져가고 있다. 오늘날 글은 일회용품처럼 소비되고 잊혀질 뿐이다.

현대인은 왜 돈에 집착하는가

돈이 신이 된 사회

랍비와 신부와 목사가 교회와 시나고그synagog(유대 사원)에서 모은 헌금을 어떻게 배분하는지를 두고 의논했다. 헌금 중 일부는 자선사업에 쓰고 일부는 신부와 목사 그리고 랍비의 생활비로 충당해야 했다. 신부가 먼저 자기 방식을 말했다. "나는 땅 위에 둥근 원을 그려놓고 헌금을 전부 공중에 던집니다. 그래서 원 밖으로 떨어진 돈은 자선사업에 돌리고, 원 안에 떨어진 돈은 내 생활비로 비축해둡니다."

그러자 목사가 자기 방식을 말했다. "나는 땅 위에 선을 그어놓고 돈을 공중에 던져 왼쪽에 떨어진 돈은 자선사업에 쓰고, 오른쪽에 떨어진 돈은 나를 위해 씁니다. 이것이 모두 하느님의 뜻이니까요." 목사의 말에 신부도 고개를 끄덕여 동의를 표했다. "그런데 당신은 어떻게 하고 있습니까?" 두 사람의 질문에 랍비가 대답했다. "나도 여러분처럼 돈을 전부 하늘로 던집니다. 그러면 필요하신 돈은 하느님께서 스스로 취하시고 나에게 주시는 돈은 전부 땅으로 떨어지지요."

『탈무드』에 나오는 이야기로 신을 숭배한다고 하면서 실은 돈을 숭배하는 사제들을 풍자한 것이다. 그러나 어디 사제만 그렇겠는가? 현대인 대부분은 돈을 신처럼 숭배한다고 해도 과언이 아니다. 실제로 돈과 신은 닮은 점이 있다. 신과 돈 둘 다 부패하지 않고, 소멸되지 않으며, 해체되지 않는다. 본래 무한은 신의 속성이었다. 그러나 오늘날에는 돈 역시 무한의 성격을 갖는다.

화폐가 없었던 시절에도 부의 차이는 존재했다. 그러나 거기에는 한계가 있었다. 옛날의 부는 주로 유기물로 되어 있었기 때문이다. 예를 들어 한 집 안에서 기를 수 있는 가축의 수나 저장할 수 있는 곡식의 양은 한계가 있었다. 그나마도 오래 저장해두면 다 썩어버렸다. 부의 축적에 한계가 있을 수밖에 없었다. 그러나 화폐와 유가증권 그리고 은행이 생기면서 부의 축적의 한계는 해방을 맞았다. 인간 세계에 들어올 수 없는 것으로 생각되었던 무한은 화폐를 통해 우리 생활 깊숙이 파고들었고, 그것은 또 하나의 신이 되었다.

돈의 이중적 지위

교육과학기술부가 전국 초·중·고 학생 2만 4,126명을 대상으로 실시한 '2012 학교진로교육 지표조사' 결과에 따르면, '인생에서 추구하고 싶은 것이 무엇이냐'는 질문에 학생들의 52.5퍼센트가 '돈'을 선택했다. 흥미로운 것은 학년이 올라갈수록 돈을 택한 비중이 늘었다는 점이다. 초등학생의 38.3퍼센트, 중학생의 53.4퍼센트, 고등학생의 56.3퍼센트가 돈을 추구하겠다고 답했다.(「초중고생 52% "인생 목표는 돈"」, 『경향신문』, 2012월 12월 28일)

청소년의 생각은 우리의 미래다. 우리 사회가 어떤 방향으로 나아가고 있는지를 분명하게 보여주는 지표라고 생각된다. 부와 겉치레를 향한 탐욕은 어느 시대나 있었다. 그러나 돈벌이와 백만장자에 대한 갈망이 지금처럼 심했던 때는 없었다. 부는 삶의 최고 목표가 되었다. 사회 전체가 돈 버는 데 전념한다. 돈을 많이 번 사람은 성공한 자, 그렇지 못한 사람은 실패한 자로 간주된다. 돈을 얼마나 많이 갖고 있는가는 성공의 척도가 되었다.

역사적으로 보면 이러한 변화는 초기 자본주의에서 이미 감지되었다. 1860년 영국의 정치경제학자 존 스튜어트 밀은 미국 사회를 보고 "남성은 모두 순전히 돈벌이에만 몰두해 있고 여자는 돈벌이꾼을 양육하는 데만 몰두해 있다"고 말한 바 있다. 그보다 한 세대 전에 알렉시 드 토크빌도 이렇게 말했다. "귀족주의 국가에서 돈은 인간의 끝없는 욕망 중의 일부에 지나지 않았다. 그러나 민주주의 국가에서 돈은 모든 욕망 중에서 가장 중요한 것이 되었다."

돈은 성공의 결과이기도 하고, 성공의 조건이기도 하다. 취업포털 '커리어'에 등록된 만 20세 이상 구직자와 우리은행·외환은행, 대한생명 등 3개 금융기관 직원 등 2,728명을 설문 조사한 바에 따르면 한국 사회에서 개인의 성공조건이 무엇이냐는 질문에 응답자 절반 이상(53.7퍼센트)이 돈(재력)을 꼽았다.(「돈이 돈을 버는 세상… 54%가 "성공의 조건은 돈!"」, 『한국일보』, 2006년 12월 31일) 이 결과는 묘한 느낌을 준다. 돈이 있다는 것 자체가 성공했다는 의미인데, 성공하기 위해서는 돈이 필요하다니? 이것은 순환논리다. 우리 사회에 이러한 순환논리가 통용되는 것은 계급 상승의 사다리가 사라져버렸기 때문이다. 성공의 목표이자 기반이 되어버린 돈. 그것은 돈의 이중적이면서도 절대적인 지위를 보여준다.

돈의 노예가 된 사람들

간혹 내 책을 들고 와서 사인을 해달라는 독자를 만날 때가 있다. 이렇게 연예인이나 작가가 사인을 부탁받을 때, 써주는 가장 흔한 메시지는 "행복하세요"일 것이다. 그러나 나는 그렇게 쓰지 않는다. 왜냐하면 오늘날의 행복에는 부의 개념이 많이 들어 있기 때문이다. 돈을 점점 늘려가는 것이 곧 행복의 증대로 여겨진다. 이러한 욕구는 사회 전체적으로, 특히 광고·영화·드라마 같은 대중문화 산업에 의해 대대적으로 조장된다. 현대사회는 탐욕이 조장되고, 탐욕이 제도화된 사회다.

사람들이 돈에 집착하는 것은 무엇보다 사회 조건이 돈이 없으면 살 수 없게 구조화되어 있기 때문이다. 특히 지금과 같은 불황기에 서민들은 생존하기 위해 더욱 돈에 목맬 수밖에 없다. 루쉰은 「노라는 집을 나간 후 어떻게 되었는가」에서 이렇게 썼다. "모름지기 밥은 돈을 주고 살 수 있다는 것을 인정하면서도 돈 이야길 하는 것은 비천한 것으로 생각합니다. 이러한 인간들의 위를 눌러볼 수 있다면 그 속에는 틀림없이 아직 소화되지 않은 생선과 고깃점이 남아 있을 것입니다."

풍요로움을 위해서가 아니라 생존하기 위해 돈을 중시하는 것은 나무랄 수 없다. 그러나 생존의 위협에 노출되지 않을 정도로 재산이 있는 사람들, 이를테면 중산층도 돈에 집착하기는 마찬가지다. 왜 그럴까? 대개 불안 때문이다. 부는 시장과 화폐의 흥망성쇠, 인간의 조절 범위 너머에 있는 많은 요인, 손실에 관한 불안들 따위에 선점되어 있다. 자기 의지와 상관없이 언제라도 빈곤의 나락으로 떨어질지 모른다는 불안감, 그것이 부를 향한 질주를 채찍질한다.

그렇다면 상류층은? 그들도 돈의 노예이기는 마찬가지다. 우리는 평생 쓰고도 남을 돈을 모으고도 더 큰 부자가 되려는 사람들을 많이 본다. 삼성의 이건희 회장 같은 부자를 예로 들어보자. 2012년 9월 『블룸버그통신』에서 발표한 '세계 100대 재벌 랭킹'에 따르면 그의 재산은 11조 원으로 발표되었다. 11조 원은 그가 남은 생애 동안 별짓을 해도 다 쓸 수 없는 돈이다. 부의 축적에서 유일한 한계점은 돈을 모두 사용할 시간이 없다는 것이다. 그는 이미 이 한계점을 넘어섰다.

통계에 잡히지 않은 것까지 합하면 아마 그는 자기 자신 그리고 자식(그 자식들도 이미 평생 써도 남을 재산을 따로 갖고 있다), 손자, 그 손자의 손자에게 물려주어도 다 쓰지 못할 재산을 이미 모았다. 천문학적인 숫자로 표현되는 이건희의 재산은 '물질적 풍요 제공'이라는 물리적 기능을 초월해 있다. 그의 욕망이 물질이 가져다주는 만족에 있다면, 더 부자가 되려는 것은 부질없는 일이다. 왜냐하면 지금의 부만으로도 과잉이기 때문이다. 그럼에도 그는 더 큰 부자가 되려고 노력한다. 이유가 무엇일까?

인간의 의식과 돈

배부른 사자는 바로 옆으로 살찐 영양이 지나가도 잡아먹지 않는다. 그러나 의식이 발달한 인간은 부에서도 물질적 만족 이상을 추구할 수 있다. 그것은 바로 관념적 만족이다. '인간이 생각하는 동물'이라는 점은 흔히 좋은 것으로 여겨진다. 그러나 나쁜 쪽으로 작용할 수도 있다. 동물이 자신의 배를 불리는 것은 유한하다. 그러나 인간이 자신의 관념적 만족을 추구하는 것은 무한하다.

이건희 같은 부자들이 더욱 부자가 되려는 이유는 이것이다. 많은 사람이 자신에게 의존해서 먹고산다는 사실, 그들의 경제적 생사여탈권을 자신이 쥐고 있다는 사실, 경제뿐 아니라 정치·사회·문화 모든 영역에서 자신이 영향을 미칠 수 있고, 통제할 수 있다는 사실에서 만족감을 얻기 때문이다. 나아가 빌 게이츠 같은 글로벌 부자들은 자신들이 경제적으로만이 아니라 정치적으로도 전 세계를 지배하는 것을 기대할 수 있다. 전 세계적인 독과점 기업들이 출현하면서 실제로 이런 기대는 허무맹랑한 것이 아니라 실현 가능한 것으로 여겨지고 있다.

인간은 작다. 한 인간이 차지할 수 있는 시공간도 작다. 상류층 사람들이 한 사회, 나아가 세계를 지배하는 권력을 가진다 해도 그들의 몸이 곳곳에 존재해서 자신의 영향력을 확인하고, 그를 통해 만족감을 얻는 것은 불가능하다. 물론 미디어들이 자신의 말 한마디, 자신의 결정 하나가 사회에 미치는 영향을 일부 보여줄 수는 있을 것이다. 만나는 사람마다 자신에게 머리를 조아리는 것을 보며 뿌듯해할 수도 있을 것이다. 그러나 무한 확장된 권력, 인간의 감각 범위를 벗어난 지배는 결국 상상으로 느낄 수 밖에 없다. 이것은 관념적 차원에서 벌어지는 일이다.

그러나 상류층의 만족이 관념적이라고 해서 가난한 사람들이 겪어야 하는 고통도 관념적인 것만은 아니다. 만족은 추상적이고 관념적이지만, 고통은 구체적이고 현실적이다. 가난한 사람들은 일상적으로 감내해야 하는 배고픔과 질병, 육체적 고통은 현실적이다. 빈곤이 정신에 미치는 영향도 있을 것이다. 인간의 정신은 일반적으로 부의 축적으로 인한 기쁨을 축소시키는 경향이 있지만, 빈곤으로 인한 고통은 증대시키는 경향이 있다. 우리는 자존감에 심각한 외상을 입은 빈자가 먹을 것이 남아 있더라도 죽어가거나, 자살하는 것을 흔히 본다. 이 역시 인간이 정신적 존재이기 때문에 벌어지는 일이다.

돈보다 가치 있는 것들

게오르크 지멜은 『돈의 철학』에서 "돈은 사물의 고유한 정체성을 빼앗고, 그 본질을 '돈'이라는 가치로 대체한다"고 썼다. 돈이 존재한다는 것은 그 자체로 세상 모든 것을 돈과 교환될 수 있는 것으로 변환시킴을 의미한다. 사람들은 돈을 '가치 있다'고 여긴다. 그러나 사실이 아니다. 돈은 그 자체로는 아무런 가치도 없다. 돈은 먹을 수도 없고, 입을 수도 없다. 길가에 굴러다니는 돌멩이보다 무가치하다.

돈이 가치가 있다면, 그 가치는 오로지 다른 물건이나 서비스와 교환될 수 있다는 '공공의 합의'에서 나온다. 만약 사람들이 이 합의를 파기해버린다면 돈은 그냥 예쁜 그림이 그려져 있는 종이쪼가리에 불과하다. 진짜 가치는 돈이 아니라 그를 통해 교환되는 물건이나 서비스에 있다. 달리 말하면 진짜 가치는 공기, 빛, 하늘, 물, 태양, 나무 같은 자연 그리고 인간 그 자체에 있다. 우리가 돈을 통해 거래하는 물건이나 서비스는 모두 이로부터 나오기 때문이다.

교환 가치는 물건이나 서비스를 주고받음에 의해서만 생기는 것도 아니다. 이반 투르게네프의 산문시 「거지」를 보자. "거리를 걷노라니, 웬 늙다리 거지가 소매를 채며 동냥을 달랜다/ 시뻘겋게 충혈되고 눈곱이 긍정한 두 눈, 시퍼런 입술, 누덕누덕 해진 옷, 상처가 푸릇푸릇한 살……아아, 빈궁이 어떻게나 이 불서로운 인생을 삼켜버렸는고!/ 그는 뻘겋게 부르튼 더러운 손을 내게로 내밀고 신음하듯 무어라 중얼거리며 동냥을 청한다. / 나는 호주머니를 뒤져보았다.……그러나 돈지갑도, 시계도, 심지어는 손수건조차 없어, 가진 것이란 아무것도 없었다./ 그러나 거지는 여전히 기다린다. 내민 손을 맥없이 부들부들 떨면서./ 어쩌면 좋을지 하도 딱해서 나는 부들부들 떠는 그 더러운 손을 꼭 잡으며,/ '여보게, 미안하이. 가진 것이 아무것도 없네그려. 참말로 미안하이.' / 그는 시뻘겋게 충혈된 눈으로 나를 쳐다보며, 시퍼런 입술에 웃음을 띠우고 차디찬 내 손을 꼭 잡으며,/ '천만에요, 영감마님, 고맙습니다. 이것도 적선이십니다. 영감마님.' / 나도 그에게서 분명히 적선을 받은 줄 안다." 투르게네프와 거지가 주고받은 것은 따뜻한 마음일 뿐이다. 그러나 그것을 가치 없다 할 사람은 없을 것이다.

한학자 김달진은 『산거일기』에서 이렇게 썼다. "'돈을 모은다'는 것을 관심의 전부로, 욕망의 전부로, 생의 전 목적으로 두는 이가 있다. 또 어떤 이는 돈을 목적 달성의 수단으로, 방편이나 도구로 삼는다. 그러나 방편으로 하기 전에, 수단으로 하기 전에, 도구로 하기 전에 우선 목적으로 하지 않을 수 없게 되기에 그를 모두 덧없는 일생을 허비하고 마는 것이다. 번민과 비참에 찬 인생이다." 돈의 노예로 사는 것은 비극이다. 그러지 않기 위해서는 탐욕을 제도화하는 사회제도와 구조를 바로잡지 않으면 안 된다.

소박한 마음과 선물의 가치

햇볕을 선물로 바치다

춘추시대 송나라에 농사짓는 늙은이가 있었다. 그는 평생 검소한 생활을 해서 대나무로 울타리를 엮은 초가집에서 낡은 베옷을 입고 살았다. 그는 큰 도시와 고대광실高臺廣室과 부유한 사람들이 입는 비단과 짐승의 털로 만든 고급 갖옷을 볼 기회조차 없었다. 그는 겨울이 와서 추워지면 몇 벌 들어 있지 않은 옷 광주리를 뒤져 누덕누덕 기운 옷을 더 껴입고 찬바람을 막을 뿐이었다. 화로도 없는 데다 땔감은 값이 비싸 지필 엄두도 못 냈던 그는 날이 밝으면 양지바른 벽에 기대어 햇볕을 쪼이곤 했다. 오랜 세월을 이렇게 지내오면서 그는 그것이 겨울나기의 가장 좋은 방법임을 깨달았다. 그래서 어느 날 그가 아내에게 말했다. "햇볕을 쬐면서 몸을 따뜻하게 하는 이 방법의 오묘함을 다른 사람들은 아직 모를 것이오. 나는 따사로운 햇볕을 등에 지고 가서 임금님께 바쳐야겠어."

『열자列子』에 나오는 "헌폭지침獻曝之忱(햇빛을 선물로 바치는 정성)"의 고사다. 흔히 헌폭지침은 두 가지 의미로 쓰인다. 선물을 주는 사람이 "이것은 헌폭지침에 불과합니다" 하고 말할 때, 그것은 '이 선물은 대단한 것이 아니며, 그저 소박한 마음에서 드리는 선물' 이라는 겸양의 의미로 쓰인다. 반면 선물을 받은 사람이 "헌폭지침에 불과하도다" 하고 말할 때에는 자신의 격에 맞지 않게 상대방이 '보잘 것 없는 선물' 을 줬다는 뜻이다. 그럴 때 헌폭지침은 냉소적인 표현이 된다.

이처럼 하나의 선물이 '소박하지만 정성스러운 마음' 으로 여겨질 수도 있고, '보잘 것 없는 마음' 으로 해석될 수도 있다. 그것은 무엇을 말하는가? 선물을 주는 사람의 마음 못지않게 선물을 받는 사람의 마음 역시 중요하다는 말이다. 선물이란 모름지기 두 사람의 마음이 이심전심으로 통할 때에만 의미를 획득한다. 둘 중 하나라도 '내 맘 같지 않으면' 선물은 보잘것없는 것으로 전락한다. 선물을 주고받음으로써 서로의 기대를 충족시키기는 이처럼 녹녹치 않다.

선물의 본래 의미

우리는 흔히 선물을 받으면 "고맙다" 고 말한다. 그러나 어떤 문화에서는 이와 반대다. 예를 들어 말레이시아의 세마이족은 고기를 선물로 받아도 고맙다는 말을 하지 않는다. 그 이유가 재미있다. 세마이족의 풍습에서 "고맙다" 고 말하는 것은 서로 얼마만큼 주고받았는지를 마음속으로 따졌다는 것을 의미한다. 이런 생각은 쩨쩨하고 이기적인 것이다. 그것이 아니면, 뜻밖의 횡재를 했다는 의미다. 달리 말하면 선물을 준 사람이 그토록 인정이 많을 줄 몰랐다는 뜻이 된다. 둘 중 어떤 것이든 경우에 어긋나기는 마찬가지다. 그래서 이들은 고맙다는 말을 하지 않는다.

아프리카의 쿵족의 반응도 비슷하다. 이런 일화가 있다. 쿵족과 함께 생활하며 그들을 연구하던 인류학자 리처드 리는 어느 날 그들을 기쁘게 해주기로 했다. 그래서 가장 크고 살찐 암소 한 마리를 사서 그들에게 선물로 주었다. 그러나 정작 쿵족 친구들의 반응은 시큰둥했다. 오히려 바보같이 속아서 안 좋은 소를 샀다고 비웃으며 말했다. "우린 그것을 먹기는 하겠지만, 배가 부르지는 않을 것입니다. 그걸 먹고 집에 가면 배가 울렁거릴 겁니다." 그러나 암소를 도살했을 때 고기의 질은 좋기만 했다. 리는 동물을 잘 아는 쿵족이 왜 그렇게 말했는지 알 수 없었다.

그가 나중에 들은 이유는 이랬다. "어떤 젊은이가 고기를 많이 잡아오면 그는 자기가 대단한 사람인 줄로 생각해요. 그리고 나머지 사람들을 자기보다 못한 줄 알아요. 우리는 그것을 받아들일 수 없습니다. 그 오만이 언젠가는 다른 사람을 죽일 것이기 때문이지요. 그래서 우리는 그가 잡아온 고기를 항상 깎아내립니다. 그런 식으로 우리는 그를 예의바르게 만들지요." 이러한 쿵족의 반응은 우리의 상식을 뛰어넘는다.

선물의 역사는 거래보다 오래되었다. 동물 사냥, 식물 채집, 원시 농경을 하며 살았던 고대사회에서 누가 얼마나 많은 식량을 획득하는

가는 우연적인 요인들에 의해 크게 좌우되었다. 그러므로 운 좋게 큰 수확을 올린 사람은 그것을 이웃에게 나눠줄 필요가 있었다. 그래야 운이 안 좋은 날에 대비할 수 있었기 때문이다. 원시적인 사회에서 선물은 베풂이 아니었다. 그것은 호혜성의 원칙에 기초한 일종의 보험 같은 것이었다. 그것이 선물이 가졌던 본래의 성격이었다. 세마이족과 쿵족의 반응도 이에 기초한 것이다.

소박한 마음과 선물의 가치

선물을 주고받는 것은 기쁜 일이다. 서로의 마음을 주고받는 것인데 왜 좋지 않겠는가? 그러나 현금 가치와 거래 관념에 익숙한 현대인은 선물로 인한 기쁨을 누리기가 쉽지 않다. 현금 가치와 거래 관념이 인간의 소박한 마음을 갉아먹기 때문이다.

우선 선물을 주는 사람은 '최소한 이 정도는 해주어야 체면이 서지 않겠어?' 하고 생각한다. 이런 생각에는 사실상 선물을 주는 사람과 받는 사람 외에, 제삼자의 시선이 더 깊이 개입되어 있다. 자신의 마음과 상대방의 마음이 중요한 것이 아니라 '남들이 보기에 어떤가' 가 중요한 것이다. 예를 들어 생일날 남자 친구로부터 어떤 선물을 받은 여자는 '내 친구는 자기 남자 친구에게 이보다 비싼 선물을 받았는데, 나는 고작 이런 선물밖에 못 받는구나. 나는 사랑받지 못하고 있다'고 생각하면서 불행해할 수 있다.

혹은 반대로 값비싼 선물을 받아도 불행할 수 있다. 현대인의 거래 관념에 의하면 어떤 선물을 받으면 그에 상응하는 무언가를 주어야 하기 때문이다. 그래서 가난한 사람이 누군가로부터 값비싼 선물을 받는다면 이렇게 생각할 수 있다. '줄 것이 별로 없는 내가 이런 선물을 받는 것은 부담스러운 일이다. 내가 계속 이렇게 받기만 한다면 결국 나는 그와 멀어질 수밖에 없을 것이다.' 이런 생각에 불행해할 수 있다.

선물을 주고받는 것은 결국 '인간적인 관계 맺기'다. 그 '관계 맺기'에 성공하기 위해서는 선물 주는 사람이나 받는 사람의 마음 모두가 소박하지 않으면 안 된다. 그래야 선물을 주고받는 기쁨을 나누기 쉬워진다. 달리 말하면 선물의 의미와 가치는 선물을 주고받는 사람의 소박한 마음이 만들어내는 것이다. 송나라 노인은 임금에게 햇볕을 선물했다. 이렇게 말하면 어떤가? 그런 소박한 선물의 정성을 온전히 받아들일 수 있는 사람, 그가 진짜 부자이고 임금이라고. 그 말도 틀리지 않을 것이다.

스마트한 삶 1
영악하게 살 것인가, 총명하게 살 것인가

총명함과 영악함

'스마트smart'라는 말이 유행이다. TV, 냉장고, 정수기, 에어컨, 비데 같은 각종 생활 가전제품은 물론 휴대전화, 노트북, 컴퓨터 같은 정보 기기와 통신 서비스 심지어 신용카드에 이르기까지 스마트라는 말을 붙인다. 또한 기업들은 이름에 걸맞게 제품이나 서비스를 소비하면 "스마트해진다"고 광고한다. 그런 광고의 세례를 받은 현대인은 자신이 점점 스마트해지고 있다 믿는다.

스마트라는 말은 '영리한, 맵시 있는, 상류층의, 활기찬' 등의 다양한 의미를 갖고 있다. 그러나 가장 자주 사용되는 의미는 '영민하다, 똑똑하다, 영리하다'이다. 간단히 말해 '머리가 좋다'는 의미다. 모든 말에는 뉘앙스가 있다. 스마트라는 말도 그렇다. 잘 음미해보면 단지 머리가 좋다는 것 이상의 의미를 감지할 수 있다. 그 속에는 '총명하다'는 긍정적인 뉘앙스도 있고, '영악하다'는 부정적인 뉘앙스도 있다. 그것은 머리 좋은 것이 무조건 좋은 것이 아니며, 쓰기에 따라 긍정적일 수도 부정적일 수도 있음을 말해준다.

'총명하다'와 '영악하다'는 말이 주는 느낌의 차이는 크다. '총명하다'에서 '총聰'은 귀가 밝아서 남의 비판을 잘 듣는다는 뜻이다. 그리고 '명明'은 자신을 성찰하는 눈이 밝다는 뜻이다. 밖으로는 남의 비판을 잘 듣고, 안으로는 자기 성찰을 잘하는 것이 '총명'인 것이다. 남의 비판에 귀 기울이는 사람은 자기 내부 세계에 갇히지 않고, 세상의 지적 자양분을 잘 빨아들일 수 있다. 성찰하는 사람은 그렇게 빨아들인 지적 자양분을 토대로 떠오른 생각과 신념을 섣불리 믿지 않는다. 그는 자기 내부에 형성된 자신과 세계에 대한 표상을 늘 의심하고, 그것이 과연 정당한지를 다시 돌아본다. 이런 사람은 스스로 나날이 발전하고 현명해진다. 그는 자신에게 충실하면서도 사회적으로도 매우 유용한 존재일 수밖에 없다.

그러나 '영악하다'는 것은 '이해에 밝은 것'을 말한다. 영악한 사람의 관심은 주로 이기적인 것에 집중되어 있다. 그는 무엇이 자신에게 이익이 되는지를 파악하는 데에만 약삭빠르다. 이런 사람에게 사회적 대의大義가 있을 리 없다. 영악한 사람들은 이익 중에서도 특히 단기적 이익에 밝다. 온 신경이 그에 집중되어 있는 까닭에 장기적인 자기 전망을 갖기 어렵다. 자기 인생에서의 장기적 전망의 부재, 자신을 소외시킬 정도의 물질적 이익에 대한 과도한 집착은 자신에게 진정으로 충실하지 않다는 반증이기도 하다.

영악한 바보들

이슬람의 수피들 사이에 전해 내려오는 이야기 중에 이런 것이 있다. 어느 날 주인이 바보에게 사발 하나를 주며 밀가루와 소금을 사오라고 심부름을 시키며 말했다. "밀가루와 소금이 섞이지 않게 조심히 가져와야 한다. 알았지?" 가게 주인은 사발에 밀가루를 먼저 채우고, 그 위에 소금을 담을 요량으로 양을 재고 있었다. 바보가 재미있다는 듯 말했다. "밀가루와 섞이면 안돼요. 소금을 어디에 담을지 두고 보겠어요." 가게 주인은 멈칫 하더니 대뜸 사발을 뒤집었다. 그는 사발 밑동의 움푹 들어간 자리에 소금을 담았다. 밀가루가 바닥에 쏟아졌음은 물론이다. 그러나 소금은 잘 담을 수 있었다. 집으로 돌아온 바보가 말했다. "여기 소금 가져왔어요." 주인이 물었다. "수고했어. 그런데 밀가루는 어디 있지?" 바보가 "그건 여기 있죠" 하면서 사발을 다시 뒤집었다. 그러자 소금도 바닥에 쏟아졌다.

이 바보의 이야기는 우스꽝스럽다. 그러나 바보의 행동은 영악하게만 살려고 하는 우리 현대인의 자화상이다. 영악한 사람들은 하나를 얻고서 기뻐한다. 그러나 그로 인해 다른 하나를 잃는다. 나아가 바보처럼 일 전체를 망치기도 한다. 더 큰 문제는 그러면서도 그 행동이 여전히 이익이라고 믿는 경우가 많다는 점이다. 현대인이 그렇다. 바보는 바보이되, 영악한 바보다.

이를 테면 현대인이 추구하는 '경제 발전'과 '과학기술의 발달'을 보자. 경제 발전은 '어떻게 하면 더 많은 부를 축적할 수 있느냐' 하는 것을 문제 삼는다. 경제 발전의 기준은 현금 가치다. 현금 가치를 기준으로 손익을 따져서 현금이 많이 남을수록 발전한 것이고, 모자라면 퇴보한 것이다. 이러한 경제적 합리성에는 자연이 배제되어 있다. 자연은 인간을 포함한 모든 생태계가 유지되는 전제 조건이다. 그러한 자연을 파괴하면서 경제적 이익을 도모한다는 것이 가당키나 한가?

과학기술의 발달은 또 어떤가? 과학기술은 '어떻게 하면 더 편리하게 살 수 있느냐?' 하는 것을 문제 삼는다. 그러나 과학기술은 편리함만 가져다주는 것이 아니다. 그것은 기술에 대한 의존을 낳는다. 과학기술에 대한 의존이 심화될수록 인간의 자신의 몸과 정신은 쓸모없는 것으로 전락한다. 몸이 해야 할 일은 기계가 해주고, 판단을 필요로 하는 일은 컴퓨터에게 양도하기 때문이다. 그 결과 인간에게는 무기력함만이 남게 된다. 이처럼 경제 발전과 과학기술의 발달에 대한 맹목적 추구는 앞으로는 남는 것처럼 보이지만 뒤로는 밑지는 장사와 비슷하다.

총명함과 사회적 의미

인생을 항해라 하자. 우리는 배를 타고 떠난다. 하늘에는 별자리가 있다. 별자리는 나침반 구실을 한다. 별자리를 보면 내가 어디에서 어느 쪽으로 나아가는지를 알 수 있고, 내가 어디쯤 왔는지도 알 수 있다. 그렇다고 별만 쳐다봐서는 안 된다. 인생에는 항상 갑작스럽게 닥쳐오는 파도가 있게 마련이다. 그 파도에도 신경을 써야 한다. 배가 전복되면 모든 것이 수포로 돌아가기 때문이다.

이 비유에서 별자리는 장기적 전망이나 이상理想을 의미하기도 한다. 파도는 우리가 겪는 현실적 문제들을 의미한다. 그러면 현대인은 별자리를 바라보는 것과 눈앞에 닥쳐오는 파도를 피하는 것 중 무엇에 더 집중할까? 아마도 후자일 것이다. 많은 사람은 눈앞에 닥쳐오는 파도를 피하는 것, 즉 단기적인 문제 해결이나 단기적인 이익 추구에 주로 관심을 갖는다. 그러므로 배가 잘 전복되지는 않는다. 그러나 별자리를 보지 않는 까닭에 인생의 방향을 잃기 십상이다.

영악함은 기술을 요구하지만, 총명함은 지혜를 요구한다. 그런데 오늘날에는 기술과 지혜가 흔히 혼동되고 있다. 이를 테면 시험 잘 보는 테크닉, 재테크 노하우 같은 것이 지혜로 여겨진다. 그러나 그것은 자기소외를 의미한다. 내가 왜 시험을 잘 봐야 하는지, 내가 왜 돈을 많이 벌어야 하는지에 대해 자문하지 않는 것은 그 자체로 자기 내면에 대한 관심의 결여를 의미하기 때문이다. 영악한 사람들은 맹목적인 목표를 설정하고 그 달성을 위해 스스로가 자신을 이용 대상으로 삼는 어리석음을 저지른다.

현대인은 대개 열심히 산다. 눈코 뜰 새 없이 바쁜 모습을 보노라면, 사람들이 참 성실하게 산다는 느낌이 든다. 그러나 엄밀하게 말하면 내가 왜 이렇게 살아야 하는지에 대한 자문 없이 맹목적인 목표(이 목표는 주로 '남들이 이렇게 사니 나도 이렇게 산다'는 태도에서, 사회적·지배적 이데올로기를 별 저항 없이 받아들임으로써 설정된다)를 향해 쉼 없이 달려가는 것은 자신에게 충실한 것이 아니다. 오히려 그 반대다. 그것은 자신에게 불성실한 것이다. 자신을 소외시키는 것은 진정한 의미의 이기주의도 아니다.

남에게 속임을 당하고 짓밟히는 자는 흔히 바보처럼 보인다. 그러나 총명한 눈으로 보면, 자기 이익을 위해 남을 속이거나 짓밟는 자역시 바보처럼 보인다. 왜냐하면 타인에게 해를 끼치는 그런 행위들이 모여 사회적 스트레스를 가중시키고, 그 해가 결국 자신이나 자신의 자식에게 되돌아오리라는 것을 모르고 있기 때문이다. 인간은 사회 속에서 산다. 사회적 동물인 인간을 사회를 떠나 살 수 없다. 그런데 사회적 스트레스가 가중된다면, 그 속에서 사는 자신도 영향을 받을 수밖에 없다.

세상에 우둔하거나 미련하게 살고 싶은 사람은 없을 것이다. 우리는 모두 스마트하게 살고 싶어 한다. 그러나 그것은 쉬운 일이 아니다. 진정한 스마트함은 영악함이 아니라 총명함을 의미한다. 총명하기 위해서는 단기적 이익에 대한 관심이 아니라 장기적 전망이 필요하다. 그리고 그 장기적 전망 속에는 일신의 안위를 넘어서는 사회적 의미가 깃들어 있어야 한다.

06

스마트한 삶 2
생각에 대해 생각하기

내 생각은 과연 내 생각인가

『전국책』에 이런 이야기가 있다. 증자曾子가 노魯나라 비읍費邑에 있을 때의 일이다. 이곳 사람 가운데 증자와 이름이 같은 자가 있었는데 그가 사람을 죽였다. 사람들이 증자의 어머니에게 말했다. "증삼曾參(증자의 이름)이 사람을 죽였어요." 증자의 어머니는 말했다. "우리 아들은 사람을 죽이지 않습니다." 그리고는 태연하게 짜고 있던 베를 짰다. 얼마 후, 또 한 사람이 말했다. "증삼이 사람을 죽였어요." 증자의 어머니는 이번에도 여전히 태연하게 베를 짰다. 그로부터 얼마 후 또 다른 사람이 말했다. "증삼이 사람을 죽였어요." 이에 증자의 어머니는 두려워하며 베틀을 버리고 담을 넘어 달아났다.

증자는 공자의 제자로 덕망이 매우 높은 사람이었다. 그는 공자의 제자들 중에서도 가장 큰 존경을 받을 정도로 인품이 훌륭했다. 그 인품에 대해서는 증자의 어머니도 누구보다 잘 알고 있었다. 그럼에도 여러 사람이 말하자, 그녀는 아들을 의심하고 불안에 떨지 않을 수 없었다. 이와 비슷한 이야기는 『한비자』에도 나온다.

전국시대 위魏나라 혜왕惠王 때의 일이다. 대신 방공龐恭은 태자와 함께 조趙나라의 수도 한단邯鄲으로 인질로 가게 되었다. 방공은 출발하기 전에 혜왕에게 이렇게 물었다. "지금 어떤 한 사람이 시장에 호랑이가 있다고 말하면, 왕께서는 이것을 믿겠습니까?" "믿지 않소." "두 사람이 시장에 호랑이가 있다고 말하면, 왕께서는 이것을 믿겠습니까?" "믿지 않소." "세 사람이 시장에 호랑이가 있다고 말하면 믿겠습니까?" "과인은 믿을 것이오."

그러자 방공은 염려하며 이렇게 말했다. "시장에 호랑이가 나타나지 않을 것은 분명합니다. 그런데 세 사람이 나타났다고 말하면 호랑이가 나타난 것으로 인식하게 됩니다. 지금 한단은 시장보다 멀리 떨어져 있고, 신에 대해 논하는 자는 세 사람이 넘습니다. 원컨대 왕께서는 이 점을 살펴주십시오." 방공은 왕의 주변에서 자신을 중상하려는 자들이 많음을 알고, 이렇게 말한 것이었다. 과연 방공이 한단으로 떠나자마자 그에 대해 참언讒言하는 자들이 나타났다. 수년 후 태자는 볼모에서 풀려나 돌아오게 되었지만, 방공은 끝내 혜왕을 만나지 못했다. 혜왕은 결국 방공을 중상하는 자들의 말을 믿고 만 것이다.

이 이야기에서 나온 사자성어가 '삼인성호三人成虎'다. '세 사람이면 없던 호랑이도 만들어낸다'는 뜻이다. 이 일화들은 여러 사람의 말이 갖는 위력을 잘 보여준다. 이 같은 현상은 의식적 차원에서도 이루어진다. 많은 사람이 그렇게 생각하면 나도 그렇게 생각하기 쉽다. 사람들은 저마다 신념과 견해를 갖고 있다. 그러나 '그것이 과연 내 생각인가?' 하고 생각해보면 '그렇지 않다'는 것을 어렵지 않게 알 수 있다. 그 대부분은 신문·TV·인터넷에서 본 것, 남에게서 들은 것, 학교에서 배운 것들이다. 그것을 제외하면 과연 '내 고유의 생각'이라 할 만한 것이 있는가? 별로 없다는 생각이 드는 사람들이 많을 것이다.

사람들은 '스스로 생각한다'고 느낀다. 그러나 대개는 일정한 환경 속에서 허용되고 규정된 방식에 따라 생각할 뿐이다. 허용되고 규정된 방식은 관습을 만들고, 그 관습은 생각 속에서 작동한다. 그럴 때 관습과 생각은 서로를 지지해준다. 관습은 생각을 증명해주고, 그렇게 강화된 생각은 신념이 된다. 신념은 앞으로의 사고 작용에 영향을 미치는 동시에 관습을 고착화시킨다. 그런 과정이 반복되면서 신념과 관습은 서로 구별하기 어려워진다.

성찰의 위력

유재하의 노래 〈내 마음에 비친 내 모습〉의 가사에 이런 대목이 있다. "못 그린 내 빈 곳 무엇으로 채워지려나/ 차라리 내 마음에 비친 내 모습 그려가리." '내 마음에 비친 내 모습을 그리기' 위해서는 우선 '내 마음에 비친 내 모습'을 자세히 들여다봐야 한다. 자신의 마음에 비친 자기 모습을 잘 들여다보고, 그 모습이 무엇인지 잘 알아야 그것을 그릴 수 있다. '내 마음에 비친 내 모습'을 잘 들여다보는 것, 그것이 성찰이다.

인간은 생각하는 동물이다. 인간은 '세상(세계)'에 대해 사유한다. 그러나 이에 대해 주의해야 할 것이 있다. 인간은 세상과 동떨어진 존재로서 세상을 바라보고 그것을 사유의 대상으로 삼는 것이 아니다. 인간은 세상 안에서 세상과 관계를 맺으며 존재하고 그 안에서 생각한다. 그러므로 어떤 생각이 떠오른다면 그것은 세상과 나의 관계 속에서 떠오른 것이다. 세상은 나와의 관계 속에서만 읽힌다. 인간은 누구나 세상과 나 사이에서 발생하는 일을 자신의 방식으로 해석하도록되어 있다. 그런데 나는 특정한 습관, 경험, 무의식, 욕구, 감정의 지배하에 있다. 그것은 무엇을 말하는가? 내 생각이 객관적이거나 공정하기 어렵다는 것을 의미한다.

세상은 크고 인간은 작다. 인간은 세계 전체가 될 수 없다. 인간이 오감을 동원해 인식할 수 있는 시공간 역시 작다. 그런 점에서 세상에 대한 인간의 인식은 소경 코끼리 만지는 것처럼 불완전하다. 그러나 인식론적 측면에서 보면, 세상에 '나'만큼 중요한 것은 없다. 세상이 제아무리 크다 해도, 그것은 작은 나를 통해서만 인식되기 때문이다. 나는 세계가 들어오는 유일한 통로다. 그렇게 보면 나는 결코 작지 않다. 나는 곧 세계 전체라고 할 수 있다.

나의 마음속에는 세상의 상相, 그리고 내가 생각하는 자신에 대한 상이 함께 들어 있다. 그 상들의 불완전함을 돌파하는 것은 자기 외부에 대한 주목, 즉 바깥세상을 자세히 보는 것만으로는 불가능하다. 그것은 자기 내부에 대한 주목을 통해 가능해진다. 자기 안의 상들을 돌아보고, 의심하고, 곱씹어봄으로써만 그 한계를 돌파할 수 있다. 내가 갖고 있는 그 상들이 무엇인지, 그 상들은 과연 옳은지, 어떻게 해서 그것들이 나의 마음속에 맺히게 되었는지를 따져봐야 한다는 말이다. 그러면 누구에게도 기대지 않고 스스로 자신을 발전시켜나갈 수 있다.

'세상을 보는 눈은 스스로를 볼 수 없다'는 말이 있다. 우리 눈은 세상을 본다. 그러나 자기 자신은 볼 수 없다. 혹자는 '거울을 보면 자기 눈을 볼 수 있는 것 아닌가?' 하고 주장할지 모르겠다. 하지만 그것은 '거울을 통해서' 보는 것이지 눈이 자기 스스로를 보는 것이 아니다. 그러나 의식적 차원에서는 '눈이 스스로를 보는 것'이 가능하다. 떠오른 생각을 사유의 대상으로 삼아 다시 생각하는 것이 그렇다. 이러한 성찰 능력은 지구상의 모든 생물 중에서 인간만이 갖고 있다. 인간에게 위대한 점이 있다면 바로 이 성찰 능력에 있다.

자기소외의 두 측면

인간의 자기소외에는 두 가지가 있다. 하나는 '좋지 않은 자기소외'다. 예를 들어 돈을 너무 사랑한 나머지 건강을 해치면서까지 돈벌이를 하는 것, 어릴 때부터 차별과 억압을 받고 자란 사람이 자신을 열등하다고 믿으며 자학하는 것, 어떤 조직이나 이데올로기에 복종하느라 자신의 자율성을 용납하지 않는 것 등이 이에 해당한다. 이것은 외부의 기준이 자신의 주인이 되고, 자신의 자아는 주변부로 밀려나는 것을 말한다. 이러한 자기소외는 자신을 파괴한다. 그것은 사회적인 억압과 차별이 자신의 내부에서 어떻게 재현될 수 있는지를 잘 보여준다.

반면 '좋은 자기소외'도 있다. 사색과 성찰이 그렇다. 근본적으로 사색과 성찰은 자기소외를 전제로 한다. '자신과 세상에 대해 떠오른 생각을 사유의 대상으로 삼아 생각하는 것'은 자발적인 자기 격리의 과정이 된다. 비유하자면 이런 것이다. 우리는 남의 일에 대해서는 객관적으로 판단하기 쉽지만, 자기 일에 대해서는 어렵다. 자신을 거리를 두고 바라보기 어렵기 때문이다. 그런데 좋은 자기소외는, 어렵더라도 그것을 시도하는 과정이다. 그를 통해 인간은 자기 인식의 한계를 극복하면서 더 높은 정신을 얻게 된다.

사르트르는 '그냥 있는 상태'를 '즉자卽自, Ansich'라 하고, '자신을 대면하는 상태'를 '대자對自, Fürsich'라 했다. 즉자는 의식과 자아가 일치한다. 의식과 자아 사이에 거리가 없다. 그러므로 즉자적 존재는 보고 들은 대로 느끼고 생각할 뿐, 그 감각과 생각에 대해 회의하지 않는다. 반면 대자적 존재는 자신의 감각과 생각에 대해 늘 거리를 두고 보려한다. 그러므로 자신과 세계에 대해 더 객관적이고 이성적인 사유와 통찰이 가능해진다. 우리는 대자적 존재로 나아가야지, 즉자적 존재에 머물러서는 안 된다.

프랑스 작가 에밀 시오랑은 『내 생일날의 고독』에서 "나의 장소에서 멀리 떨어져 살고 있다는 느낌과 함께 나는 일생을 살아왔다"고 했다. 그리고 이것을 "형이상학적 유배의 감정"이라 했다. 이 역시 대자적 태도라 할 수 있다. 실제로 '자신이 느끼고 생각한 것에 대해 회의적이지 않은 지성인은 있는가?' 하고 물으면, 없다. 지성인의 태도는 거리감에 뿌리를 둔다. 인간의 지적 자유는 회의 속에 있다. 학문도 마찬가지다. 학문을 사랑한다고 해서 그것과 하나가 되어버리면 의미가 없다. 끊임없이 학문의 내용에 거리를 두면서 회의하고 의미를 곱씹어야 한다. 회의를 등한시하면 학문적 재능을 갖추었다 하더라도 무지를 면할 수 없다.

성찰은 도덕적으로도 중요하다. 미국의 정신과 의사 모건 스콧 펙은 『거짓의 사람들』에서 "악은 자기 성찰을 무서워한다"고 썼다. 장 자크 루소는 『언어 기원에 관한 시론』에서 "성찰하지 않은 사람은 관대할 수도, 바르고 선할 수도, 동정심을 가질 수도 없다"고 썼다. 성찰을 통해 자신에 대한 이해가 깊어지면, 타인에 대한 이해도 깊어진다. 이해가 깊어지면, 연민의 정을 느끼게 되고, 연민의 정을 느끼면 너그러워진다. 좋은 자기소외는 자신에게 거리를 둠으로써 타인을 나와 다를 바 없이 생각한다. 지성인이 흔히 인류애 혹은 사해동포주의를 갖는 것은 우연이 아니다.

회의에도 절도가 필요하다

지성의 발전에 회의는 중요하다. 그것은 정신의 무의식적 작용을 깨뜨린다는 점에서 그 자체로 이미 자연에 대한 지성의 승리를 보여준다. 그러나 이때 유념해야 할 것이 있다. 그것은 회의에도 절도가 필요하다는 점이다. 일본의 철학자 미키 기요시는 『어느 철학자가 보낸 편지』에서 이렇게 썼다. "절도가 결여된 회의는 참된 회의라 할 수 없다. 지나친 회의는 순수하게 회의에 머물 수 없고, 하나의 철학설로서 회의론이 되든가 그렇지 않으면 회의의 신비화·종교화에 빠지게 된다. 어느 쪽이든 그것은 이미 회의가 아니라 일종의 독단이다."

회의는 근원과 관계 맺는다. 근본적인 것에 관심을 갖는 사람은 회의하기 쉽고, 회의하는 사람은 근본적인 것에 대한 관심이 증가한다. 회의하는 사람의 생각이 깊이를 갖는 데에는 이유가 있는 것이다. 그런데 여기에도 빠지기 쉬운 함정이 있다. 그것은 회의 그 자체에만 너무 집착한 나머지, 모든 것을 부정하고 모든 것이 헛되다는 허무감과 무기력함에 빠지는 것이다. 회의는 지적으로 무언가를 얻기 위한 수단이다. 그런데 회의 자체를 사고의 목적으로 삼고, 그것을 절대화한다. 그 결과 사회적 연관성을 고찰하지 않은 채 관념적이 되거나 독단에 빠지게 된다.

문제는 이런 사람이 누구보다 치열하게 회의하고 있는 것처럼 보일 수 있다는 점이다. 그러나 엄밀하게 말하면 그것은 성실하게 회의하는 것이 아니다. 거기에는 절도가 없다. 절도가 없으면 성실하게 회의할 수 없다. 회의하는 데 절도가 없는 사람은 모든 것이 헛되다는 결론에 이르게 되고, 그런 결론에 이른 사람은 더 이상 회의하지 않게 된다. 그런 사람은 회의의 결과로써 자신을 무의식적 작용에 위탁하고, 그에 따라 행동하는 모순을 범하고 만다.

절망과 회의는 동일하지 않다. 절망적인 감정에 사로잡혀 있는 상태와 이성적으로 회의하는 상태는 분명 다르다. 전자가 즉자적 상태라면, 후자는 대자적 상태다. 그런데도 사람들은 흔히 절망을 회의로 혼동한다. 물론 절망적인 감정에 휩싸여 있는 사람도 그 감정을 동기로 삼아 회의할 수 있다. 그러나 그 감정을 잘 조절하지 않으면 회의하기 시작하자마자 절망적인 정념이 그를 낚아채 독단에 빠지게 된다. 회의는 언제라도 감상으로 변할 가능성이 있음을 유의해야 한다.

기요시는 같은 책에서 이런 말도 했다. "자신이 의심하면서 발표한 의견을 마치 자기가 의심하지 않는 것처럼 다른 사람들이 믿도록 만드는 경우가 있다. 그런 경우에는 결국 자신도 그 의견을 믿게 되는 것이다. 신앙의 근원은 타인으로부터 나온다." 의심스러운 내용일지라도 다른 사람들이 자신의 의견을 믿게 하기 위해서는 우선 자신이 믿는 체해야 한다. 자신이 믿고 있다는 것을 스스로 믿어야 한다는 말이다. 그것은 자신이 자신을 속이는 과정이다. 그 과정을 거쳐 다시 남을 속인다.

많은 회의론자는 겉으로 보이는 것처럼 회의적이지만은 않다. 또 대다수의 독단가들도 겉으로 보이는 것만큼 독단적이지는 않다. 그러면서도 이렇게 행동하는 이유는 욕망 때문이다. 대부분의 경우 허영심이나 이익, 타인에 대한 지배 욕망 때문에 독단적이 된다. 독단은 목적과 관계를 맺는다. 기요시의 말을 한 번 더 인용하며 글을 맺는다. "순수하게 회의에 머무는 것은 어려운 일이다.……회의는 반드시 절도가 있어야 하며, 절도 있는 회의만이 참된 회의라 할 수 있다. 회의에서 절도가 있는 것보다 더 결정적인 교양의 표시는 없다."

07

어느 작가의 죽음과 잠수함의 토끼

"아나, 문학이다!"

지금으로부터 15년 전의 일이다. 대학을 졸업할 때가 된 나에게 아버지가 물으셨다. "너, 졸업하고 뭐할래?" 내가 대답했다. "나, 문학 할라요." 아버지께서는 잠시 당혹스러워 하시더니 "뭐, 문학……아나, 문학이다!" 하고 고함을 치셨다. 아버지의 반대는 완고했다. 그런 거 하면 '밥 굶는다'는 것이었다. 하나밖에 없는 아들이 문학을 하겠다니. 아버지의 실망과 배신감은 이만저만이 아니었던 것 같다. 그때 아버지의 눈빛은 이랬다. '내 이러려고 저 녀석을 대학까지 보냈나.'

지금 생각하면 아버지가 이해가 안 되는 바도 아니다. 아버지의 물음은 장래 직업을 물은 것이었다. 그런데 나는 '문학'이라 대답했다. 문학은 직업이 아니었다. 학교 선생, 공무원, 은행원은 직업이 될 수 있지만, 문학은 직업이 될 수 없었다. 아버지는 국민학교도 채 마치지 못하신 분이었다. 그런 아버지에게 문학을 하겠다 했으니. 그 말이 얼마나 생소하게 들렸을까 싶다.

2011년 시나리오 작가 최고은의 죽음에 대한 뉴스를 접하면서 맨 먼저 떠오른 것도 아버지의 말, "아나, 문학이다!" 였다. 아버지 말은 맞았다. 최고은의 죽음은 작가들에 대한 사회적 처우가 조금도 나아지지 않았음을 증명해주었기 때문이다. 나도 예외는 아니었다. 지금은 사정이 조금 나아졌지만, 예전에는 '이렇게 글 쓰다 혼자 굶어죽어도 아무도 모르겠구나' 하는 공포에 오랫동안 시달렸다. 공황장애를 앓은 적도 있었는데, 거기에는 경제적 스트레스도 한몫했다.

2009년 문화체육관광부의 '문화예술인 실태조사' 에 따르면, 60퍼센트 가까운 문화예술인의 월평균 수입은 '100만 원 이하' 였다. 그리고 전체 문화예술인의 37.4퍼센트가 창작 관련 수입이 '없는 것' 으로 나타났다. 월수입 100만 원 이상 되는 예술인들이 극소수에 불과한 현실, 그것은 무엇을 말하는가? 예술이 생계를 유지하는 수단이 되기 힘들다는 것, 나아가 예술가들의 가난이 개인의 능력의 문제가 아니라 사회구조적인 문제라는 것, 예술을 하고자 하는 사람은 '죽음과 꿈을 맞바꿀 각오를 해야 한다' 는 것을 의미한다.

최고은이 갑상선 기능 항진증과 췌장염이라는 지병 때문에 죽었느냐, 기아 때문에 죽었느냐 하는 논란도 있었지만, 그것은 중요치 않다. 결국 본질은 가난이기 때문이다. 그녀에게 얼마간의 돈이 있었다면 병이 있었다 해도 생명을 위협하게 할 만큼 병을 키우지는 않았을 것이다. 그녀는 월세가 밀렸고, 돈이 없어 추운 겨울에 방 안에 불을 때

지도 못했다고 한다. 그런 그녀가 먹을 것을 제대로 챙겨먹고, 병원에서 잘 치료받았을 리 없다는 것은 쉽게 예상할 수 있다. 본질은 작가의 생존을 위협하는 가난과 그런 가난을 불가피하게 만드는 사회구조다.

잠수함의 토끼로서의 작가

작가를 흔히 '잠수함의 토끼'라 한다. 이 비유는 루마니아의 작가 콘스탄틴 게오르규가 쓴 제2차 세계대전을 다룬 소설 『25시』에서 나온 것이다. 소설에는 주인공 트라이안 코루가가 이렇게 말하는 대목이 있다.

"예전의 초기 잠수함은 남아 있는 산소의 양을 측정하는 기계 장치가 없었지. 그래서 토끼를 태우고 다녔어. 토끼는 산소 부족에 예민해서 견디지 못하고 먼저 죽거든. 토끼가 죽는다는 건, 잠수함의 승무원들이 앞으로 대여섯 시간밖에 살지 못한다는 걸 뜻하지. 그러면 함장은 최후의 결단을 내려야 해. 적의 구축함에 함포를 맞아 침몰할 각오를 하고 해수면 위로 올라가 산소를 채우던가, 아니면 해저에서 모두 질식해 죽던가. 그러나 어느 쪽이든 죽는 건 마찬가지야. 죽을 땐 서로 권총을 마주 쏘아 자결하는 게 관습이었지.……토끼가 죽고 나면 행복이란 있을 수 없어. 종말이 올 때까지 남아 있는 시간들은 공포일 뿐이지."

게오르규는 작가의 사회적 역할이 잠수함의 토끼와 같다고 보았다. 왜냐하면 작가란 남다른 감수성을 가진 존재이기 때문이다. 생각해보라. 세상에 둔감한 작가란 있을 수 없다. 작가란 누구보다 외부의 자극에 민감하게 반응하고, 그것을 자신의 가치관으로 해석해 다른 사람들이 자기처럼 보고 느낄 수 있도록 작품으로 만들어내는 사람이다. 외부의 자극이 있는데, '이래도 그만 저래도 그만' 하는 식으로 둔감하게 반응하는 사람은 작가가 되기 힘들다. 그런 만큼 사회적 위기를 가장 먼저 감지하는 사람 역시 작가다. 잠수함의 토끼가 산소 부족에 가장 먼저 반응하듯이, 작가는 사회 위기의 징후를 가장 먼저 포착한다. 그리고 그 자신이 가장 먼저 괴로워하면서 '사회가 위험해지고 있다'고 경고의 메시지를 보낸다.

잠수함에 토끼를 태우는 것은 토끼를 위해서가 아니다. 그것은 잠수함 전체 승무원의 안위를 위해서다. 작가도 마찬가지다. 작가들도 작품 활동을 하고, 그를 통해서 다른 사람들처럼 돈을 벌며 살아가기는 한다. 그러나 작가란 기본적으로 사회적 소명 의식이 없으면 지속적으로 활동할 수 없다. 사회적 소명 의식 없이 '나는 돈을 벌기 위해 작품 활동을 한다'고 생각하는 사람이 있다면, 금세 지쳐 나가떨어질 것이다. 막말로 돈만 벌고자 한다면 다른 일을 하는 것이 훨씬 낫다.

극소수이긴 하지만 작품 활동으로 많은 돈을 벌어들이는 작가들도 있기는 하다. 그러나 경제적으로 성공한다 해도 대개는 오랜 시간이 걸린다. 경제적으로 보았을 때, 예술 활동은 투자하는 시간이나 노력 대비 경제적 성취가 낮은 분야임에는 틀림없다. 대부분의 작가는 돈을 위해서가 아니라 단지 예술 활동이 좋아서 그 일을 시작하고, 경제적 만족감 때문이 아니라 유의미한 사회적 역할 때문에 그 일을 지속한다. 작가들이 만들어놓은 작품들은 평상시에는 사람들의 영혼을 풍요롭게 하고, 위기 상황에서는 경고등 역할을 한다.

게오르규의 비유에서 잊기 쉬우면서도 가장 중요한 것이 또 있다. 그것은 토끼의 죽음이 단지 '위험하다'는 것만이 아니라 '이제 모두가 죽는다'는 것을 의미한다는 사실이다. 토끼의 운명은 승무원 전체의 운명이다. 토끼가 죽은 후에도 승무원들은 대여섯 시간 동안 살수 있지만, 그 시간은 이미 결정된 죽음에 대한 혼란과 공포로 채워질뿐이다. 토끼가 죽는 순간 모든 사람의 행복은 끝난다. 작가도 마찬가지다. 작가가 굶어죽을 위기에 처해 있는 시대, 그 시대는 모두의 죽음이 예정되어 있는 시대다.

무명작가들의 사회적 가치

작가가 만들어내는 작품은 기본적으로 정신의 표현이다. 사람들은 그정신의 표현을 접함으로써 지극히 인간적인 욕구, 즉 지적이고 정서적인 욕구를 만족시킨다. 또한 사회는 작가들이 전달하는 메시지에 귀 기울임으로써 건강성을 유지할 수 있다. 그런 점에서 보면 작가는일종의 공공재라고 할 수 있다. 사회가 작가들의 생존 문제에 신경을써야 하는 것도 그 때문이다.

오늘날 예술은 문화 산업의 일환으로 존재한다. 산업으로 존재한다는 것은 무엇을 말하는가? 정신의 표현인 작품이 시장에서 팔려야한다는 말이다. 그것은 그냥 정신을 표현하기만 해서는 안 되며, 시장에서 팔릴 만한 정신의 표현을 생산해야 한다는 것까지를 의미한다. 이로부터 무명작가들의 비극적 운명이 발생한다. 왜냐하면 상업 자본의 부름을 받는 작가들은 극소수에 불과하기 때문이다.

그러나 무명작가들의 가치는 경제적 가치 이상이다. 그들은 문화 산업의 틀에 완전히 편입되지 않았다는 점에서 상대적으로 독립적이다. 그런데 독립성은 건강한 예술 활동에서 핵심이다. 작가는 지배적인 힘들과 거리를 둠으로써 다채로운 느낌과 생각들을 전달할 수 있고, 나아가 사회 경보기로서 성실히 기능할 수 있다. 무명작가들의 가치는 흔히 생각하듯, 그들 중에서 나중에 유명작가가 나온다는 데 있는 것이 아니다. 무명작가들은 그 자체로 존재 가치가 있다.

무명작가들이 생존할 수 있는 사회 조건을 만드는 것은 중요하다. 지금과 같은 상황에서는 작가가 아무리 열심히 일해도, 상업적으로 성공하지 못하면 굶거나 예술 활동을 포기할 수밖에 없다. 그것은 개인적 불행만 아니라 사회 전체의 불행이다. 재능 있는 사람들이 경제적 이유 때문에 예술 활동을 포기한다면 대중의 정신은 그만큼 피폐해질 것이기 때문이다. 또한 사회가 파멸을 향해 돌진할 조짐을 보여도, 대중들은 어디에서도 경고음을 전달받을 수 없게 될 것이다.

08

구제역, 신종플루 그리고 에코데믹

전염병, 잠재된 시한폭탄

1969년 미국 공중위생국장인 윌리엄 스튜어트는 "전염병의 시대는 갔다"고 선포했다. 현대 의학의 힘으로 마침내 전염병과의 전쟁을 끝냈다는 말이었다. 그러나 섣부른 선포였다. 1973년 이후 지금까지 40여 종의 새로운 전염병이 발견되었을 뿐 아니라 그 발생 빈도와 주기가 점점 짧아지고 있기 때문이다. 그중 대표적인 것이 우리가 경험했던 구제역과 신종플루다.

구제역□蹄疫, foot-and-mouth disease은 동물의 입과 발굽에 물집이 생기는 병이라 해서 붙여진 이름이다. 소나 돼지처럼 발굽이 두 개로 갈라진 동물에게 감염되는 이 병은 매우 전염성이 강하다. 전염된 동물은 몸에 열이 나고 침을 질질 흘리며, 식욕 부진 증상과 다리를 질질 끄는 행동을 보이다 죽곤 한다. 현재로서는 별다른 치료법이 없어 구제역에 걸리면 모두 살처분하도록 되어 있다.

신종플루는 인간 독감 바이러스, 조류 독감 바이러스, 돼지 독감 바이러스의 조합으로 생긴 병이다. 돼지의 호흡기에는 여러 바이러스들이 서로 결합할 수 있는 수용체가 있는데, 신종플루 역시 돼지를 매개로 삼은 병이다. 이처럼 사람과 동물이 함께 걸리는 전염병을 '인수공통人獸共通 전염병'이라 한다. 인수공통 전염병의 종류와 발생 빈도 역시 최근 50~60년간 꾸준히 증가해왔다.

이런 현상은 무심히 넘길 것이 아니다. 실제로 과학자나 의학자들 중에는 14세기에 유럽 인구의 3분의 1을 죽음으로 몰고 간 흑사병이나 20세기 초 약 2,000만 명의 목숨을 앗아간 스페인독감 같은 대재앙이 언제라도 재현될 수 있음을 경고하는 사람들이 적지 않다. 전염병의 세계적인 유행을 잠재된 시한폭탄처럼 보고 있는 것이다. 그러면 왜 이렇게 갈수록 전염병의 위험이 높아지는 것일까?

과도한 밀집과 이동

우리가 우유나 치즈 같은 제품의 광고나 포장지에서 흔히 접하는 풍경이 있다. 넓은 초원이나 들판 같은 데서 띄엄띄엄 흩어져 풀을 뜯고 있는 소의 모습이다. 여유롭고 아름다워 보인다. 그것은 단지 보기에만 좋은 것이 아니다. 그런 환경에서는 동물들이 미생물로 인한 병에 걸리더라도 그리 치명적이지 않다. 충분히 움직이고 좋은 먹이를 섭취한 동물들은 설사 병원성 바이러스가 몸 안에 침입하더라도 그것을 이겨낼 면역력을 갖추고 있어 증상이 가볍다.

전염병이 가장 창궐하기 좋은 환경은 과밀 환경이다. 그중에서도 같은 종류의 동물들이 가득 찬 공간이다. 그런 환경 속에서 동물들의 스트레스는 높아지고, 면역력은 떨어지며, 오염은 심해진다. 인간도 마찬가지다. 인간의 과밀 환경은 바로 거대 도시다. 많은 사람이 모여 있는 거대 도시는 미생물들이 인간을 숙주로 삼기에 좋은 최적의 장소다.

또 하나, 전염병이 창궐하기 좋은 조건은 지나친 이동이다. 오늘날의 세계는 세계화된 세계다. 잘 알다시피 세계화된 세계에서는 사람과 물자의 이동이 활발하다. 그렇게 이동하는 이유는 주로 경제적 이윤 때문이다. 그러나 늘어난 외국 여행과 국제 교역은 경제적 이윤만 남기는 것이 아니다. 사람과 물건을 이리저리 옮기는 동안 병원체들도 전파와 상호 유전자 교환의 기회를 갖게 된다. 그것이 전염병의 유행과 변이 바이러스 출현의 중요한 원인이 된다.

땅이란 단지 물리적 공간을 의미하는 것이 아니다. 생명체들이 서로 얽혀서 만들어내는 관계망이다. 그 관계망은 '풍토'라는 고유의 정체성을 형성한다. 생태학적 안정에 가장 중요한 것은 '차이'다. 이 땅과 저 땅의 차이. 생태학자들은 그 차이를 '종의 다양성'이라 부른다. 그런데 거대한 이동과 개발로 인해 그 차이들이 소멸되고 있다. 매우 위험한 일이다.

예를 들어 우리가 외국 여행을 갈 때, 말라리아나 뎅기열 예방주사 같은 것을 맞는 이유는 그곳의 풍토가 우리 땅과 다르기 때문이다. 풍토는 일종의 생태적 칸막이다. 그 칸막이는 독립적인 '질병권'을 의미하기도 한다. 칸막이가 있으면 전염성이 생겨도 그 안에서만 유행한다. 그런데 현대인은 이 칸막이를 무시하고 파괴함으로써 세계를 동일한 생태적 환경으로 바꿔놓고 있다. 이것이 전대미문의 세계적 질병이 발생하는 조건이 되고 있는 것이다.

신종 전염병은 모두 에코데믹이다

미국의 수의학자이자 언론학 교수인 마크 제롬 월터스는 오늘날 유행하는 전염병을 일컫는 신조어를 만들어냈다. 바로 '에코데믹ecodemic'이다. 그것은 전염병을 뜻하는 영어 '에피데믹epidemic'에서 '에피epi'를 환경과 생태를 뜻하는 '에코eco'로 바꾸어놓은 것이다. 그는 이 신조어를 통해 신종 전염병들이 인간에 의해 자연의 질서가 파괴됨으로써 생겨난 '생태병' 혹은 '환경전염병'임을 알리고자 했다.

새로운 전염병의 창궐은 인위적인 환경에 미생물들이 적응해가는 과정에서 생겨난 것이다. 인간에 의해 만들어진 인위적인 질병이라는 말이다. 인수공통 전염병도 그렇다. 원래 미생물은 자신이 숙주로 삼는 종 외에 다른 종을 감염시키는 경우가 드물다. 인수공통 전염병은 처녀지의 벌목과 개발, 생물 다양성의 파괴, 먹이사슬의 교란, 사육 동물의 증가와 같은 인위적 조치의 결과다. 이런 조치를 하는 동안 인간이 동물 병원체와 접촉할 기회가 많아지고, 이것이 인수공통 전염병을 낳는다.

현대의 전염병은 의학적인 문제일 뿐만 아니라 생태적인 문제다. 자연이 교만한 인간에게 행하는 복수다. 인간은 전염병 치료법 개발에 골몰하는 것만으로는 이 위기를 벗어날 수 없다. 만약 전염병 때문에 항생제 투여를 남발하게 되면, 저항성이 강한 균만을 살아남게 하는 결과를 초래하게 되어 오히려 병균의 번성을 도와주게 된다. 사실상 대책은 하나다. 인간의 건강과 환경의 건강이 얼마나 깊이 연관되어 있는지를 깨닫고 지구 환경과 자연의 순환 과정을 파괴하지 않는 것이다.

09

후쿠시마 원전 사고와 위험 사회

사소한 결함이 거대한 재앙을 몰고 온다

스페인의 철학자 호세 오르테가 이 가세트는 이런 말을 남겼다. "인생이라는 탄환은 우리가 볼 수 없는 지점에서 날아온다." 나는 후쿠시마 원전 폭발 사고를 보면서 이 말을 이렇게 고치고 싶었다. "불행이라는 탄환은 우리가 볼 수 없는 지점에서 날아온다." 아마 많은 사람이 2011년 3월 11일 발생한 후쿠시마 원전 사고를 통해 불안을 느꼈을 것이다. 내 의지와 상관없이 언제라도 인생을 망칠 수 있다는 것, 그런 위험들이 증가하고 있다는 것을 실감하지 않았을까 싶다.

　사고 직후부터 언론은 일제히 많은 기사를 쏟아냈다. 그런 정보의 홍수 속에서 우리는 자칫 사고의 원인을 잊기 쉽다. 우리는 후쿠시마 원전 사고가 대지진 때문에 시작되었다는 것을 안다. 그러나 그것은 간접적인 원인이었다. 대지진과 그로 인한 해일의 위력은 강력했지만, 원전을 파괴하거나 붕괴시키지 못했다. 그렇다면 직접적인 원인은? 바로 정전이었다. 해일의 피해로 발전소 전체의 전기가 끊겼고, 그로 인해 냉각수를 퍼올리는 펌프들이 작동을 멈춘 것이 결정적이었다. 펌프가 멈추자 연료가 녹으면서 온도는 올라가고, 연료봉에 수증기가 부딪히면서 수소를 만들어냈다. 이것이 수소 폭발로 이어진 것이다.

후쿠시마 원전 사고의 역설은 냉각 펌프들 역시 원전에서 생산되는 전기로 돌아간다는 점에 있다. 원전의 중대한 비상사태가 바로 정전이 되었을 때인데, 그 비상사태를 막을 수 있는 펌프들 역시 전기가 있어야만 작동하는 것이다. 이러한 역설은 현대 문명이 매우 강고하고 화려해보이지만, 실은 언제라도 붕괴될 수 있을 만큼 허약한 토대 위에 건설되어 있음을 암시한다.

후쿠시마 원전 사고는 이미 수만 명의 사상자를 냈지만, 앞으로도 수십 년간 직간접적인 피해를 양산할 것이다. 그러나 그 원인은 고작 한 번의 정전이었다. 사소한 결함이나 실수가 큰 재앙을 가져온 예는 이번이 처음이 아니다. 1986년 우주센터에서 발사된 지 73초 만에 공중 폭발한 우주왕복선 챌린저호 사고의 원인은 작은 고무링의 부식이었다. 그 틈새로 새어나온 연료에 불이 붙어 폭발했다. 같은 해 최악의 원전 사고로 기록된 체르노빌 원전 사고의 원인은 운전원의 순간적인 자동 정지 기능 차단 실패였다.

대지진이나 해일은 인간의 힘으로 어쩔 수 없는 자연재해다. 그러나 그것은 원전 사고라는 인위적 재난과 결합해 엄청난 피해를 낳았다. 현대사회에서 사소한 결함이나 실수가 가공할 재앙으로 이어지는 경우가 많아지는 데는 이유가 있다. 그것은 바로 거대 기술 체계 때문이다. 흔히 거대 기술 체계는 인류에게 매우 이롭다고 생각하기 쉽지만 치명적인 약점이 있다. 거대 기술 체계는 그 자체로 조그만 실수나 판단 오류를 용납하지 않는다는 점이다. 사소한 실수는 크고 복잡한 시스템과 결합해 큰 파국을 만들어낸다.

현대 산업사회는 위험 사회다

대지진이나 쓰나미 같은 자연재해는 눈에 보이는 위험이다. 그러나 원전의 방사능 누출 같은 재앙은 주로 눈에 보이지 않는 위험이다. 인간이 만들어낸 위험은 이외에도 많다. 유전자 조작 식품, 환경호르몬, 열대우림의 실종, 빙하의 해빙, 사막화, 각종 산업재해, 식수와 바다의 오염, 생화학전, 핵전쟁 등. 이것들의 공통점은 우리의 평상적인 지각 능력을 완전히 벗어난다는 데 있다.

지각 능력을 벗어난 까닭에 그 위험들이 언제 어떤 모습으로, 얼마나 큰 재앙으로 모습을 드러낼지 알 수 없다. 심지어 어떤 위험은 지금 살아 있는 우리들에게 영향을 미치는 것이 아니라, 우리 손자나 증손자에게 미칠 수도 있다. 이보다 더 중요한 점이 있다. 그것은 현대 사회가 그 위험을 통제할 수 없다는 것이다. 왜냐하면 현대 산업사회는 위험을 체계적으로 재생산하는 주체이기 때문이다.

'직접 감지되지 않는 위험'은 그 발생 경로를 파악하기도 쉽지 않다. 우리는 '어린이의 체내에 납이 상당히 많이 축적되어 있음이 발견되었다'거나 '모유에서 농약 성분이 검출되었다'는 식의 언론 보도를 접한다. 그러나 그 위험 요소들이 발생하는 경로는 너무 복잡다양하고 광범위해서 예측할 수 없다. 자신이 위험을 생산하지 않았음에도 불구하고 그 위험들에 노출될 수밖에 없다는 사실은 불안과 공포를 양산한다.

독일의 사회학자 울리히 베크는 현대 산업사회가 위험을 재생산해내고 있으며, 그로 인해 세계가 파국으로 달려가고 있음을 간파했다. 그리고 이것을 '위험 사회'라고 규정했다. 그의 주장은 근대화를 인간 이성이 진보하고 사회가 발전하는 것으로 이해해서는 안 된다는 것이다. 근대화의 과정은 위험들을 증가시키는 과정이기도 하다. 증가한 위험들은 이제 인류 문명과 지구상의 모든 생명의 파멸을 초래할 정도가 되었다. 현대사회가 진보와 발전의 이름으로 자멸의 위험을 생산하는 아이러니에 빠졌다는 말이다.

거대 기술에 기초한 사회의 위험성

울리히 베크는 현대사회가 과학기술에 기초해 군사력과 경제력을 키우는 과정에서 위험한 상황이 만들어지는 것으로 보았다. 예를 들어 대륙간 탄도미사일, 핵무기, 생화학 무기 같은 첨단무기들은 과학기술이 군사적 요구와 결합해 생산된 위험이다. 또한 각종 환경오염, 생태계 파괴, 유전자 조작, 화학 첨가물은 과학기술이 경제적 이익과 결합해 생산된 위험이다. 과학기술이 정치 경제적 요구와 결합되면서 위험이 증폭되고 있는 것이다.

국가권력과 거대 기술은 긴밀한 관계에 있다. 이를 테면 원전과 대규모 댐과 같은 거대 기술들은 정부의 지원을 받기 쉽지만, 재생 가능한 에너지에 기초를 둔 소규모 기술들은 지원받기 어렵다. 국가권력이 거대 기술을 선호하는 데는 이유가 있다. 거대 기술이 국가권력을 강화시켜주는 경향이 있기 때문이다. 또한 대규모의 기술은 큰 경제적 이익을 제공한다. 오늘날 우리나라를 비롯해 세계 도처에 원전이 건설된 것도 기본적으로는 원전 업계의 이익 때문이고, 원전 업계와 결탁한 정치인들 때문이다.

　　경제적 이익은 쉽게 계산된다. 그러나 이익 추구 과정에서 생산되는 위험은 잘 계산되지 않는다. 인간은 위험보다는 부의 축적에만 신경 쓴다. 여기서 아이러니가 발생한다. 사람들이 경제적 이익에만 신경 쓰기 때문에 위험이 꾸준히 증대되고, 극대화된 위험이 결국 부를 이기는 것이다. 사람들은 부를 소유할 수 있지만, 위험은 피할 수 없다. 울리히 베크의 말처럼 "빈곤은 위계적이지만, 스모그는 민주적이다."

　　위험이 많아질수록 지식에 대한 의존도 높아진다. 사람들은 위험에 대해 인식하거나 이야기할 때조차 이론적이고 과학적이 된다. 그러나 위험은 총체적인 데 반해 지식과 정보들은 단편적이다. 여러 지식과 해석들이 난무하고 서로 경쟁한다. 그런 까닭에 무엇이 옳은지 판단하기 어려워진다. 전체적인 지식은 너무 복잡해서 일반인에게 전달되기도 어렵다. 그 결과 전체적인 지식과 단편적인 지식 사이의 거리는 막연한 추측과 미신이 메꾸게 된다.

　　최근 거대한 재앙들이 잇달아 발생하는 것은 갑작스럽게 보일지 모른다. 그러나 그것은 우연의 일치가 아니다. 그것은 근대 이후 다양한 위험 요소들이 축적되어온 결과다. 우리는 그것을 인류가 맞는 총체적인 위기의 징후로 보아야 한다. 이 위기를 슬기롭게 극복해야 하기 위해서는 새로운 지적 패러다임과 절제된 과학기술 체계가 필요하다.

낭만의 소멸
비인간적인 세계에서 산다는 것
ⓒ 박민영, 2014

초판 1쇄 2014년 2월 17일 펴냄
초판 3쇄 2015년 12월 28일 펴냄

지은이 | 박민영
펴낸이 | 강준우
기획 · 편집 | 박상문, 박지석, 박효주, 김환표
디자인 | 이은혜, 최진영
마케팅 | 이태준, 박상철
인쇄 · 제본 | 제일프린테크

펴낸곳 | 인물과사상사
출판등록 | 제17-204호 1998년 3월 11일

주소 | (121-839) 서울시 마포구 서교동 392-4 삼양E&R빌딩 2층
전화 | 02-325-6364
팩스 | 02-474-1413

www.inmul.co.kr | insa@inmul.co.kr

ISBN 978-89-5906-249-2 03300
값 16,000원

이 도서의 국립중앙도서관 출판시도서목록(CIP)은 서지정보유통지원시스템 홈페이지(http://seoji.nl.go.kr)와
국가자료공동목록시스템(http://www.nl.go.kr/kolisnet)에서 이용하실 수 있습니다.
(CIP제어번호 : CIP2014003355)